本书研究和出版受到西南财经大学"中央高校基本科研业务费专项资金"（批准号 JBK120815）资助
受到"2015年度教育部人文社会科学研究规划基金项目"（批准号 15YJA910003）支持

非线性单位根检验研究

Feixianxing Danweigen Jianyan yanjiu

刘田 谈进 著

西南财经大学出版社

图书在版编目(CIP)数据

非线性单位根检验研究/ 刘田,谈进著.—成都:西南财经大学出版社,2015.9
ISBN 978 – 7 – 5504 – 2104 – 2

Ⅰ.①非…　Ⅱ.①刘…②谈…　Ⅲ.①金融—时间序列分析
Ⅳ.①F830

中国版本图书馆 CIP 数据核字(2015)第 181623 号

非线性单位根检验研究

刘田　谈进　著

责任编辑:张岚
助理编辑:高玲
责任校对:鲁茜希
封面设计:杨红鹰
责任印制:封俊川

出版发行	西南财经大学出版社(四川省成都市光华村街55号)
网　　址	http://www.bookcj.com
电子邮件	bookcj@foxmail.com
邮政编码	610074
电　　话	028 – 87353785　87352368
照　　排	四川胜翔数码印务设计有限公司
印　　刷	郫县犀浦印刷厂
成品尺寸	170mm×240mm
印　　张	14.25
字　　数	280 千字
版　　次	2015 年 9 月第 1 版
印　　次	2015 年 9 月第 1 次印刷
书　　号	ISBN 978 – 7 – 5504 – 2104 – 2
定　　价	68.00 元

1. 版权所有,翻印必究。
2. 如有印刷、装订等差错,可向本社营销部调换。

目 录

1 绪论 / 1
  1.1 非线性单位根检验研究的意义和价值 / 1
    1.1.1 单位根检验的计量学意义 / 1
    1.1.2 单位根检验的经济学意义 / 2
    1.1.3 常规单位根检验法的局限性 / 3
    1.1.4 非线性单位根检验研究的意义 / 4
  1.2 主要研究内容 / 5
  1.3 研究工具与方法 / 7
  1.4 主要创新点 / 8

2 单位根检验文献综述 / 10
  2.1 无趋势时间序列单位根检验 / 10
    2.1.1 经典单位根检验法 / 11
    2.1.2 更高效的单位根检验法 / 13
    2.1.3 其他单位根检验法 / 15
    2.1.4 各种无趋势单位根检验法的比较及检验功效讨论 / 16
  2.2 线性趋势序列单位根检验的退势 / 18
    2.2.1 OLS 退势 / 18
    2.2.2 差分后回归退势 / 18
    2.2.3 准差分退势 / 18
    2.2.4 KGLS 退势 / 19
    2.2.5 递归 OLS 退势 / 19
    2.2.6 几种退势方法的比较 / 19
  2.3 分段线性结构突变趋势序列的单位根检验 / 20

   2.3.1 突变点位置已知的检验方法 / 20
   2.3.2 结构突变点位置未知的内生化检验方法 / 20
   2.3.3 子序列检验方法 / 21
  2.4 其他非线性趋势序列的单位根检验 / 21
  2.5 扰动项非线性的单位根检验 / 22

3 单位根检验中常见错误分析 / 26
  3.1 引言 / 26
  3.2 小样本错误 / 27
  3.3 以偏概全错误 / 28
  3.4 忽略检验功效的错误 / 30
  3.5 设定错误 / 31
  3.6 小结 / 32

4 单位根检验中回归函数的选择 / 33
  4.1 引言 / 33
  4.2 残差项无序列相关时各种回归估计式的检验功效 / 34
   4.2.1 无截距项数据生成过程不同检验回归式的检验功效 / 34
   4.2.2 带截距项数据生成过程不同回归式的检验功效 / 36
   4.2.3 带截距项与时间项数据生成过程不同回归式的检验功效 / 37
  4.3 无漂移过程截距项是否为 0 的检验 / 38
   4.3.1 无漂移过程常数项为零 t 检验的概率分布曲线 / 38
   4.3.2 不同数据生成过程常数项检验不为 0 的概率 / 39
   4.3.3 无漂移过程常数项是否为零检验的实证意义 / 40
  4.4 残差项相关时各种回归估计式的检验功效 / 40
   4.4.1 残差序列相关数据生成过程无截距项时不同相关考虑的检验功效 / 40
   4.4.2 带截距项数据生成过程不同相关考虑时的检验功效 / 42
   4.4.3 带截距项与时间项数据生成过程不同相关考虑时的检验功效 / 43
  4.5 小结 / 44

5 单位根检验中样本长度的影响及选择 / 46

5.1 引言 / 46
5.2 检验功效及样本长度估算公式的理论推导 / 48
5.2.1 单位根检验统计量在原假设和备择假设下的分布 / 48
5.2.2 检验功效 / 50
5.2.3 无趋势、线性与非线性趋势下的最低样本长度 / 50
5.2.4 一定样本数和检验功效要求下可识别的最大 ρ 值 / 51
5.3 样本长度蒙特卡罗仿真与回归拟合结果 / 52
5.3.1 无趋势时检验功效 / 52
5.3.2 线性趋势时检验功效 / 54
5.3.3 样本长度曲线拟合 / 55
5.3.4 ρ 的非线性曲线拟合 / 56
5.4 小结 / 58

6 加性独立测量误差对单位根检验的影响 / 59

6.1 引言 / 59
6.2 模型假设与基本公式 / 60
6.3 带测量误差时单位根检验的极限分布 / 63
6.4 蒙特卡罗仿真研究 / 65
6.4.1 测量误差序列不相关时方差变化对单位根检验的影响 / 65
6.4.2 不同噪声分布对临界值的影响 / 67
6.4.3 测量误差序列相关时对统计量分布的影响 / 68
6.5 小结 / 70

7 基于差分序列长时方差的单位根检验法 / 72

7.1 引言 / 72
7.2 差分序列长短时方差比单位根检验法 / 73
7.2.1 数据模型及检验假设 / 73
7.2.2 检验统计量及其极限分布 / 73
7.2.3 长时方差的估算 / 74
7.2.4 VR 单位根检验法的临界值 / 75
7.2.5 独立加性干扰对 VR 单位根检验法的影响 / 76

- 7.3 VR 检验法的优缺点 / 77
  - 7.3.1 VR 检验法的优点 / 77
  - 7.3.2 VR 检验法的缺点 / 77
- 7.4 检验水平及检验功效仿真 / 78
  - 7.4.1 残差项不相关的情形 / 78
  - 7.4.2 残差项序列相关的情形 / 78
- 7.5 小结 / 80

8 负单位根平稳性检验研究 / 81
- 8.1 引言 / 81
- 8.2 负单位根检验及其极限分布 / 82
- 8.3 临界值与检验功效仿真 / 83
- 8.4 结论 / 84

9 常规 ADF 与 PP 检验对非线性趋势平稳序列的伪检验 / 85
- 9.1 引言 / 85
- 9.2 平方根趋势平稳序列的单位根伪检验 / 86
  - 9.2.1 ADF 与 PP 检验法的单位根伪检验 / 86
  - 9.2.2 信噪比改变的单位根检验结果 / 87
- 9.3 二次趋势平稳序列的单位根伪检验 / 88
  - 9.3.1 ADF 与 PP 检验法的单位根伪检验 / 88
  - 9.3.2 信噪比改变的单位根检验结果 / 88
- 9.4 对数趋势平稳序列的单位根伪检验 / 89
  - 9.4.1 ADF 与 PP 检验法的单位根伪检验 / 89
  - 9.4.2 信噪比改变的单位根检验结果 / 90
- 9.5 结构突变平稳时间序列的单位根伪检验 / 91
  - 9.5.1 ADF 与 PP 检验法的单位根伪检验 / 91
  - 9.5.2 信噪比改变的单位根检验结果 / 91
- 9.6 线性及准线性平稳序列的单位根检验分析 / 92
  - 9.6.1 信噪比改变时线性趋势平稳的单位根检验结果 / 92
  - 9.6.2 准线性趋势平稳的单位根检验结果 / 93
- 9.7 小结 / 95

10 单位根检验中无趋势、线性与非线性趋势的检验 / 96

10.1 引言 / 96

10.2 单位根检验中无趋势、线性与非线性趋势的检验 / 97

10.2.1 模型设定及检验假设 / 97
10.2.2 干扰项差分序列无序列相关时的检验方法 / 98
10.2.3 干扰项差分序列的相关性特征 / 99
10.2.4 相关性的去除方法 / 100

10.3 无趋势检验的蒙特卡罗仿真 / 100

10.3.1 无趋势检验法的检验水平 / 100
10.3.2 无趋势检验法的检验功效 / 103
10.3.3 无趋势检验法的仿真结果 / 105

10.4 线性与非线性趋势检验的蒙特卡罗仿真 / 105

10.4.1 检验水平仿真 / 105
10.4.2 线性趋势与非线性趋势检验法的检验功效 / 108
10.4.3 线性与非线性趋势检验法的仿真结果 / 110

10.5 小结 / 110

11 基于正交多项式逼近的任意趋势序列的单位根检验法 / 112

11.1 引言 / 112

11.2 正交多项式的构造及其在 OLS 回归中的性质 / 113

11.2.1 正交多项式的定义 / 113
11.2.2 勒让德多项式的构造及性质 / 113
11.2.3 时间序列的正交归一化多项式的构造 / 114
11.2.4 任意函数的正交归一化多项式逼近 / 115

11.3 确定性趋势为多项式时的单位根检验方法 / 116

11.3.1 数据模型 / 116
11.3.2 单位根检验方法及其极限分布 / 117
11.3.3 检验临界值 / 120

11.4 确定性趋势为多项式时单位根检验的蒙特卡罗仿真 / 121

11.4.1 数据生成过程 / 121
11.4.2 残差项无序列相关时的检验水平与功效 / 122

11.5 阶数的确定方法 / 124

    11.5.1 单位根过程通常的 t 检验失效 / 124
    11.5.2 最高阶 ρ 的确定方法 / 124
  11.6 任意非线性趋势的检验仿真 / 125
  11.7 残差存在序列相关的检验水平与功效仿真 / 127
  11.8 小结 / 129

12 基于奇异值分解去势的非特定趋势序列单位根检验法 / 130
  12.1 引言 / 130
  12.2 SVD-RMA 单位根检验算法 / 131
    12.2.1 一维时间序列的二维矩阵化 / 131
    12.2.2 奇异值分解 / 132
    12.2.3 递归均值调整单位根检验原理 / 133
    12.2.4 SVD-RMA 单位根检验方法 / 133
  12.3 SVD-RMA 单位根检验的临界值 / 134
    12.3.1 不同趋势时单位根检验统计量分布几乎重叠 / 134
    12.3.2 SVD-RMA 的单位根检验临界值 / 134
  12.4 蒙特卡罗仿真 / 135
    12.4.1 数据生成过程 / 135
    12.4.2 残差项无相关时 SVD-RMA 单位根检验的检验水平及功效 / 136
    12.4.3 干扰项方差变化对检验功效的影响 / 139
    12.4.4 残差项相关时 SVD-RMA 单位根检验的检验水平及功效 / 142
  12.5 小结 / 144

13 基于局部多项式拟合去势的非特定趋势序列单位根检验法 / 145
  13.1 引言 / 145
  13.2 局部加权多项式拟合去势算法原理 / 146
    13.2.1 Nadaraya-Watson 估计及其性质 / 146
    13.2.2 局部加权多项式回归估计方法 / 147
    13.2.3 局部多项式回归估计的性质 / 148
    13.2.4 基于局部多项式拟合去势的单位根检验法 / 149

13.3 局部多项式去势单位根检验法的极限分布 / 149

13.4 局部多项式去势单位根检验法的检验临界值 / 152

    13.4.1 不同趋势时单位根检验统计量的概率分布曲线 / 152

    13.4.2 检验临界值、功效与窗宽的关系 / 153

    13.4.3 检验临界值 / 155

13.5 蒙特卡罗仿真 / 156

    13.5.1 数据生成过程 / 156

    13.5.2 残差项不相关时的局部多项式去势 VR 单位根检验法的检验功效 / 156

    13.5.3 干扰项存在序列相关的检验水平与功效 / 157

13.6 三种非线性趋势单位根检验法的比较 / 159

13.7 小结 / 160

14 STAR 非线性平稳性检验中误设定的伪检验研究 / 161

14.1 引言 / 161

14.2 数据生成过程为线性 AR 时不同检验法的仿真结果 / 165

14.3 数据生成过程为 ESTAR 时不同检验法的仿真结果 / 166

    14.3.1 θ 变化时不同检验统计量的检验功效 / 167

    14.3.2 γ 变化时不同检验统计量的检验功效 / 168

    14.3.3 φ 变化时不同检验统计量的检验功效 / 169

    14.3.4 c 变化时不同检验统计量的检验功效 / 169

14.4 数据生成过程为二阶 LSTAR 的仿真检验结果 / 170

    14.4.1 θ 变化时不同检验统计量的检验功效 / 170

    14.4.2 γ 变化时不同检验统计量的检验功效 / 171

    14.4.3 φ 变化时不同检验统计量的检验功效 / 172

    14.4.4 c 的非线性曲线拟合 / 173

14.5 数据生成过程为一阶 LSTAR 的仿真检验结果 / 174

    14.5.1 θ 变化时不同检验统计量的检验功效 / 174

    14.5.2 γ 变化时不同检验统计量的检验功效 / 175

    14.5.3 φ 变化时不同检验统计量的检验功效 / 176

    14.5.4 c 的非线性曲线拟合 / 176

14.6 结论 / 177

15 基于序列与逆序列最小 Wald 统计量的通用 STAR 模型平稳性检验法 / 179

15.1 引言 / 179

15.2 序列与逆序列最小 Wald 统计量及其渐近分布 / 182

15.3 临界值仿真 / 188

15.4 检验功效仿真 / 190

    15.4.1 STAR 数据生成过程的仿真 / 190

    15.4.2 TAR 数据生成过程的仿真 / 194

    15.4.3 AR 线性数据生成过程的仿真 / 195

15.5 结论 / 196

16 非线性单位根检验的实证应用 / 198

16.1 汇率购买力平价（PPP）理论的实证检验 / 198

    16.1.1 PPP 理论及其检验方法 / 198

    16.1.2 数据来源说明 / 199

    16.1.3 趋势线性与非线性的检验 / 200

    16.1.4 各种单位根检验法的检验结果 / 200

    16.1.5 PPP 检验结论 / 201

16.2 中国证券市场随机漫步假设的实证检验 / 202

    16.2.1 随机漫步理论及检验方法 / 202

    16.2.2 数据来源说明 / 202

    16.2.3 趋势线性与非线性的检验 / 202

    16.2.4 各种单位根检验法的检验结果 / 203

    16.2.5 沪深综合指数随机漫步检验结论 / 205

16.3 美国政府财政收支可持续性的实证检验 / 205

    16.3.1 政府财政收支可持续性的检验方法 / 205

    16.3.2 数据来源说明 / 206

    16.3.3 趋势线性与非线性的检验 / 206

    16.3.4 各种单位根检验法的检验结果 / 207

    16.3.5 美国政府财政收支可持续性的检验结论 / 208

16.4 实证检验结果 / 208

参考文献 / 210

1 绪论

1.1 非线性单位根检验研究的意义和价值

不管是在计量经济学的理论分析还是应用经济学各分支的实证研究中,单位根检验都具有重要意义,在各个领域都有非常广泛的应用,在各种经济学分支的专业文献中,有关单位根检验的资料是非常丰富的。

1.1.1 单位根检验的计量学意义

在涉及时间序列的分析中,不管是多变量的回归分析,还是用自回归滑动平衡模型(ARMA 模型)来描述和刻画单个时间序列,平稳性要求都是一个基本前提。平稳性是普通最小二乘估计(OLS)的理论前提,而任何 ARMA 模型都是平稳的,因此它不可能直接对非平稳序列建模。

所谓平稳,就是指随机变量的概率分布不随时间变化,因此它的统计矩(包括均值、方差、协方差等)也不随时间变化,对时间而言是常数。这有时也称为是严平稳的。人们在实证分析中,常常放松这个条件,只要变量的均值、方差和协方差不随时间变化,就可以认为变量是平稳的,有时候称其为宽平稳。对正态分布而言,严平稳与宽平稳是一致的。

对实际经济数据而言,时间序列常常有一个随时间不断增长的确定性趋势,此时序列虽然是非平稳的,但如果去掉确定性趋势项后,剩余项却可能是平稳的。去掉确定性趋势项后的剩余项如果是平稳的,称为趋势平稳;否则,称为差分平稳。后者才是我们真正关心的单位根过程。

干扰项的平稳性对回归分析要求很高,否则,基本的 t、F、χ^2 检验都不能使用;强行使用的话,可能引起谬误回归,得出两个时间变量间的错误关系。事实上,任何两个非平稳的变量都可能计算出很高的相关性,从而建立两个风马牛不相及变量间的回归关系。任何平稳序列都可以用 ARMA 模型来建模;同时,ARMA 模型也要求描述和刻画的对象必须是平稳的。

对非平稳时间序列的建模,我们通常将其转换为平稳序列进行处理。协整和差分就是两种去除非平稳性的基本方法。如果两个变量非平稳，但它们保持同样的变化趋势的话，它们的线性组合却可能是平稳的，这时就说它们具有协整关系。两个变量具有协整关系，就可以将它们当作平稳的，可以进行回归分析。所谓差分，就是将时间序列跟其一阶滞后项相减，有点像连续函数的微分，可以降低函数的阶数，从而将单位根过程变为平稳过程。差分方法在时间序列的分析和处理中应用非常广泛。

在平稳性的检验中，除了判断自相关函数（ACF）的零收敛性以外，单位根检验是一个基本的定量检验方法。前者是一种定性方法，后者则在时间序列分析中具有基础地位。在理论分析中，DF 单位根检验法以其简洁性和基础性用得最广；但在实际应用中，因为残差可能存在的相关性，也因为可能存在的时间趋势，需要对 DF 检验方法进行拓展，这就得到 ADF 与 PP 单位根检验法。DF、ADF、PP 一起构成最经典的三大单位根检验方法，在大量文献的理论和实证分析中应用得最为广泛。

通过增加线性趋势对 DF 单位根检验法进行拓展，算是基本解决了存在确定性趋势情况下的单位根检验问题。但如果趋势是非线性的，需要进一步对确定性趋势进行拓展。非线性趋势拓展后如何进行单位根检验，是本书的主要研究目标。

1.1.2 单位根检验的经济学意义

很多经济学理论和假设可以直接得出研究对象是平稳或单位根过程的结论，因而需要或者说可以用单位根检验方法进行验证。比如在资本市场有效性的研究中，有效市场假设必然得出证券价格是随机漫步过程的结论，而随机漫步过程必然是单位根过程，因而可以直接通过检验资产历史价格数据来验证其是否满足有效市场假设。再如购买力平价理论中，真实汇率必然是非单位根过程，否则不能满足购买力平价假设。故而可以直接根据实际数据，用单位根检验方法，对理论假设是否符合实际情况进行检验和验证。

在经济学理论的实证分析中，很多变量是带时间趋势的，如一些经济总量数据；也有很多变量是没有趋势的，如利率、物价指数等数据。对这些变量而言，区分趋势平稳与差分平稳（非平稳）是非常重要的。趋势平稳的经济变量长期变化结果是由确定性的时间趋势函数决定的，经济转型、政权更替、制度变化等随机冲击只造成对趋势的暂时偏离，一段时间后，它们会回复到原来的变化趋势，也就是说随机冲击不会改变变量的发展路径。而对单位根过程而言，任何哪怕较小的冲击都会影响其长期动态过程，带来长期永久的影响，从而从根本上改变变量的变化轨迹。对于单位根过程（差分平稳）而言，每个随机冲击都具有长记忆性。对于趋势平稳过程，随机冲击只具有有限记忆能力，由其引起的对趋势的偏离只是暂时的。这从下面的分析中可以很容易看出来。

假设去趋势后序列为 $y_t = \rho y_{t-1} + \varepsilon_t$，$\rho = 1$ 为单位根过程，$|\rho| < 1$ 为平稳过程。我们有 $y_T = \sum_{s=2}^{T} \rho^{T-s} \varepsilon_s + \rho^{T-1} y_1$，对单位根过程而言，因为 $\rho = 1$，不管时间间隔（T）多大，y_1 的冲击始终对 y_T 保持影响，而不会发生改变；而如果为非单位根过程，因为 $|\rho| < 1$，随着时间间隔（T）的增大，不管 y_1 的冲击多大，其对 y_T 的影响很快趋于 0 而消失。

这就证明了单位根过程与平稳过程对随机冲击的反应是完全不同的，也说明区分经济变量是平稳的还是单位根过程具有重要意义。

传统商业周期理论认为，随机冲击只会对宏观经济变量的变化产生暂时的影响，经济变量的长期运动是由确定性的时间趋势函数主导的，不会因随机冲击而改变，在时间序列上表现为趋势平稳过程。而新兴的实际商业周期（Real Business Cycles）理论则认为，技术进步带来的影响是持久性的，实际因素造成的（总供给方面的）随机变化才是宏观经济波动的根源，将产出波动解释为货币扰动可能并不合理，在时间序列上将表现为单位根过程。因此，区分宏观经济数据是趋势平稳的还是单位根过程非常重要，这对于宏观经济政策的制定具有重要的指导意义。这就要求对单位根检验结论的可靠性做进一步研究。

1.1.3 常规单位根检验法的局限性

不管在计量经济学或其他经济学领域，区分趋势平稳与差分平稳都是非常重要的。在理论和实证分析中，传统上通常用 ADF 或者 PP 检验来判断是否存在单位根，并且通常都假设待检序列是包含确定性线性趋势的。但分析中对是否真的包含趋势，或者趋势是否真的是线性的或非线性的没什么考虑，也没做检验分析，没有考虑到如果设定错误的话可能出现的重大问题。大多数统计软件提供的标准 ADF 或 PP 单位根检验方法也都固定地假设是包含线性趋势的。

事实上，线性假设下的 ADF 与 PP 单位根检验法对数据生成过程非常敏感，应用于其他非线性趋势情形的检验，可能存在很大的疑问，甚至带来完全错误的结果，倾向于将平稳过程误判为单位根过程。非常经典的例子包括，尼尔森（Nelson）与普罗索（Plosser）在 1982 年用 ADF 方法检验 14 个美国宏观经济数据，发现存在 13 个单位根过程。但佩龙（Perron）在 1989 年引入结构变点后，发现真正的单位根过程只有 3 个。同样的检验数据，检验结果却完全不同。用 ADF 或者 PP 检验来认定一个过程存在单位根，需要非常谨慎。

蒙特卡罗实验表明，在样本数不是很小时，ADF 检验与 PP 检验对线性趋势或无趋势平稳过程可以做出很好的检验判断。但对非线性趋势而言，如平方根趋势、二次趋势、对数趋势、分段线性的结构突变趋势等，ADF 检验与 PP 检验趋向于将平稳过程判断为存在单位根，导致得出错误的检验结论。并且这种误判是根本性的误判,并不能通过增加样本数来改善。

但是,真实的经济数据很难令人信服地假设为线性趋势过程,至少不能认为所有趋势都是线性的。事实上,无趋势单位根过程相当于无漂移的随机漫步过程,线性趋势单位根过程相当于固定漂移速度的随机漫步过程,如果漂移速度发生变化,将是非线性趋势的单位根过程。固定漂移速度只是变漂移速度的特殊情况。

大量的实证文献只是机械地使用线性趋势假设下的 ADF 或 PP 检验的结果,其结论的可靠性就可能存在很大的疑问。这样就必然要求我们研究非线性趋势下的单位根检验问题。

1.1.4 非线性单位根检验研究的意义

检验时间序列平稳性的单位根检验具有非常重要的理论意义和实证价值。它是计量经济学理论分析和实证应用中避免伪回归、检验协整关系以及建立 ARMA 模型的基础和前提;同时,很多经济学理论和假设(如资本市场有效假设、汇率购买力平价理论、政府跨代预算约束、贸易赤字可持续性等)可以直接得出研究对象为平稳或单位根过程的结论,因而可以直接用单位根检验方法对众多经济理论和假设进行检验和验证。可以说,在大多数经济、金融数据严谨的实证分析中都必然要涉及单位根检验问题,如何尽可能改善和保证单位根检验结果的可靠性就显得非常重要。

理论和实证分析中广泛使用的 ADF 或 PP 等单位根检验法以及大多数统计软件包提供的标准检验方法都只适用于不带确定性趋势或者趋势为线性的情形,并且还要求随机波动项也是线性(即 ARMA 结构)的,而对存在非线性问题的单位根检验就显得力不从心,会扭曲检验水平(Size)或者降低检验功效(Power),从而得到错误的检验结果。但现实世界千差万别,线性问题很难概括所有真实的经济过程,并且受政策变化、外部冲击等因素的干扰,以及经济收缩与扩张周期天然的非对称性,非线性情形更为普遍。固然线性可看作所有非线性的初步近似,但通常的单位根检验方法对数据生成过程都比较敏感,常规单位根检验方法很难对包含非线性问题的经济时间序列数据做出正确的检验,导致错误的检验结论,如常常将非线性趋势平稳过程、干扰项非线性平稳过程等误判为存在单位根的线性非平稳过程。

这样就存在一个问题,对包含任意非线性确定性趋势或随机波动项存在未知非线性结构的单位根检验问题,如何进行可靠的检验?文献中对非线性单位根检验有部分研究和讨论,但远不系统,通常都只针对某种特殊的非线性问题(如结构变化模型、门限自回归模型、平滑转移自回归模型等),对其他非线性情形还是无能为力,并且这还导致不同非线性情形的识别问题,同时其检验稳健性通常都很差。尽管非线性现象在实际问题中是广泛存在的,但在实证分析应用中远没得到应有的重视。

1.2 主要研究内容

单位根实证检验中必然涉及样本数据收集、检验回归式设定、检验方法选择、统计量计算及得出统计推断结论等各种步骤。本书对检验中各环节容易出现问题的地方进行了研究，力图尽可能地提高单位根检验的可靠性。本书重点研究了非线性趋势序列（无趋势或线性趋势看作非线性趋势的特殊情形）单位根检验中样本收集时的小样本问题与测量误差问题的影响，以及非线性趋势下单位根检验中存在的问题及解决办法，也研究了扰动项存在非线性时对检验结果的影响及解决办法。

全书主要研究内容如图 1.1 所示。

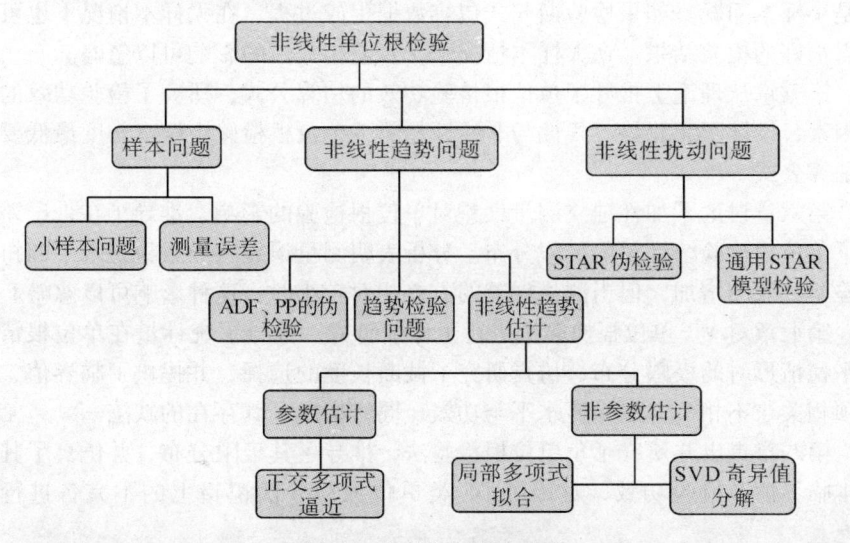

图 1.1　全书主要研究内容

针对数据收集环节，本书首先研究了样本大小的选择问题，由于很多实证研究中样本收集存在困难，小样本问题大量存在；其次研究了测量误差对单位根检验结果的影响，因为实证分析中收集到的样本基本上无法避免测量误差，研究测量误差是否会改变单位根检验的水平与功效就显得很有必要。

本书的研究重点是单位根检验中存在非线性趋势时的检验问题。本书首先研究了传统单位根检验方法在非线性趋势下的检验失败，这就必然涉及研究线性与非线性趋势的检验问题，因为这是传统检验方法正确应用的前提条件。非线性可能有无限多的形式和可能，为了避免非线性趋势的具体设定与检验问题，本书提出了三种对任意趋势序列的单位根检验方法，企图用统一的方法和步骤来解决各种非线性趋势下的单位根检验问题，并得到可靠的检验结果。

本书各章节的主要内容包括：

第二章对单位根检验的文献进行了简略的综述。本章首先介绍了无趋势序列单位根检验的经典方法与各种旨在提高检验功效的新方法，以及带线性趋势序列的各种去除趋势部分的方法，然后介绍了实证分析中经常遇到的含结构突变趋势的单位根检验方法，最后对扰动项存在非线性的单位根检验方法进行了总结。

第三章归纳了大量文献中单位根检验方面可能存在的常见问题，并对其进行了详细分析。常见的问题包括计算错误，小样本陷阱，以偏概全的逻辑错误，忽略检验功效的错误，当然也包括很多设定错误等。

第四章通过蒙特卡罗仿真的方法，研究单位根检验中回归函数的选择问题。结果表明，当样本数很小且 ρ 较大时，各种方法的检验功效都比较低，主要是小样本问题。如果检验回归式包容数据生成过程，在大样本情况下也可以获得很好的检验结果。在大样本情况下，残差相关性的影响可以忽略。

第五章从理论上推导了单位根检验功效的估算公式，研究了检验功效的影响因素，推导了无趋势、线性与非线性趋势下单位根检验中样本长度最低要求的估算公式。

第六章讨论了加性独立测量误差对单位根检验的影响，推导了在带误差情形下单位根检验统计量的极限分布。分析表明测量误差将导致检验水平的扭曲和检验功效的增加，但当测量误差的方差相对较小时，这种影响可以忽略。

第七章对 VR 单位根检验法进行了详细研究，推导了统计量在单位根情形与平稳情形时的极限分布，仿真研究了截断长度的选择，并提供了临界值、残差项相关与不相关时的检验水平与功效，同时指出了其存在的缺陷。

第八章提出并研究了负单位根检验法，推导了其极限分布，并仿真了其小样本临界值及检验功效，对传统 DF 类单位根检验法逻辑上的不完备进行了补充。

第九章通过蒙特卡罗仿真的方法，研究了实证中广泛使用的 ADF 与 PP 单位根检验法对各种趋势的单位根检验的有效性问题。结果表明，对无趋势或线性趋势过程，它们可以给出合适的检验结果。但对非线性趋势而言，它们趋向于将平稳过程误判为有单位根。但在一定条件下，各种非线性趋势可以看成准线性的，从而利用常规 ADF 与 PP 检验得出正确的结论。

第十章详细研究了单位根检验中趋势的检验问题，提出了有趋势与无趋势的 t 检验法，以及如果有趋势的话，趋势的线性或非线性的回归系数检验法与等均值检验法，讨论了单位根检验中序列相关性的特性，并提出了去除相关性的几种方法。

第十一章研究用正交多项式逼近非线性趋势，然后对残差进行单位根检验的方法。本章研究了用正交多项式进行趋势逼近的性质，推导了这种单位根检验统计量的极限分布，并提出了正交多项式最高阶数的确定方法，仿真研究了残差相关与不相关时的检验功效。结果表明，检验方法是有效的。

第十二章提出 SVD-RMA 含趋势单位根检验法，基于奇异值分解将时间序列的趋势项与干扰项分离，然后用递归均值调整法对分离出来的干扰项进行单位根检验。仿真实验表明，SVD-RMA 法对线性与非线性趋势甚至包含结构突变过程的检验功效都不错。

第十三章研究用局部多项式回归的方法来去除确定性趋势，不用考虑趋势的具体形式及设定问题，然后对残差进行单位根检验的方法。本章介绍了局部多项式回归的性质，研究了基于 VR 检验统计量的极限分布，仿真研究了窗宽的选择问题，以及残差相关与不相关时的检验水平与检验功效。结果表明，检验方法是有效的。

第十四章通过理论分析和蒙特卡罗仿真，研究了非线性扰动项平稳性检验时选用的统计量与数据生成过程不一致时，非线性 ESTAR、LSTAR 与线性 DF 检验法的伪检验问题。

第十五章提出一种通用非线性单位根检验方法，使用待检序列及其逆序序列的 Wald 统计量的最小值作为检验统计量，将卡朋特丽斯（Kapetanios）等人提出的受限条件下 ESTAR 模型非线性单位根检验法推广到非 0 位置参数的情形，也可应用于一阶、二阶 LSTAR，或其他可能的平滑转移自回归模型，还可应用于门限自回归（TAR）模型或传统的线性 AR 模型的平稳性检验。该检验方法对数据生成过程有广泛的适应性，并且在大多数时候都能获得较其他方法更佳的检验功效。

第十六章综合利用本书提出的各种非线性趋势单位根检验方法，对购买力平价理论、证券市场随机漫步理论、跨代政府预算约束理论进行了实证检验。各种检验方法得到的检验结果是一致的。实证检验结果不支持购买力平价理论，但支持随机漫步理论与跨代政府预算约束理论。检验同时表明，很多时间序列确实存在非线性趋势，此时是不能使用传统单位根检验方法的，否则很可能得到错误的结论。

1.3 研究工具与方法

本研究的计算及验证工作主要基于 R 软件平台编程实现。

研究中主要用到数量经济学的各种方法，包括最小二乘法、最大似然估计、线性与非线性参数估计、非参数估计、局部加权多项式回归拟合以及以单位根检验和 ARMA 建模为主要内容的时间序列分析方法。

研究中会用到信号处理与滤波理论方面的技术和手段，包括波形估计、奇异值分解等方法。

研究中还会用到蒙特卡罗模拟及数字仿真方法。

研究的手段包括理论推演、仿真实验与实证检验。

1.4 主要创新点

全书的主要创新点可以归纳为以下几个方面：

本书从理论上推导了 DF 单位根检验功效的估算公式，研究了检验功效的影响因素，推导了无趋势、线性与非线性趋势下单位根检验中样本长度最低要求的估算公式；并利用仿真数据，用曲线拟合的方法，推出了实证分析中估算最低样本长度的公式，从而对单位根检验实证分析中的样本大小选择提供了指导依据。

本书推导了加性平稳测量误差下单位根检验中有截距和无截距情形下 $T(\hat{\rho}-1)$ 与 τ 两种统计量的极限分布，并进行了仿真验证。理论分析与仿真结果均表明：只有在测量误差的方差相对较小时，其对单位根检验的影响才可以忽略；通常测量误差将导致统计量分布向左偏移，从而使检验水平扭曲和检验功效增加。左偏程度受测量误差方差及其一阶协方差的相对大小控制，而与测量误差的均值大小和概率分布无关。测量误差方差增大，左偏更严重；正的一阶协方差可以减少和抵消统计量分布的向左偏离，而负的一阶协方差将加剧左偏的程度。

本书研究了单位根检验中确定性趋势的检验问题，提出了检验有趋势与无趋势的 t 检验法，以及如果有趋势的话，检验趋势的线性或非线性的回归系数检验法与等均值检验法。本书讨论了序列相关性对检验结果的影响，以及去除残差相关性影响的广义差分法与抽样子序列法。

本书研究了三种包含任意确定性趋势序列的单位根检验方法，目的是不需要对是否包含趋势、是线性趋势或者非线性趋势进行事前设定、判断与检验，而用统一的方法和步骤进行单位根检验。三种方法本质上是对任意确定性趋势的估计方法。

第一种确定性趋势估计方法是正交多项式逼近法。该方法介绍了实证分析中归一化正交多项式的生成方法，研究了使用正交多项式进行时间趋势多项式与非多项式逼近的性质，推导了这种方法去趋势后单位根检验统计量的极限分布，提出了正交多项式中最高阶数的确定方法。该方法通过仿真研究，提供了不同最高阶数的检验临界值，以及残差相关与不相关情况下各种线性与非线性趋势下的检验水平与功效。结果表明，检验水平没有扭曲，并得到了不错的检验功效。

第二种确定性趋势估计方法是基于奇异值分解的方法。基于奇异值分解将待检时间序列的趋势项与干扰项分离，然后用递归均值调整对干扰项进行单位根检验。该方法提供了不同显著水平下的检验临界值,以及残差相关与不相关情况下各种线性与非线性趋势下的检验水平与功效。结果表明,该方法对线性与各种非线性趋势甚至结构突变过程的检验功效都不错,并且就算有比较严重的残差负相关,检验水平也没有明显扭曲。

  第三种趋势估计方法是局部多项式加权回归估计法。该方法就是使用局部多项式回归拟合来去除确定性趋势,然后对残差进行单位根检验的方法,不用考虑趋势的具体形式及设定问题。该方法介绍了局部多项式回归的性质,研究了基于 VR 检验统计量的极限分布,仿真研究了窗宽的选择问题,以及残差相关与不相关时的检验水平与检验功效。结果表明,检验方法是有效的。

  本书提出一种通用非线性单位根检验方法,使用待检序列及其逆序序列的 Wald 统计量的最小值作为检验统计量,将 Kapetanios 等人提出的受限条件下 ESTAR 模型非线性单位根检验法推广到非 0 位置参数的情形,也可应用于一阶、二阶 LSTAR,或其他可能的平滑转移自回归模型,还可应用于门限自回归(TAR)模型或传统的线性 AR 模型的平稳性检验。该检验方法对数据生成过程有广泛的适应性,并且在大多数时候都能获得较其他方法更佳的检验功效。

2 单位根检验文献综述

本章对单位根检验的文献进行了简略的综述。按照单位根检验的演化过程和分析问题的逻辑，本章分别介绍了无趋势序列单位根检验的经典方法，各种旨在提高检验功效的新方法与随着应用领域的扩大而拓展出来的季节、面板等单位根检验方法，以及带线性趋势序列的单位根检验中各种去除趋势部分的方法，并介绍了实证分析中经常遇到的以含结构突变趋势为代表的非线性趋势单位根检验方法以及扰动项存在非线性的平稳性检验方法。

在单位根的检验中，时间序列分为有确定趋势的和无确定趋势的两种情况。有确定趋势的时间序列常常先去除确定趋势项，转换为无趋势残差序列再进行检验。因而无趋势序列的单位根检验是最为基础的。

2.1 无趋势时间序列单位根检验

对无趋势时间序列的单位根检验而言，其基本的数据模型为：

$$y_t = \rho y_{t-1} + u_t \tag{2.1}$$

其中 y_t，$t=1,2,\cdots,T$，为观测值，T 为样本数，ρ 为未知参数。u_t 为平稳 0 均值过程，可能为正态的，也可能非正态，可能独立同分布，也可能存在自相关或异方差。如果 $\rho=1$，即为单位根过程，有时也称随机漫步过程；如果 $|\rho|<1$，即为非单位根的平稳过程。

单位根检验就是通过判断回归系数 ρ 是否为 1 来检验时间序列是否为单位根过程。最基本的思路就是用 OLS（普通最小二乘）回归估计法或者其他参数、非参数估计方法估计回归系数 ρ 值及其方差，然后构造 t 统计量或其他统计量进行统计推断。

但在单位根的原假设下，时间序列并不平稳，破坏了传统 OLS 统计量统计性质存在的前提条件，统计量分布通常并不是传统的正态、t、F 或者平方分布。菲利普斯（Phillips, 1988）的分析表明，当观测值个数 T 趋近无穷时，单位根假设下传统 t 统计量或类似统计量的极限分布通常是维纳过程或其泛函。虽然没办法得到其解析解，但通过蒙特卡罗仿真或数字积分，可以得到各百分位点的临界值，并估计检验功效。

各统计量的极限分布在理论上非常重要，求取单位根检验过程中统计量的极限分布的基本思路如下：

设数据生成过程为：$y_t = \rho y_{t-1} + \varepsilon_t$，其中 $\rho = 1 + \dfrac{c}{T}$，$c \in (-\infty, 0]$，则：

$$y_{rT} = \sum_{s=2}^{rT} \rho^{rT-s} \varepsilon_s + \rho^{rT-1} y_1 \tag{2.2}$$

其中 rT 应该取不超过它的最大整数，省略了取整符号 [ ]。有：

$$\frac{1}{\sqrt{T}} \sum_{s=2}^{rT} \rho^{rT-s} \varepsilon_s \Rightarrow \sigma W_c(r) \tag{2.3}$$

其中 $W_c(r) = c \int_0^r e^{c(r-\lambda)} W(\lambda) d\lambda + W(r)$。

当 $c=0$ 时，$\rho=1$，$W_c(r)$ 退化为标准布朗运动，有 $\dfrac{1}{\sqrt{T}} \sum_{s=1}^{rT} \varepsilon_s \Rightarrow \sigma W(r)$，此时对应于单位根过程。

式（2.3）是求统计量极限分布中最基本的分布，将单位根检验量分解为已知分布的变量的函数，然后根据连续映射定理，很容易求出各种统计量的极限分布，并计算出临界值；同时，还可以求出不同回归系数（由 c 决定）下的极限分布并计算对应的检验功效。

2.1.1 经典单位根检验法

最经典的单位根检验方法当然还是 DF 检验，其他很多单位根检验方法只是其拓展或变形而已。比如为解决残差项存在自相关的问题，分别从参数、非参数估计两个角度拓展出来的 ADF 与 PP 检验。DF、ADF 与 PP 检验共同构成三大最经典的单位根检验法。DF 是理论分析中经常采用的检验方法，而 ADF 与 PP 检验则是在大量文献实证分析中使用得最多的单位根检验方法。三大检验的原假设都是 y_t 含有单位根，备择假设是平稳过程，并且检验统计量有相同的极限分布。

（1）DF 检验

当误差项 ε_t 为正态独立同分布时，1976 年，富勒（Fuller）最早提出使用传统 OLS 参数估计方法估计出回归系数 $\hat{\rho}$ 及其方差 $\hat{\sigma}$，然后构造 t 统计量来检验是否为单位根过程的方法。

检验统计量为：$DF = \dfrac{\hat{\rho} - 1}{\hat{\sigma}}$。

注意回归项中如果已做过差分，统计量就不再减 1。

单位根假设下，$T(\hat{\rho}-1)$ 也有唯一的分布，并且没有标准方差等其他多余参数（Nuisance Parameter），可用它来构造统计量。而在传统的 OLS 分析中，此统计量有待估计的多余参数，因而并不能作为检验统计量。

(2) ADF 检验

DF 检验对误差项要求太严格，当误差项存在 p 阶自回归模式的自相关时，回归系数 $\hat{\rho}$ 的估计将是无效的。为了改善回归系数 $\hat{\rho}$ 的估计，可以在回归式中增加 y_t 的滞后差分项 Δy_{t-i}（$= y_{t-i} - y_{t-i-1}$），然后用 OLS 参数估计方法估计回归系数 $\hat{\rho}$ 及其方差 $\hat{\sigma}$，从而用 DF 同样的方法构造检验统计量，来检验 ρ 是否为 1，若是则为单位根过程。其回归估计式为：

$$\Delta y_t = \rho y_{t-1} + \sum_{i=1}^{p} \theta_i \Delta y_{t-i} + u_t \tag{2.4}$$

统计检验量为：$ADF = \dfrac{\hat{\rho}}{\hat{\sigma}}$。

因为回归式中被解释变量已经差分过，故检验统计量分子不再减 1。

(3) PP 检验

当扰动项存在序列相关时，标准 DF 检验统计量的分布将存在多余参数，Phillips 与 Perron 在 1988 年提出使用非参数方法估计出多余参数，然后修正 DF 统计量来检验是否为单位根过程。PP 检验的统计量为：

$$PP = \tau_{\hat{\rho}} \sqrt{\frac{\gamma_0}{f_0}} - \frac{T(f_0 - \gamma_0)\sigma_{\hat{\rho}}}{2\sigma_{\hat{u}}\sqrt{f_0}} \tag{2.5}$$

其中 $\tau_{\hat{\rho}}$ 表示 DF 统计量，γ_0 表示 DF 回归检验式中误差项方差的一致估计。f_0 表示残差在零频率处的谱密度估计量，也即其长时方差。$\sigma_{\hat{\rho}}$ 表示 DF 检验式中 $\hat{\rho}$ 的标准差。$\sigma_{\hat{u}}$ 表示 DF 检验式中残差 $\hat{u}_t$ 的标准差。统计量修正的目的就是要去除多余参数。

(4) 经典检验的极限分布

在 DF、ADF、PP 三大经典检验中，原假设都是 y_t 含有单位根，统计量服从同样的分布，并同属左端检验。

当误差项存在序列相关时，DF 统计量的分布中会存在多余参数。为解决这个问题，ADF 通过增加被检验序列的差分滞后项，PP 检验通过增加修正因子，最终都去除了多余参数，获得跟 DF 一样的统计量极限分布。三大经典检验的极限分布如下：

$$\frac{(1/2)(W(1)^2 - 1) - W(1)\int_0^1 W(r)dr}{(\int_0^1 W(r)^2 dr - [\int_0^1 W(r)dr]^2)^{1/2}} \tag{2.6}$$

上述极限分布为检验回归式中包含常数项的情形，不包含常数项时极限分布将不包括分子、分母减号后的部分。

三大分布具有同样的极限分布,照理应该有相同的临界值。但应该指出,极限分布相同未必意味着小样本情况下的分布也相同,它们趋近于极限分布的速度可能并不一样。所以在小样本情况下,我们可以考虑对各自的情况进行仿真,得到相应的检验临界值。

2.1.2 更高效的单位根检验法

在样本数较小时,DF 单位根检验的检验功效是很低的,常常将平稳过程误判为存在单位根。ADF 与 PP 的检验功效尽管有所改善,但也并不让人特别满意。为了解决这个问题,从不同的角度,人们提出了各种提高单位根检验功效的检验方法。

(1) WS(对称加权)检验

1994 年,潘图拉(Pantula)等人提出 WS 对称加权检验法。该方法用后向延迟和前向延迟两个回归式,通过求两个残差加权平方和的最小值来估计 $\hat{\rho}$ 及其方差 $\hat{\sigma}$:

$$Q(\rho) = \sum_{t=2}^{T} w_t (y_t - \rho y_{t-1})^2 + \sum_{t=1}^{T-1} (1 - w_{t+1})(y_t - \rho y_{t+1})^2 \quad (2.7)$$

其中权重 $w_t = (t-1)/T$。

通过使 $Q(\rho)$ 最小来估计回归系数 $\hat{\rho}$ 及其方差 $\hat{\sigma}$,然后用 DF 检验同样的方法来构造统计检验量。

(2) RMA(递归均值调整)检验

2001 年,东万申(Dong Wan Shin)等人提出 RMA 递归均值调整单位根检验法。其基本设想是用递归平均取代样本平均来估计回归系数及其方差,可应用于 DF、ADF 或 PP 等检验中。

通常回归分析中样本平均数的计算公式为:

$$\bar{y} = T^{-1} \sum_{t=1}^{T} y_t, \quad t = 1, 2, \cdots, T$$

而递归平均数的定义为:

$$\bar{y}_t = t^{-1} \sum_{i=1}^{t} y_i, \quad t = 1, 2, \cdots, T$$

也即平均数不使用所有样本计算出来的统一值,而只用它之前和它本身的观测值来计算,而不涉及其后的样本值。

对通常的 DF 统计而言,有 $\hat{\rho}_o - 1 = \dfrac{\sum (y_{t-1} - \bar{y}) e_t}{\sum (y_{t-1} - \bar{y})^2}$。

对 RMA 而言，有 $\hat{\rho}_r - 1 = \dfrac{\sum (y_{t-1} - \bar{y}_{t-1}) e_t}{\sum (y_{t-1} - \bar{y}_{t-1})^2}$。

RMA 用递归平均代替普通样本平均进行计算，其好处在于：在 DF 计算中，因 $(y_{t-1} - \bar{y})$ 与 e_t 是相关的，故估计出来的回归系数是有偏的，特别是样本数较小或回归系数接近于 1 时，偏误是很大的，导致此时的检验功效不高。普通 ρ 估计式的偏差估算公式为：

$$E(\hat{\rho}_o - \rho) = -\frac{1+3\rho}{T} + o(T^{-1}) \tag{2.8}$$

而对 RMA 而言，$\rho = 1$ 的单位根情形时，$E[\sum (y_{t-1} - \bar{y}_{t-1}) e_t] = 0$，表明 e_t 与 $(y_{t-1} - \bar{y}_{t-1})$ 是不相关的，故而可显著改善对回归系数 ρ 估计的有偏性，进而改善单位根检验的功效。

(3) MAX（最大值）检验

1995，雷波恩（Leybourne）提出 MAX 单位根检验法。设时间序列滞后模型为：

$$y_t = \alpha z_t + \rho y_{t-1} + u_t$$

其中 z_t 表示确定趋势部分。设序列 DF 统计量为 DF_f。其反射模型为：

$$v_t = \delta z_t + \rho v_{t-1} + \eta_t$$

其中 $v_t = y_{T+1-t}$，即 v_t 序列为 $\{y_T, y_{T-1}, \cdots, y_1\}$。反射模型的 DF 统计量为 DF_r。可以构造单位根检验的统计量：$\mathrm{MAX} = \max(DF_r, DF_f)$。其极限分布为：

$$MAX \Rightarrow \max(F_0, R_0)$$

其中 $F_0 = \dfrac{(1/2)(W(1)^2 - 1) - W(1)\int_0^1 W(r)dr}{(\int_0^1 W(r)^2 dr - [\int_0^1 W(r)dr]^2)^{1/2}}$

$R_0 = \dfrac{-(1/2)(W(1)^2 + 1) + W(1)\int_0^1 W(r)dr}{(\int_0^1 W(r)^2 dr - [\int_0^1 W(r)dr]^2)^{1/2}}$。

MAX 检验法的思路是这样的：由 $y_t = \rho y_{t-1} + u_t$ 可以得到反射模型 $y_{t-1} = y_t/\rho - u_t/\rho$，如果序列为单位根过程，则应该有 $\rho = 1/\rho = 1$，由此得到两个检验回归式。

根据极限分布或者蒙特卡罗仿真，我们容易求出其检验临界值。结果表明，较 DF 检验而言，MAX 检验确实改善了检验功效。让人好奇的是，如果将 MAX 检验与其他高功效检验法（如 RMA 或 WS 检验）结合，是否还可以继续提高检验功效呢？事实证明并非如此，其原因在于，检验功效的提高总有一个限度，普通的 MAX 检验渐近检验功效已经很接近高斯渐近势包络线了，没有进一步提高的空间。

（4）冯纽曼比与 LM 检验

冯纽曼比（Von Neumamm Ratio）就是时间序列的差分序列及序列本身的样本方差之比。即：

$$VN = \frac{\sum_{t=2}^{T}(y_t - y_{t-1})^2}{\sum_{t=1}^{T}(y_t)^2} \tag{2.9}$$

我们可用 VN 比率来检验单位根假设。VN 比率也有自己的极限分布，可以求出其检验临界值。

（5）局部点最优检验

1996 年，埃利奥特（Elliot）等人将点最优估计（Point Optimal Test，POT）应用于单位根检验。如果回归系数接近于 1，此时因对 ρ 的估计偏差急剧增大，检验功效很低。如果知道此时 ρ 的值（用 a 表示），人们可以对此构造局部点最优估计，获得最优的检验势。用待检验序列对截距项和趋势项进行准差分变量回归，假定准差分系数分别用 a 和 1 表示，则可以用相应两个残差平方和 SSR_a 与 SSR_1 来构造最优点估计统计量（POT）：

$$POT = \frac{SSR_a - a \cdot SSR_1}{f_0} \tag{2.10}$$

其中 f_0 是频率为零时的残差谱密度。

2.1.3 其他单位根检验法

（1）KPSS 检验

1992 年，科维亚特科夫斯基（Kwiatkowski）等人提出 KPSS 单位根检验法，该检验法先去除待检序列中的截距项与趋势项，得到残差序列 $\{\hat{u}_t\}$，然后用残差序列构造统计量 LM：

$$LM = \sum_{t=1}^{T} S(t)^2 / (Tf_0) \tag{2.11}$$

其中 $S(t) = \sum_{i=1}^{t} \hat{u}_i$ 是残差和函数，f_0 是频率为零时的残差谱密度。

跟通常的单位根检验不同，KPSS 的原假设是平稳序列，备择假设是单位根序列，属于非参数方法。

（2）季节单位根检验

在实际经济数据中有时存在季节或月度波动现象，可能需要做季节单位根检验，而不是普通的单位根检验。我们可以直接把 DF 检验的方法推广到季节时间序列，用季节自回归检验式：

$$y_t = \rho_s y_{t-s} + u_t$$

如果 $\hat{\rho}_s = 1$，则认为存在季节单位根。s=1 的话即为普通单位根检验，为 4 的话为季度数据，为 12 的话为月份数据。

如果多加入季节周期 s 以前各滞后变量，则有检验回归式：

$$\Delta_s y_t = a_1 y_{t-1} + \ldots + a_{s-1} y_{t-(s-1)} + a_s y_{t-s} + \sum_{j=1}^{p} \varphi_j \Delta_s y_{t-j} + u_t$$

设原假设为 $a_1 = \cdots = a_{s-1} = a_s = 0$，检验统计量为 F 检验，如果为真，则存在单位根。当然也不能用普通 F 检验的临界值。

(3) 面板数据单位根检验

1990 年，库阿（Quah）首次把 DF 检验方法直接应用于面板数据的单位根检验。假如数据生成过程为：

$$y_{it} = \rho y_{it-1} + u_{it}, \quad i = 1, \cdots, N; \ t = 1, 2, \cdots, T$$

估计出回归系数 $\hat{\rho}$ 及其方差，然后构造 t 统计量，这与 DF 检验方法相同。但它的极限分布不再是维纳过程的泛函，当 N、T 以同样速度趋于无穷时，面板数据 DF 统计量的渐近分布为标准正态分布。

跟 ADF 的思路类似，莱温（Levin）、林（Lin）等人在 1992 年引入漂移项、时间趋势项与自相关项，得到检验回归式：

$$y_{it} = c + \alpha t + \rho y_{it-1} + \sum_{j=1}^{p} \varphi_j \Delta y_{it-j} + u_{it}, \quad i = 1, \cdots, N; \ t = 1, 2, \cdots, T$$

当 N、T 同时趋于无穷大，t 统计量的极限分布也是标准正态的。

以上是假设不同个体回归系数 $\hat{\rho}_i$ 相同。更加一般的模型是假设其不同，此时有：

$$y_{it} = c + \alpha t + \rho_i y_{it-1} + \sum_{j=1}^{p} \varphi_j \Delta y_{it-j} + u_{it}, \quad i = 1, \cdots, N; \ t = 1, 2, \cdots, T$$

分别估计出 N 个 $\hat{\rho}_i$ 及其方差，计算出对应的统计量 t_i，再计算 N 个统计量的平均值 $\bar{t} = \frac{1}{N} \sum_{i=1}^{N} t_i$，然后可以构造面板数据单位根检验统计量 $Z_i = \frac{[\bar{t} - E(\bar{t})]}{\sqrt{Var(\bar{t})/N}}$。$Z_i$ 的渐进极限分布也是标准正态的。

2.1.4 各种无趋势单位根检验法的比较及检验功效讨论

对无趋势序列而言，当样本数很大时，各种检验方法都趋近于其极限分布，从而可以给出正确的检验结果。但当被检验随机序列含有近似单位根，即特征根小于 1 但接近 1 时，或者是在小样本条件下，单位根检验的检验功效是很低的，很容易将平稳过程误判为单位根过程。

Phillips（1998）指出，当样本数为 100 时，如果回归系数大于 0.9，对各种检验方法而言，检验功效都不太可能高于 0.3。也就是说，将有超过 70% 的平稳过程被误判为存在单位根。如果残差存在序列相关，或者需要对数据进行去势处理，检验功效会更加低。这表明，在小样本情况下，当判断检验结果存在单位根时，我们应该对结论的可靠性保持警惕，这很有可能是误判。换句话说，如果检验结果为平稳的，基本上问题不大，但如果判断存在单位根，则要小心使用结论。

表 2.1 为几种常用单位根检验法在 5%检验水平下，渐近极限情况下的检验功效。

表 2.1　　5%检验水平下常用检验法的渐近极限检验功效

c	ENV	DF	RMA	WS	MAX
−5	0.20	0.13	0.19	0.20	0.20
−10	0.52	0.33	0.50	0.51	0.50
−15	0.83	0.62	0.81	0.83	0.82
−20	0.97	0.86	0.96	0.96	0.96
−25	1.00	0.97	1.00	1.00	1.00

注：数据来源于 (Leybourne, Kim, Newbold, 2005)。

其中 ENV 为渐近高斯势包络 (Asymptotic Gaussian Power Envelope)，可以理解为独立同分布高斯误差项下检验功效的极限值，也就是所有可能检验方法的检验功效最大值。可以看出，RMA、WS 与 MAX 的渐近检验功效是接近的，并且接近或位于势包络上。而 DF (包括有同样极限分布的 ADF、PP 检验) 的检验功效要差些。在 c 绝对值较小 (−5) 时，回归系数接近于 1，在 5%名义水平下，所有检验的功效都很不理想，没有超过 20%的；随着 c 绝对值的增加，回归系数离 1 变远，所有检验的功效都迅速增加，当 c=−25 时，连 DF 的检验功效都接近于 1，此时将平稳过程误判为单位根过程的概率很小。

其中回归系数 $\rho = 1 + \dfrac{c}{T}$，假如 $T = 100$，$c = -10$，则回归系数为 0.9，此时势包络上的检验功效为 0.52，考虑到检验功效随样本数增加而增加，故实际样本数为 100 情况下的检验功效不可能达到 0.52，Phillips (1998) 的结论是不太可能超过 0.3。

换个角度，如果我们认为检验功效低于 0.5 的检验不可用的话 (此时超过一半以上的平稳序列将被误判)，若要想区分回归系数接近 0.9 的平稳过程与单位根过程，样本数小于 100 的话将是不可能的。

蒙特卡罗仿真表明，在任何样本情况下，WS、RMA 与 MAX 检验的检验功效大致相仿，都很不错，要明显好于 DF、ADF 与 PP 检验。当然 PP 检验的功效通常又好于 ADF 检验的功效。

2.2 线性趋势序列单位根检验的退势

实际经济数据的时间序列常常有一个随时间不断增长的确定性趋势，此时序列虽然是非平稳的，但如果去掉趋势项后，剩余项却可能是平稳的，此时称为趋势平稳。剩余项不平稳的话称为差分平稳，此时才是我们真正关心的单位根过程。要判断是趋势平稳还是单位根过程，很自然的方法是先去掉确定性趋势项，然后对剩余项进行无趋势项的单位根检验。去掉时间序列的确定性趋势部分，称为时间序列的退势。

2.2.1 OLS 退势

用 OLS 对带趋势时间序列的确定性趋势项进行回归估计，以此来去除趋势是最容易想到的，也是用得最广泛的去势方法。它通常包括 ADF、PP 或者面板数据检验中假设的常数项与时间项，也可以通过先回归去除确定性趋势项后，再对剩余残差项进行无趋势检验来进行。事实上，因为 ADF 在计算检验量时使用的 OLS 方法进行参数估计，而 OLS 参数估计的理论已经证明，分步对多个参数进行估计与一次对所有参数估计结果是一样的。

但应该指出，OLS 估计的理论基础是在平稳假设前提下得到的，强行应用于非平稳情况的参数估计，其估计精度当然可能存在问题，导致残差中确定性趋势的去除不干净，这会影响到单位根检验的检验结果。理论与仿真试验均表明，同样的随机时间序列，加上时间趋势项后来进行退势单位根检验，检验功效是会降低的，在小样本情况下更是如此。

2.2.2 差分后回归退势

在单位根假设下，OLS 退势因为序列是非平稳的，残差中可能残存部分时间趋势项，导致检验功效降低。为解决这个问题，一些检验中采取了其他方法进行退势。比如在冯纽曼比单位根检验中，就采用先对原序列进行差分，然后再进行 OLS 估计去除确定趋势项。因为单位根序列经过一阶差分后，已经变为平稳序列。这样就符合 OLS 估计的前提条件，可以提高参数估计精度，从而提高检验功效。施密特和菲利普斯（Schmidt，Phillips，1992）的仿真试验证明，至少在单位根附近，检验功效确实得到了提高。

2.2.3 准差分退势

准差分退势（Quasi-difference Detrend）也称 GLS（广义最小二乘）退势，是 Eilliot 在 1996 年首先提出来的。在单位根检验中，如果备择假设离单位根较近,即回归系数接近于1时,为提高检验功效,可使用准差分去势。设回归系数 $\rho = e^{\frac{c}{n}} \approx 1 + \frac{c}{n}$,其中 $c < 0$。

准差分算子定义为:$\Delta_c y_t = (1 - L - \frac{c}{n}L)y_t = \Delta y_t - \frac{c}{n}y_{t-1}$。

即准差分比普通差分多减了部分一阶滞后项。准差分变换后,再对得到的序列进行最小二乘回归来进行退势处理。其实相当于用序列 $[y_1, y_2 - \alpha y_1, \cdots, y_T - \alpha y_{T-1}]$ 对 $[z_1, z_2 - \alpha z_1, \cdots, z_T - \alpha z_{T-1}]$ 进行广义差分回归。

其中无趋势时取 $z_t = 1$,有趋势时取 $z_t = [1, t]'$,$\alpha = 1 + \frac{c}{n}$。

2.2.4 KGLS 退势

在前面的 GLS 退势中,序列第一项取固定值,没有做差分。我们也可以考虑假设它是 0 均值,方差为 $\sigma^2/(1-\rho^2)$ 的随机变量,此时第一项的系数为 $(1-\alpha^2)^{0.5}$。这样可以稍微改善退势效果。

在 GLS 与 KGLS 退势中,都涉及常数 c 的选择问题,当然尽可能选择使检验功效高的值。Eilliot 在 1996 的论文中,建议对 $z_t = 1$ 时,取 $c = -7$;对 $z_t = [1, t]'$ 时,取 $c = -13.5$;在 1999 的论文中,又建议统一取 c 为 -10。

当然我们也可以考虑将 c 看作待估参数,在回归中直接进行估计。

2.2.5 递归 OLS 退势

2002 年,泰勒(Taylor)等人提出递归 OLS 退势。设 $\tilde{y}_t$ 是用 y_j 对 z_j,$j \leq t$ 回归得到的剩余项,即对每个剩余项,都做一次回归来计算;第 t 项剩余,用前 t 个观测值进行回归获得,而不使用 t 之后的观测值;然后对剩余项进行单位根检验。

2.2.6 几种退势方法的比较

几种退势方法都属于线性退势的范畴,不能很好地应用于非线性趋势情形。最为常见的当然还是 OLS 回归退势,直接套用回归理论的方法和结论,当回归系数偏离单位根 1 较远时,OLS 的退势效果也不错,并且计算简单。离单位根很近时,广义差分退势效果要好些,但面临常数 c 的选择问题。递归 OLS 退势在回归系数大或者小时都有较好的退势效果,但计算量比较大,需要做多次回归计算剩余项。

2.3 分段线性结构突变趋势序列的单位根检验

对实际的经济数据而言,由于可能存在政策、制度或其他方面的重大冲击,如 20 世纪 30 年代的大衰退、70 年代的石油危机、中国的计划生育政策、当前的金融海啸等,都导致变化趋势的结构发生改变。当趋势中存在结构突变时,不退势或不考虑结构变化的退势,将导致残差项中包含大量趋势项,从而严重影响检验结果,使得检验功效非常低,经常把退势平稳过程误判为单位根过程,得到错误的检验结论。

Perron 在 1989 年提出了三种分段线性结构突变模型:截距(均值)突变、斜率(趋势)突变以及截距与斜率双突变。均值突变也称为崩溃(Crash)模型,斜率突变也称为变增长率模型(Changing Growth),双突变也称为混合(Mixed)模型。

2.3.1 突变点位置已知的检验方法

Perron 最初提出的检验方法,假设分段线性趋势的结构突变点位置已知,那么可以采用 ADF 检验中加入描述结构突变的虚拟变量,从而改善回归系数的估计。有多少个突变点,就加入多少个虚拟变量。

当然我们也可以考虑先用哑元变量法去除带结构变化的趋势项,再对剩余项用无趋势单位根检验法进行检验就可以了。

Perron 的理论研究与仿真实验均表明,检验临界值不但与突变点个数有关,甚至跟突变点的位置有关,不同的相对位置有不同的临界值,也具有不同的检验功效。这给带结构变化的单位根检验带来麻烦。当突变点位于样本数中间时,此时的检验功效通常最低。

2.3.2 结构突变点位置未知的内生化检验方法

Perron 最初的理论假设中突变点是外生知道的,这给变点模型的应用带来限制,需要人为地假设突变发生的时间。兹沃特(Zivot)与安德鲁斯(Andrews)在 1992 年提出了内生化结构变点模型,取消了变点位置已知的限制。

其检验思路非常简单,假设时间序列中的每个点都是可能的变点,对每个点都计算一个检验统计量,这样可以得到一个单位根检验统计量序列。从中选择最小的统计量与临界值进行比较,来判断是否存在单位根。为什么要选择统计量序列中最小的呢?其原因在于,如果变点位置选得合理,残差中趋势项的去除最干净,计算出来的统计量就是最小的。

2.3.3 子序列检验方法

1992年，班纳吉（Banerjee）、拉姆斯戴恩（Lumsdaine）与施托克（Stock）等人提出子序列检验法，采取在待检验样本中抽取不同子样本的方式提出了新的检验方法，包括递归检验法、移动检验法等。

递归检验的思路是这样的：从序列的第一个值开始，先取序列前部分（如1/4长度序列）序列值作子样本进行检验，得到一个统计量，然后每次增加一个观测样本进行统计检验，直至完成对所有样本的统计。如果每个子序列的检验均判断存在单位根，则说明原序列为单位根过程；否则的话为平稳过程。注意此时因为每个子序列长度不同，而临界值是与样本长度有关的，故如果选择子序列中统计量最小值，需要注意到这点。

移动检验法选取固定的子样本容量（比如1/3样本长度）进行检验，每次在原样本中逐一平移进行检验，也可以得到一个统计量序列，用其中统计量的最小值与临界值比较。统计量的最小值若大于临界值，认为原序列是单位根过程（原假设）；若小于临界值，认为原序列是带有结构突变的趋势平稳过程（备择假设）。

子序列检验法当然只有在样本数较大时才适用。

2.4 其他非线性趋势序列的单位根检验

单位根检验的文献非常丰富，但大部分局限于无趋势情形或线性趋势情形单位根检验的讨论。对包含非线性确定性趋势序列的单位根检验问题，文献中讨论得并不多。但现实世界千差万别，线性趋势很难概括全部的经济数据过程。

对时间多项式这种非线性确定性趋势序列的检验，文献中有所讨论。假设确定性趋势项为时间的多项式，作为线性趋势的自然拓展，用ADF类似的方法，可以用OLS方法计算出检验统计量。欧尼亚雷斯（Ouliaris）、帕克（Park）和Phillips（1989）推导了多项式趋势下单位根检验统计量的极限分布。

对其他非线性趋势而言，如果设定了非线性趋势的具体形式，我们可以先假设误差项是平稳的，考虑用非线性参数估计或其他参数估计方法，估计出非线性趋势部分，然后得到去趋势后的残差项，再进行单位根检验。

这种思路有很大的局限性，它相当于将确定性趋势项函数形式外生化、固定化，所能概括的情形总是有限的。这种解决非线性趋势问题的方法有两个大的问题不易解决：一是检验统计量的极限分布与非线性趋势的具体形式有关，导致其检验临界值也必然因非线性趋势的不同而不同。二是如何设定非线性趋势的具体形式，以保证它就是我们期望描述的数据过程趋势，依然是个悬而未决的难题，这需要解决非线性趋势的检验问题。因为如果设定错误，是很可能得出错误的检验结果的。

本书从另外一个角度解决非线性趋势下的单位根检验问题，就是期望能够对确定性趋势项的函数形式内生化，希望找到一种方法，能够一致地处理所有非线性趋势（当然也包括线性趋势）的去势问题。不需要对非线性趋势的具体形式进行设定，也就回避了设定的检验问题，并且检验临界值与非线性趋势的形式无关。

2.5 扰动项非线性的单位根检验

除确定性趋势可能存在非线性外，另外一种可能是随机项的非线性问题。对因果时间序列 y_t，其预测的一般表达式为：

$$y_t = h(y_{t-1}, y_{t-2}, \cdots; u_t, u_{t-1}, u_{t-2}, \cdots) \tag{2.12}$$

如果函数 $h(.)$ 为线性的，上式可写为：

$$y_t = c + \sum_{i=1}^{p} \varphi_i y_{t-i} + \sum_{j=1}^{q} \theta_j u_{t-j} + u_t \tag{2.13}$$

此即为 ARMA（p, q）模型。如果函数 $h(.)$ 为非线性函数，则得到非线性模型。可见任意非 ARMA 模型皆为非线性模型，其形式是多种多样的。对此研究较多的是童（Tong, 1983）提出的门限自回归（TAR）以及陈和童（Chan, Tong, 1986）提出的平滑转移自回归（STAR）模型。TAR 模型是 STAR 模型的特殊情形，它们都是基于 AR 过程的随机域（Regime）变模型，认为经济变量的动态行为并不是固定不变的，其行为依赖于所在的域，在不同的域内经济变量的行为（即模型的形式或参数）是不同的。

布莱克和冯比（Balke, Fomby, 1997）首先在门限自回归模型对非平稳和非线性的联合分析中，通过蒙特卡罗方法发现，如果不考虑非线性问题，直接使用线性 DF 检验方法会使得检验功效大幅下降。Kapetanios（2003）等提出了一定条件下 ESTAR 模型非线性平稳性的 KSS 检验法。之后非线性平稳性检验法得到了广泛研究和应用。

假设 y_t（$t = 1, 2, \cdots, T$）为 0 均值非线性随机过程，考虑一阶平滑转移自回归 STAR（1）模型：

$$y_t = \beta y_{t-1} + \gamma y_{t-1} F(\theta, c, z_t) + \varepsilon_t \tag{2.14}$$

其中 $\varepsilon_t \sim iid(0, \sigma^2)$，$\beta$、$\gamma$ 为参数，$F(\theta, c, z_t)$ 为转移函数，用来描述 y_t 中的非线性特征。转移函数为在两个极端状态间连续变化的平滑函数，其中 z_t 为

状态转换变量，是导致 y_t 从一种状态转换为另一种状态的变量，通常取为 $z_t = y_{t-d}$，即 y_t 延后 d（$d \geq 1$）期的值，有时也取 $z_t = \Delta y_{t-d}$（差分滞后值）或者 $z_t = t$（时间）为转换变量；c 为转换位置参数，表示转换发生的位置；参数 θ 描述状态转换的速度。

转换函数有各种形式，我们用得最多的是指数平滑转移函数 $F(\theta, c, z_t) = 1 - e^{-\theta(z_t-c)^2}$，得到 ESTAR 模型。其中转换参数 $\theta \geq 0$，决定了均值回复的速度；显然转移函数的取值范围为 $[0, 1]$。当 $\theta = 0$ 时，$F(\theta, c, z_t) = 0$，y_t 为某个线性模型；当 θ 较大时，$F(\theta, c, z_t)$ 趋近于 1，y_t 变为另外一个线性模型。可见，门限自回归（TAR）为 STAR 的特殊情形。

转移函数有时也取为 Logistic 平滑转移函数，比如沿转换点左右非对称的一阶 Logistic 函数 $F(\theta, c, z_t) = \dfrac{2}{1 + e^{-\theta(z_t-c)}} - 1$，其取值变化范围为 $[-1, 1]$；或者对称的二阶 Logistic 函数 $F(\theta, c, z_t) = \dfrac{2}{1 + e^{-\theta(z_t-c)^2}} - 1$，其取值变化范围为 $[0, 1]$。

对 ESTAR 模型，假设转换变量 $z_t = y_{t-d}$，得到：

$$y_t = \beta y_{t-1} + \gamma y_{t-1}[1 - e^{-\theta(y_{t-d}-c)^2}] + \varepsilon_t \tag{2.15}$$

差分后（$\varphi = \beta - 1$）可得到：

$$\Delta y_t = \varphi y_{t-1} + \gamma y_{t-1}[1 - e^{-\theta(y_{t-d}-c)^2}] + \varepsilon_t \tag{2.16}$$

Kapetanios 等讨论过其平稳性条件为 $|\beta + \gamma| < 1$ 或 $-2 < \varphi + \gamma < 0$，这是一个充分而非必要条件。

应用中有时假设 $\varphi = 0$，此时在转换点（$y_{t-d} = c$）附近，有 $\Delta y_t = \varepsilon_t$，暗示 y_t 在中间区域为一单位根过程。如果此条件下有 $\theta = 0$，则 $\Delta y_t = \varepsilon_t$，表明 y_t 为一线性单位根过程；如果 $\theta > 0$，并认为条件 $-2 < \gamma < 0$ 是满足的，则 y_t 为全局平稳的非线性过程。这样可得到检验原假设为 $\varphi = 0$，$\theta = 0$，序列为线性单位根过程；备择假设为 $\varphi = 0$，$\theta > 0$，并认为条件 $-2 < \gamma < 0$ 满足，序列为非线性全局平稳过程。

对延迟参数，在实际应用中可以在 $d = \{1, 2, \cdots, d_{\max}\}$ 中选择最佳拟合结果所对应的值，分析中通常取 1 进行讨论。

在对式（2.16）平稳性检验的理论研究中，Kapetanios 等人提出的 KSS 方法强加 $\varphi = 0$，$d = 1$，$c = 0$ 的限制条件，得到 ESTAR 模型（2.16）平稳性检验的简化形式：

$$\Delta y_t = \gamma y_{t-1}[1 - e^{-\theta y_{t-1}^2}] + \varepsilon_t \tag{2.17}$$

检验零假设为 $H_0: \theta = 0$，备择假设为 $H_1: \theta > 0$。零假设下 γ 参数是不可识别的，并且回归方程是参数非线性的，对转移函数做一阶泰勒展开，得到方程（2.17）的辅助回归方程：

$$\Delta y_t = \delta y_{t-1}^3 + error \qquad (2.18)$$

其中 $\delta = \theta\gamma$，检验假设变为 $H_0: \delta = 0$；$H_1: \delta < 0$。可构建 t 统计量，用左边检验来实现该检验：

$$t_1 = \frac{\hat{\delta}}{s.e.(\hat{\delta})} \qquad (2.19)$$

在零假设下，t 统计量的极限分布为 $t_1 \Rightarrow \dfrac{\frac{1}{4}W(1)^4 - \frac{3}{2}\int_0^1 W(r)^2 dr}{\sqrt{\int_0^1 W(r)^6 dr}}$；在备择假设下，$t_1 = O_p(\sqrt{T})$，t 统计量发散到无穷。

对一阶 LSTAR 模型，同样假设转换变量 $z_t = y_{t-d}$，得到

$$\Delta y_t = \varphi y_{t-1} + \gamma y_{t-1}\left[\frac{2}{1+e^{-\theta(y_{t-d}-c)}} - 1\right] + \varepsilon_t \qquad (2.20)$$

同样强加 $\varphi = 0$，$d = 1$，$c = 0$ 的限制条件，刘雪燕、张晓峒（2009）研究了一阶 LSTAR 简化模型的平稳性检验问题：

$$\Delta y_t = \gamma y_{t-1}\left[\frac{2}{1+e^{-\theta y_{t-1}}} - 1\right] + \varepsilon_t \qquad (2.21)$$

跟 KSS 方法思路类似，对（2.21）式做一阶泰勒展开，得到平稳性检验的辅助回归式：

$$\Delta y_t = \lambda y_{t-1}^2 + error \qquad (2.22)$$

检验假设变为 $H_0: \lambda = 0$；$H_1: \lambda < 0$。可构建 t 统计量，用左边检验来实现该检验：

$$t_2 = \frac{\hat{\lambda}}{s.e.(\hat{\lambda})} \qquad (2.23)$$

统计量的渐近分布为 $t_2 \Rightarrow \dfrac{\frac{1}{3}W(r)^3 - 1}{\sqrt{\int_0^1 W(r)^4 dr}}$，为非标准的 t 分布。

对二阶 LSTAR 模型，同样假设转换变量 $z_t = y_{t-d}$，得到

$$\Delta y_t = \varphi y_{t-1} + \gamma y_{t-1}\left[\frac{2}{1+e^{-\theta(y_{t-d}-c)^2}} - 1\right] + \varepsilon_t \qquad (2.24)$$

如果同样强加 $\varphi = 0$，$d = 1$，$c = 0$ 的限制条件，我们可得到二阶 LSTAR 平稳性检验的简化模型：

$$\Delta y_t = \gamma y_{t-1}\left[\frac{2}{1+e^{-\theta y_{t-1}^2}} - 1\right] + \varepsilon_t \qquad (2.25)$$

同样用一阶泰勒展开近似非线性转换函数，得到检验的辅助回归式：

$$\Delta y_t = \eta y_{t-1}^3 + error \tag{2.26}$$

检验假设变为 $H_0: \eta = 0$；$H_1: \eta < 0$。我们发现，检验辅助回归式（2.26）与 ESTAR 模型得到的辅助回归式（2.18）相同，故可用（2.19）式的检验统计量来检验（2.25）式的平稳性问题。显然，统计量的极限分布与临界值也应该相同。

3 单位根检验中常见错误分析

单位根检验在实证分析中应用非常广泛,但遗憾的是很多文献对单位根的使用是错误或不完全的,得到的结论不可靠甚至完全错误。数据收集、检验方法选择、统计量计算及得出统计推断结论等各个环节都可能出现问题。

本章归纳总结了大量文献中单位根检验方面的常见错误,并对其进行了详细分析。常见错误包括因数据获取困难导致的小样本错误,因特殊假设随意推广导致的以偏概全的逻辑错误,因忽略检验功效导致的检验失败,以及设定错误等。

3.1 引言

单位根检验在理论分析和实证检验中,都具有重要作用,因为它是区分平稳与非平稳的基本定量方法。单位根检验概念是很简单的,并且几乎所有计量软件都提供现成的检验程序,人们输入数据就可以得到检验结果,因而在实证分析中得到广泛应用。但单位根检验也是很复杂的,样本大小、干扰项特征、数据生成过程的不同假设、众多因素的不同考虑都可能完全改变检验结果。国内外众多学者对其进行了广泛研究,并提出了各种检验方法。大量的研究文献和检验方法有时让计量学专家都感到迷惑和无所适从,更别说普通的应用者了。实证文献中存在大量的单位根检验研究和应用文章,但遗憾的是很多文献对单位根检验的使用是错误或不完全的,得到的结论不可靠甚至完全错误。

对单位根检验或者任何其他检验过程而言,通常都包括以下程序:首先要收集数据,然后提出原假设与备择假设,选择检验方法,再设定检验回归式,计算出检验统计量,将统计量与选定检验水平对应的临界值进行比较,得到检验结果,其实还应该考虑检验功效问题。上述任何一个环节处理不当,都可能导致错误而得出错误的结论。对数据收集而言,由于很多时候收集数据并不容易,以致收集样本数量不足,出现小样本问题;数据本身可能受到污染、干扰或因为其他原因,导致数据偏离真实情况,出现测量误差问题。在选择回归式进行参数估计时，回归式与数据生成过程可能并不一致，导致设定问题。在理论分析和仿真研究中，我们通常只能从一个具体的假设出发推导或计算，这样得到的结论如果进行推广的话，可能导致以偏概全的错误。忽略检验功效也常常导致检验失败。

3.2 小样本错误

计量经济学的大部分检验，其检验统计量的分布都是极限分布，也就是样本数趋于无穷大时的分布，在样本数很小时的分布与极限分布通常并不相同，甚至根本不存在。当然因为不同统计量分布的收敛速度不同，究竟多大样本时的分布可看成极限分布也并不一样。对单位根检验而言，样本数很小时，检验统计量的分布可能受干扰项分布、均值、方差、相关性以及变量初始值、均值、方差等各种因素的影响，检验出来的功效常常很低，也就是说很容易把平稳过程误判为单位根过程。按照菲利普斯和智杰（Phillips, Zhijie, 1988）的研究，当样本数小于 100 时，如果回归系数超过 0.9，则检验功效很难超过 30%，这意味着此时将有超过 70% 的平稳过程被误判为单位根过程。遗憾的是，大量文献在实证分析中，并没考虑样本数的问题，甚至在样本数很小时也在机械地进行单位根检验，从而得到的检验结果完全没有说服力。

比如，姚耀军、和丕禅（2004）在《农村资金外流的实证分析：基于结构突变理论》一文中，采用崩溃模型的结构突变模型进行去势，然后用 ADF 的方法对残差进行单位根检验，根据 1977—2001 年共 25 个数据点进行实证分析，得出农村资金通过农村信用社及邮政渠道外流的数据生成过程为一带结构突变的单位根过程的结论。但其检验结果是值得高度怀疑的。事实上，去势后 ADF 单位根检验中，25 个样本将 $\rho=0.5$ 的平稳过程与单位根过程分开的概率不超过 52%，将 $\rho=0.8$ 的平稳过程与单位根过程分开的概率不超过 13%，将 $\rho=0.9$ 的平稳过程与单位根过程分开的概率不超过 7%。可见，因为样本数太小，大量的平稳过程将非常容易被误判为存在单位根，作者得到有单位根的结论是没有说服力的。

再比如，李志辉（2005）在《结构突变理论对外商直接投资的实证分析》一文中，利用结构突变理论分析了我国的外商直接投资情况，并推断出外商直接投资服从一个结构突变的单位根过程。其先利用结构突变假进行去势，然后用 ADF 进行单位根检验。实证分析基于 1983—2004 年共 22 个数据点的外商直接投资数据。同样因为样本数太小的原因，作者根本得不出有意义的结果，作者文中的结论也没有什么说服力。

陈龙（2004）在《结构性突变的单位根过程——基于中国广义货币的实

证》一文中，选择 1981—2001 年我国广义货币供应量的季度数据来进行实证分析。陈龙总共收集到 84 个样本数据，利用去势后的残差进行 ADF 单位根检验，得出我国广义货币供应量遵循结构突变的单位根过程的结论。事实上，去势后 ADF 单位根检验中，84 个样本将 $\rho = 0.8$ 的平稳过程与单位根分开的概率不超过 71%，将 $\rho = 0.9$ 与单位根分开的概率不超过 21%。作者文中所得结论的可靠性也不是很高，并不一定符合实际情况。

总之，小样本情况下的单位根检验，如果得出平稳的结论，应该是比较可靠的，但如果结论是存在单位根，则要对检验结果保持高度警惕，因为它极可能只是误判而已。

3.3 以偏概全错误

计量经济学中，很多问题是很复杂的，影响结果的因素多种多样，很难从非常一般化的角度进行统一的分析和讨论。对单位根检验而言，不同的数据生成过程、初始值的选择、干扰项的分布、序列相关结构、均值与方差大小等，都可能影响结果。但分析只能从一个特别的假设出发进行研究；或者在使用蒙特卡罗方法进行复杂问题的仿真研究时，也总是从某个非常具体的假设开始计算的。这样就必须注意到特殊假设下得出的结论是否具有普遍性，应该尽可能用不同的假设进行分析，否则很容易出现以偏概全的错误，而得到错误的推广结论。

比如，靳庭良（2005）在《DF 单位根检验的势及检验式的选择》一文中，通过模拟仿真研究发现，在单位根原假设下，情形 1（即参数回归估计式为 $y_t = \rho y_{t-1} + e_t$）的 k 统计量 [即 $T(\hat{\rho} - 1)$]、τ 统计量（$\tau = \dfrac{\hat{\rho} - 1}{\hat{\sigma}}$）的分布受 y_0/σ 的影响，这个问题对 k 统计量尤为严重。因此作者得出结论，k 统计量单位根检验需要根据应用的需要对不同的样本初始值或初始值区间，模拟出相应的临界值，才能以此进行单位根检验。作者是在样本数为 100 的情况下得到的仿真结果并进行推广而得出上述结论的。但事实上，实证分析中我们是很难知道 y_0/σ 的，并且也不容易对其进行估计，我们又怎么可能模拟出临界值并进行单位根检验呢？作者没有从理论上对其结论进行分析，其实其结论是不全面的，作者只是根据样本数为 100 的仿真结果推广到所有情况而得出上述结论，犯了以偏概全的错误。

事实上，如果 $y_0 = 0$，有 $T(\hat{\rho} - 1) = \dfrac{T^{-1}\sum_{t=1}^{T} y_{t-1} e_t}{T^{-2}\sum_{t=1}^{T} y_{t-1}^2} \Rightarrow \dfrac{\frac{1}{2}[W^2(1) - 1]}{\int_0^1 W^2(r) dr}$，现在

假设 $y_0 \neq 0$，令 $z_t = y_t - y_0$，显然满足 $z_0 = y_0 - y_0 = 0$，单位根原假设下有 $\rho = 1$，故 $z_t = \rho z_{t-1} + e_t + (\rho - 1)y_0 = \rho z_{t-1} + e_t$，即 z_t 为一初始值为 0 的情形 1 的标准单位根过程。此时有：

$$T(\hat{\rho} - 1) = \frac{T^{-1}\sum_{t=1}^{T} y_{t-1}e_t}{T^{-2}\sum_{t=1}^{T} y_{t-1}^2} = \frac{T^{-1}\sum_{t=1}^{T}(z_{t-1} + y_0)e_t}{T^{-2}\sum_{t=1}^{T}(z_{t-1} + y_0)^2}$$

$$= \frac{T^{-1}\sum_{t=1}^{T} z_{t-1}e_t + y_0 T^{-1}\sum_{t=1}^{T} e_t}{T^{-2}\sum_{t=1}^{T} z_{t-1}^2 + 2y_0 T^{-2}\sum_{t=1}^{T} z_{t-1} + T^{-1}y_0^2}$$

$$= \frac{\frac{1}{2}\sigma^2[W^2(1) - 1] + y_0 T^{-1/2}\sigma W(1)}{\sigma^2\int_0^1 W^2(r)dr + 2y_0 T^{-1/2}\sigma\int_0^1 W(r)dr + T^{-1}y_0^2}$$

$$= \frac{\frac{1}{2}[W^2(1) - 1] + \frac{y_0}{\sigma T^{1/2}}W(1)}{\int_0^1 W^2(r)dr + 2\frac{y_0}{\sigma T^{1/2}}\int_0^1 W(r)dr + \left(\frac{y_0}{\sigma T^{1/2}}\right)^2}$$

可以看出，如果样本数趋于无穷大，$\frac{y_0}{\sigma\sqrt{T}}$ 必然趋于 0，初始值不为 0 的单位根 k 统计量收敛于初始值为 0 时的极限分布，y_0/σ 并不影响 k 统计量的极限分布，但确实影响其收敛到极限分布的速度。也就是说 y_0/σ 会影响小样本时的结果，样本数增加后，影响是忽略不计的。收敛速度受 $\frac{y_0}{\sigma\sqrt{T}}$ 控制。

再比如，张建华、涂涛涛（2007）在《结构突变时间序列单位根的"伪检验"》一文中，利用蒙特卡罗方法，对含一个结构变化点的时间序列用 ADF 进行单位根检验的有效性进行了仿真研究，并得出结论说，当数据生成过程存在一个结构突变点时，不考虑这种变化而进行常规的 ADF 单位根检验只有在下列情况下才不会失效，即只有当突变前后两期的样本数相差极大，或者选取的样本期总数很小，并且随着结构变化程度的增大，不考虑结构变化而进行常规单位根检验得出伪检验的可能性也会增大。

作者是在这样的假设条件下进行的仿真试验：设时间趋势项 S_t 为两段线性的，当 $t \in [1, 500]$ 时，$S_t = 100 + 0.9t$；$t \in [501, 1000]$ 时，$S_t = 300 + 0.5t$，总共 1 000 个数据项，干扰项 μ_t 总是取为标准正态分布 $N(0,1)$。

但作者没有注意到，干扰项的分布、序列独立性甚至方差大小的变化都可能影响仿真结果，从而得出完全不同的结论。刘田（2008）的研究表明，在干扰项方差较大时，ADF是可能对存在一个结构突变点的序列是否包含单位根进行正确检验的。作者在固定干扰项为标准正态分布时进行仿真实验，没有意识到干扰项方差变化时对检验结果的重大影响，得出的结论并不完整。人们如果没注意到这一点而引用其结论，是很容易得出错误的结果的。

3.4 忽略检验功效的错误

任何假设检验必然有相互对立的两个假设：即原假设与备择假设，也必然会提出一个根据样本计算出来的检验统计量。检验统计量在原假设与备择假设成立的情况下分别会有一个概率分布。一个好的检验方法，应该尽量使两个概率分布相隔很远，分布曲线重叠越少约好。如果没有重叠，可以将原假设与备择假设完全分开；部分重叠，则分开的可能性也比较大；但如果完全重叠，则根本不可能分开原假设与备择假设，这样的检验设计当然是失败的。

任何一个检验方法，都会对原假设下统计量的分布情况进行仔细的研究，推导其统计分布，或者进行蒙特卡罗仿真，并提供不同检验水平下的临界值。但对备择假设情况下统计量的分布情况，很多文献并没有仔细考虑和讨论，也就是忽略了检验功效的研究，如果检验功效始终很低，就可能导致检验的失效。

比如，福格尔桑（Vogelsang, 1999）在一篇论文中提出用递归的方法来检测单位根时间序列可能存在的多个加性奇异点的检验方法，就犯了这种严重错误。我们知道，在单位根检验中，如果待检序列存在加性奇异点干扰，可能导致检验水平的扭曲，从而可能导致检验失败。解决办法是在单位根检验前，找到并去除奇异点，然后用剩余的时间序列进行检验。Vogelsang 提出的检测加性奇异点的方法是这样的：设 $y_t = y_{t-1} + u_t$ 为单位根过程，观测序列为 $z_t = \mu_t + y_t + \theta \delta_t$，其中 μ_t 为确定趋势部分，$P(\delta_t = 1) = P(\delta_t = -1) = p/2$，$P(\delta_t = 0) = 1 - p$，则 z_t 为按一定概率存在奇异点的单位根过程。对 $T_{ao} = 1, \cdots, T$ 作回归 $z_t = \hat{\mu} + \hat{\theta} D(T_{ao})_t + \hat{u}_t$，其中 T 为样本数，$D(T_{ao})_t$ 为哑元变量，在 $t = T_{ao}$ 时为 1，其他时候为 0。令 $\lambda = \dfrac{T_{ao}}{T}$，检验统计量 $\tau = \sup_{T_{ao}} |t_{\hat{\theta}}(T_{ao})|$ 的极限分布为：

$$\tau \Rightarrow \sup_{\lambda} \left| \frac{w^*(\lambda)}{\int_0^1 w^*(r)^2 dr} \right|$$

其中 $w^*(\lambda)$ 为维纳过程投影到确定项空间的剩余，比如确定项为常数项时，有 $w^*(\lambda) = w(\lambda) - \int_0^1 w(s) ds$。

统计量分布没有多余参数并且与残差项的相关结构无关。Vogelsang 建议的检验过程是这样的：计算 τ 值，如果大于临界值，则对应的 $t = T_{ao}$ 处为奇异点；去掉该点后继续重复检验过程寻找奇异点，直到 τ 小于临界值为止。

但遗憾的是，上述检验方法并不正确。Vogelsang 只考虑了原假设（有奇异点）的极限分布，没有考虑备择假设（无奇异点）的极限分布。事实上，上述检验加性奇异值的方法是完全无效的。尼尔斯·哈尔德鲁普和安德鲁·桑索（Niels Haldrup, Andreu Sansó, 2006）曾经证明，备择假设的极限分布与原假设的极限分布完全一样，两者完全重叠（如图 3.1 所示），意味着该检验方法的检验功效等于检验水平，也就意味着 Vogelsang（1999）提出的检测奇异值的算法无实际意义。

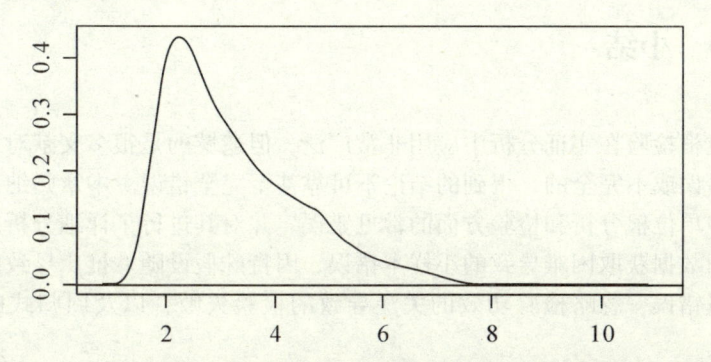

图 3.1　Vogelsang 单位根过程奇异值检测法原假设与备择假设完全重叠

3.5　设定错误

在单位根检验中，通常需要对 $\hat{\rho}$ 及其方差进行估计，以此构造检验统计量。这常常用回归的方式进行，这就需要对回归函数式进行预先设定。最理想的情况，当然是设定检验回归式为数据生成过程，这样可以得到最佳检验结果。但在通常的检验过程中我们并不知道数据生成过程，也就没法设定"正确"的回归形式，这时我们必须在多种可能的回归式中进行选择。如果设定的回归式包含多余的参数，但能够包容数据生成过程，多余参数的估计会带来检验功效的降低，特别是在样本数较小时尤其如此。但这个问题不是致命的，随着样本数的增加，检验功效还是会获得显著改善的。但如果设定的回归式并不包容数据生成过程，则可能带来致命的错误，并且这种错误没法因为样本数的增加而克服，导致检验完全失败。

比如，大多数文献在单位根理论和实证分析中都假设待检时间序列为带线性趋势的，常见计量软件中广泛使用的 ADF、PP 单位根检验法也是这样假定的。这种假设应用于无趋势情形单位根的检验，只是多设了一个线性趋势，相当于增加了一到两个待估参数，可能因为多余参数导致检验功效的降低，但这种降低会因为样本数的增加而改善，大样本情况下完全没有问题。但如果待检序列包含的趋势是非线性的，如平方、对数、分断线性（也就是包含结构突变情形），则 ADF、PP 检验很可能完全失败。比较经典的例子，如 Nelson 与 Plosser 在 1982 年用 ADF 方法检验 14 个美国宏观经济数据，发现存在 13 个单位根过程。但 Perron 在 1989 年引入结构变点后，发现真正的单位根过程只有 3 个。如果数据过程确实存在分段线性的结构变点，普通的线性假设设定显然不能包容它，导致检验归于失败。

3.6 小结

单位根检验在实证分析中应用非常广泛，但遗憾的是很多文献对单位根的使用是错误或不完全的，得到的结论不可靠甚至完全错误。本章归纳总结了大量文献中单位根分析和检验方面的常见错误，并对其进行了详细分析。主要错误包括因数据获取困难导致的小样本错误，因特殊假设随意推广导致的以偏概全的逻辑错误，忽略检验功效的关注导致的检验失败，以及回归式的设定错误等。

4 单位根检验中回归函数的选择

检验回归式的合理设定是单位根检验成败的关键因素之一。本章通过蒙特卡罗仿真的方法，研究了单位根检验中回归函数的选择问题。结果表明，当样本数很小且 ρ 较大时，各种回归函数选择下的检验功效都比较低，主要是小样本问题。如果检验回归式包容数据生成过程，在大样本情况下可以获得很好的检验结果。在大样本情况下，残差相关性的影响可以忽略。

4.1 引言

单位根检验中，通常假设单位根过程是无漂移的，满足 $y_t = y_{t-1} + \mu_t$；如果单位根过程带漂移，即形如 $y_t = a + y_{t-1} + \mu_t$，其中漂移项 $a \neq 0$，则有 $y_t = at + y_0 + \mu_1 + \cdots + \mu_t$，相当于不带漂移单位根过程加一个时间趋势项。

在单位根检验过程中，通常需要估计 y_{t-1} 对 y_t 的回归系数 $\hat{\rho}$ 及其方差 $\hat{\sigma}$，并据此构建检验统计量。根据欲检验的单位根过程是否带漂移以及检验回归式的不同，在残差剩余项独立同分布的前提下，汉密尔顿（Hamilton）将单位根检验分为 4 种基本情形：

情形 1：回归估计式为 $y_t = \rho y_{t-1} + \mu_t$，无漂移单位根过程为 $y_t = y_{t-1} + \mu_t$，$\mu_t \sim i.i.d. N(0, \sigma^2)$。回归估计式与数据生成过程皆不含截距项，检验统计量及其分布为：

$$\tau = \frac{\hat{\rho} - 1}{\hat{\sigma}} \Rightarrow \frac{\frac{1}{2}[W^2(1) - 1]}{\left[\int_0^1 W^2(r) dr\right]^{\frac{1}{2}}} \tag{4.1}$$

情形 2：回归估计式为 $y_t = a + \rho y_{t-1} + \mu_t$，无漂移单位根过程为 $y_t = y_{t-1} + \mu_t$，$\mu_t \sim i.i.d. N(0, \sigma^2)$。数据生成过程不含截距项，回归检验式包含截距项，检验统计量及其极限分布为：

$$\tau = \frac{\hat{\rho}-1}{\hat{\sigma}} \Rightarrow \frac{\frac{1}{2}[W^2(1)-1] - W(1)\int_0^1 W(r)dr}{\left\{\int_0^1 W^2(r)dr - \left[\int_0^1 W(r)dr\right]^2\right\}^{\frac{1}{2}}} \quad (4.2)$$

情形 3：回归估计式为 $y_t = a + \rho y_{t-1} + \mu_t$，与情形 2 同。单位根过程带漂移 $y_t = a + y_{t-1} + \mu_t$，$a \neq 0$，$\mu_t \sim i.i.d. N(0,\sigma^2)$。回归估计式与数据生成过程皆包含截距项，检验统计量为标准正态分布：

$$\tau = \frac{\hat{\rho}-1}{\hat{\sigma}} \Rightarrow N(0,1) \quad (4.3)$$

情形 4：回归估计式为 $y_t = a + \rho y_{t-1} + \delta t + \mu_t$，单位根过程为 $y_t = a + y_{t-1} + \mu_t$，$a$ 任意，$\mu_t \sim i.i.d. N(0,\sigma^2)$，包括带漂移与不带漂移的情形。检验统计量为 $\tau = \frac{\hat{\rho}-1}{\hat{\sigma}}$，其分布为维纳过程的泛函，但与系数 a 或 σ 无关。

就单位根检验中回归函数的选择而言，假如想检验无漂移单位根过程 $y_t = y_{t-1} + \mu_t$，回归估计式可以考虑用情形 1、2、4；如果检验单位根过程带漂移 $y_t = a + y_{t-1} + \mu_t$，$a \neq 0$，回归估计式可用情形 3、4；如果我们并不知道也不关心是否带漂移，而只关心是否是单位根过程，回归估计式则只能用情形 4。

针对多种情形可检验同一单位根假设的情况，在选择检验回归式的时候，如果检验尺度都没有扭曲或者扭曲比较小的话，关键是考虑不同检验方法的检验功效，尽量选择同样条件下功效更高的回归式。

如果残差剩余项 μ_t 存在序列相关，情形 1~4 的回归估计式都需要拓展，需要在回归估计式中增加 y_t 的延迟差分项，而增加的项数需要与残差剩余项的序列相关结构匹配。

如果数据生成过程为情形 1，即 $y_t = \rho y_{t-1} + \mu_t$，用情形 2、4 进行检验比用情形 1 检验的功效要下降多少？如果检验功效下降并不多，则没有必要考虑情形 1，使用统一的检验回归式将使问题更简单；但如果检验功效下降很多，则必须在回归式用 1 与 2 或 4 之间进行选择，也就是必须检验常数项是否为 0 了。但能否成功地进行检验又是另一个问题。

4.2 残差项无序列相关时各种回归估计式的检验功效

我们先研究不存在序列相关时的情形，看看不同数据生成过程下不同回归检验式的检验水平扭曲情况和功效大小情况。

4.2.1 无截距项数据生成过程不同检验回归式的检验功效

设数据生成过程为 $y_t = \rho y_{t-1} + \mu_t$，$\mu_t$ 是独立同分布的标准正态分布，取 y_0

= 0，ρ 取值从 1、0.9、0.8 逐步降低到 0（为节省篇幅，表 4.1 中只列出部分有代表性的数据），样本数从 25、50 逐步增加到 1 000，每个 ρ 值重复 1 000 次进行检验，5% 检验水平下不同检验回归式时的检验功效如表 4.1 所示。

表 4.1 无截距项数据生成过程不同回归估计式的检验功效（5% 显著水平）

	ρ	25	50	75	100	150	200	250	500	750	1 000
情形 1	1	0.05	0.05	0.05	0.05	0.04	0.05	0.06	0.05	0.05	0.06
	0.9	0.18	0.34	0.55	0.77	0.97	1.00	1.00	1.00	1.00	1.00
	0.8	0.38	0.80	0.97	1.00	1.00	1.00	1.00	1.00	1.00	1.00
	0.7	0.60	0.97	1.00	1.00	1.00	1.00	1.00	1.00	1.00	1.00
情形 2	1	0.05	0.04	0.04	0.04	0.05	0.05	0.05	0.04	0.05	0.06
	0.9	0.08	0.10	0.21	0.30	0.63	0.86	0.97	1.00	1.00	1.00
	0.8	0.14	0.32	0.64	0.87	1.00	1.00	1.00	1.00	1.00	1.00
	0.7	0.21	0.64	0.96	1.00	1.00	1.00	1.00	1.00	1.00	1.00
情形 3	1	0.25	0.31	0.35	0.36	0.38	0.39	0.43	0.42	0.42	0.45
	0.9	0.38	0.59	0.78	0.90	1.00	1.00	1.00	1.00	1.00	1.00
	0.8	0.51	0.89	0.98	1.00	1.00	1.00	1.00	1.00	1.00	1.00
情形 4	1	0.06	0.04	0.05	0.05	0.04	0.06	0.05	0.05	0.06	0.05
	0.9	0.06	0.07	0.14	0.20	0.39	0.66	0.83	1.00	1.00	1.00
	0.8	0.09	0.20	0.39	0.63	0.95	1.00	1.00	1.00	1.00	1.00
	0.7	0.14	0.42	0.77	0.96	1.00	1.00	1.00	1.00	1.00	1.00

就检验水平而言，$\rho = 1$ 时为单位根过程，可以看出，使用情形 3 的检验回归式和临界值来检验情形 1 的单位根过程，会带来严重的尺度扭曲，因为它们的原假设一个带漂移，一个不带漂移，是不相容的，这样的结果不出乎意料。应用情形 1、2、4 的检验回归式和对应的临界值来检验，都可以得到预设的检验水平，因为情形 2、4 包容情形 1，但分别多 1、2 个待估参数。

就检验功效而言，用情形 2、4 来检验情形 1 生成的数据，在样本数较小时会带来检验功效的显著降低。当样本数小于 100 时，因为小样本的原因，对 $\rho \geq 0.9$ 的情形，所有检验回归式的检验功效都比较低。

在 [100, 250] 的样本区间，用情形 1 检验情形 1，功效是很高的；用情形 2 检验情形 1，功效降低；用情形 4 检验情形 1，功效降低更多。也就是说待估参数的增加将降低检验功效。当样本数超过 250 时，用情形 2 或 4 来检验情形 1，检验功效都接近 1，且检验水平没有扭曲，表明得到了"正确"的结果，没多少功效损失或水平扭曲导致的误判。

也就是说，在样本数小于 100 时，所有情形检验功效都比较低；在样本数

4 单位根检验中回归函数的选择 | 35

超过 250 时，所有情形检验功效都很高。两种情况下区分情形 1 与情形 2、4 的检验回归式意义不大。但在 [100, 250] 的样本区间，如果能用情形 1 回归，就不用情形 2，能用情形 2，就不用情形 4，关键是我们要对数据生成过程是情形 1、2 或 4 进行合理的假设和检验。

4.2.2 带截距项数据生成过程不同回归式的检验功效

数据生成过程为 $y_t = a + \rho y_{t-1} + \mu_t$，其中 $a = 2$，设 μ_t 是独立同分布的标准正态分布，ρ 从 1、0.9 逐步减小到 0（表 4.2 中只列出到 0.7 的情形），样本数从 25、50 逐步增加到 1 000，每个 ρ 值重复 1 000 次，5% 检验水平下不同检验回归式的检验功效如表 4.2 所示。

表 4.2 带截距项数据生成过程不同回归估计式的检验功效（5% 检验水平）

	ρ	25	50	75	100	150	200	250	500	750	1 000
情形 1	1	0.00	0.00	0.00	0.00	0.00	0.00	0.00	0.00	0.00	0.00
	0.9	0.00	0.00	0.00	0.00	0.00	0.00	0.00	0.00	0.00	0.00
	0.8	0.00	0.00	0.00	0.00	0.00	0.00	0.00	0.00	0.00	0.00
	0.7	0.00	0.00	0.00	0.00	0.00	0.00	0.00	0.00	0.97	1.00
情形 2	1	0.01	0.01	0.01	0.01	0.00	0.00	0.00	0.00	0.00	0.00
	0.9	0.46	0.89	0.98	1.00	1.00	1.00	1.00	1.00	1.00	1.00
	0.8	0.48	0.81	0.96	1.00	1.00	1.00	1.00	1.00	1.00	1.00
	0.7	0.48	0.87	0.99	1.00	1.00	1.00	1.00	1.00	1.00	1.00
情形 3	1	0.04	0.06	0.04	0.04	0.04	0.04	0.03	0.05	0.03	0.05
	0.9	0.80	1.00	1.00	1.00	1.00	1.00	1.00	1.00	1.00	1.00
	0.8	0.88	1.00	1.00	1.00	1.00	1.00	1.00	1.00	1.00	1.00
	0.7	0.90	1.00	1.00	1.00	1.00	1.00	1.00	1.00	1.00	1.00
情形 4	1	0.06	0.05	0.06	0.05	0.05	0.05	0.06	0.05	0.05	0.06
	0.9	0.06	0.20	0.48	0.73	0.96	0.99	1.00	1.00	1.00	1.00
	0.8	0.14	0.39	0.71	0.92	1.00	1.00	1.00	1.00	1.00	1.00
	0.7	0.19	0.60	0.90	0.99	1.00	1.00	1.00	1.00	1.00	1.00

就检验水平而言，当 $\rho = 1$ 时，因为数据生成过程存在不为 0 的截距项，相当于带漂移单位根过程，此时使用情形 3、4 的检验回归式和临界值来检验可以得到预设的检验水平 5% 左右。但如果用情形 1、2 的检验回归式和临界值来检验，检验水平几乎为 0，远低于预设的检验水平 5%。

就检验功效而言，此时用情形 1 来检验的话，几乎所有检验功效全为 0，这意味着检验将把几乎所有的平稳过程都判断为单位根过程，这当然是不可接受的。在小样本情况下，情形 3 的检验功效远好于情形 2 的检验功效。其实情形 3 与情形 2 的检验回归式完全相同,只是情形 3 使用的检验统计量为标准正态分布,更加远离平稳时的统计量分布,得到更高的功效是理所当然的。在 [75,150] 的样本区间,用情形 4 来检验的话,功效降低较多;当样本数超过 150 时,用情形 4 来检验,检验功效都接近 1,没多少功效损失。

也就是说,在样本数超过 150 时,情形 4 的检验功效也很高,此时再区分数据生成过程是情形 2 或 4 没多少意义。但如果样本数小于 150,对数据生成过程是 2 或 3 而不是 4 进行区分是有意义的,可以显著提高检验功效,如果我们能够对数据生成过程进行准确的区分和检验的话。

4.2.3 带截距项与时间项数据生成过程不同回归式的检验功效

数据生成过程为 $y_t = a + \rho y_{t-1} + \delta t + \mu_t$,其中 $a=2$,$\delta=0.05$,设 μ_t 是独立同分布的标准正态分布,ρ 取值从 1、0.9、0.8 逐步递减到 0(表 4.3 中只列出部分数据),样本数从 25、50 逐步增加到 1 000,每个 ρ 值重复 1 000 次,5% 检验水平下不同检验回归式的检验功效如表 4.3 所示。

表 4.3 带截距与时间趋势项数据生成过程不同回归估计式的检验功效

	ρ	25	50	75	100	150	200	250	500	750	1 000
情形 1	1	0.00	0.00	0.00	0.00	0.00	0.00	0.00	0.00	0.00	0.00
	0.9	0.00	0.00	0.00	0.00	0.00	0.00	0.00	0.00	0.00	0.00
	0.8	0.00	0.00	0.00	0.00	0.00	0.00	0.00	0.00	0.00	0.00
	0.7	0.00	0.00	0.00	0.00	0.00	0.00	0.00	0.00	0.00	0.00
情形 2	1	0.00	0.00	0.00	0.00	0.00	0.00	0.00	0.00	0.00	0.00
	0.9	0.20	0.31	0.31	0.16	0.03	0.00	0.00	0.00	0.00	0.00
	0.8	0.24	0.19	0.06	0.01	0.00	0.00	0.00	0.00	0.00	0.00
	0.7	0.24	0.16	0.02	0.00	0.00	0.00	0.00	0.00	0.00	0.00
情形 3	1	0.00	0.00	0.00	0.00	0.00	0.00	0.00	0.00	0.00	0.00
	0.9	0.50	0.83	0.88	0.87	0.79	0.61	0.43	0.00	0.00	0.00
	0.8	0.65	0.79	0.71	0.61	0.23	0.03	0.01	0.00	0.00	0.00
	0.7	0.67	0.77	0.65	0.44	0.11	0.01	0.00	0.00	0.00	0.00
情形 4	1	0.04	0.01	0.00	0.00	0.00	0.00	0.00	0.00	0.00	0.00
	0.9	0.05	0.14	0.33	0.52	0.83	0.95	1.00	1.00	1.00	1.00
	0.8	0.12	0.39	0.68	0.88	0.99	1.00	1.00	1.00	1.00	1.00
	0.7	0.17	0.59	0.89	0.99	1.00	1.00	1.00	1.00	1.00	1.00

当 $\rho=1$ 时,按照仿真中的数据生成过程,有 $y_t = 2 + y_{t-1} + 0.05t + \mu_t$,此时的单位根过程除了带漂移外,还包含时间趋势项,并不符合情形 1、2、3、4 的任何原假设,各种情形下的检验水平几乎都为 0,即几乎肯定都会判断为

单位根过程。

就检验功效而言，当样本数较大时，使用情形 1、2、3 的回归式和对应的检验临界值，几乎所有检验功效全为 0，这意味着检验将把几乎所有的平稳过程都判断为单位根过程，得出错误的结论。当样本数超过 150 时，用情形 4 来检验，检验功效都接近 1，不容易把平稳过程误判为单位根过程。

4.3 无漂移过程截距项是否为 0 的检验

前面的仿真试验表明，当样本数在区间 [100,250] 时，区分回归式中常数项是否为 0 是有意义的，当然我们不能用不带常数项的回归式来检验数据生成过程带常数项的情形。但如果数据生成过程确实不带常数项，用情形 1 来回归检验可以显著提高检验功效。

4.3.1 无漂移过程常数项为零 t 检验的概率分布曲线

对回归估计式 $y_t = a + \rho y_{t-1} + \mu_t$，其中 $\mu_t \sim i.i.d. N(0, \sigma^2)$，现在假设原假设为 $H_0: a=0, \rho=1$，按照张晓峒、攸频（2006）的推导，常数项 $a=0$ 的 t 统计量的极限分布为：

$$t_\alpha \to \frac{w(1)\int_0^1 w^2(r)dr - \frac{1}{2}(w^2(1)-1)\int_0^1 w(r)dr}{\sqrt{\left(\int_0^1 w^2(r)dr\right)^2 - \left(\int_0^1 w(r)dr\right)^2 \int_0^1 w^2(r)dr}} \tag{4.4}$$

其概率分布密度函数如图 4.1 所示。

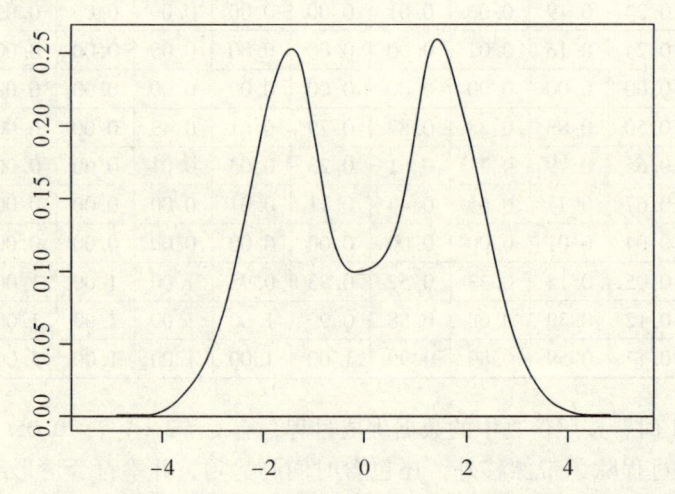

图 4.1 单位根过程中常数项为 0 的 t 统计量的概率分布密度函数

可以看出，概率分布密度函数为双峰曲线，但关于原点对称。很明显，常数项是否为0应该做双边检验，而不是单位根检验的左边检验。

4.3.2 不同数据生成过程常数项检验不为0的概率

设数据生成过程为 $y_t = a + \rho y_{t-1} + \mu_t$，其中 μ_t 是独立同分布的标准正态分布，a 取 0、0.2、0.4、0.6、0.8，ρ 取值从 1、0.9、0.8 逐步递减到 0（表 4.4 中只列出部分结果），样本数从 25、50 逐步增加到 1 000，每种情况重复 1 000 次，在 5% 检验水平下不同检验回归式时的检验功效如表 4.4 所示。

表 4.4　不同数据生成过程时常数项检验不为 0 的概率（5%显著水平）

a	ρ	25	50	75	100	150	200	250	500	750	1 000
0.00	1.00	0.04	0.04	0.05	0.04	0.05	0.06	0.05	0.05	0.06	0.05
0.00	0.90	0.02	0.02	0.01	0.01	0.01	0.01	0.01	0.01	0.01	0.00
0.00	0.80	0.01	0.01	0.01	0.01	0.01	0.01	0.01	0.01	0.01	0.01
0.00	0.70	0.02	0.01	0.01	0.01	0.01	0.01	0.01	0.01	0.01	0.01
0.20	1.00	0.06	0.07	0.07	0.08	0.11	0.15	0.20	0.38	0.62	0.81
0.20	0.90	0.03	0.05	0.06	0.09	0.16	0.25	0.36	0.84	0.99	1.00
0.20	0.80	0.03	0.04	0.07	0.11	0.21	0.36	0.52	0.90	0.99	1.00
0.20	0.70	0.03	0.05	0.09	0.12	0.25	0.41	0.52	0.93	0.99	1.00
0.40	1.00	0.08	0.12	0.21	0.27	0.48	0.63	0.76	0.99	1.00	1.00
0.40	0.90	0.09	0.10	0.17	0.23	0.48	0.72	0.85	1.00	1.00	1.00
0.40	0.80	0.07	0.14	0.28	0.44	0.76	0.93	0.99	1.00	1.00	1.00
0.40	0.70	0.07	0.20	0.38	0.55	0.88	0.98	1.00	1.00	1.00	1.00
0.60	1.00	0.13	0.30	0.50	0.65	0.90	0.98	0.99	1.00	1.00	1.00
0.60	0.90	0.12	0.20	0.29	0.43	0.72	0.88	0.97	1.00	1.00	1.00
0.60	0.80	0.11	0.25	0.49	0.73	0.96	1.00	1.00	1.00	1.00	1.00
0.60	0.70	0.14	0.38	0.68	0.89	0.99	1.00	1.00	1.00	1.00	1.00
0.80	1.00	0.24	0.58	0.81	0.93	1.00	1.00	1.00	1.00	1.00	1.00
0.80	0.90	0.19	0.31	0.47	0.69	0.85	0.96	0.99	1.00	1.00	1.00
0.80	0.80	0.17	0.37	0.65	0.85	0.99	1.00	1.00	1.00	1.00	1.00
0.80	0.70	0.20	0.51	0.83	0.97	1.00	1.00	1.00	1.00	1.00	1.00

可以看出，在 $\rho = 1$ 的前提下，$a = 0$ 时不同样本长度下的检验功效基本为 0.05，与预选的检验水平吻合；$a = 0.2$ 时，在样本长度小于 250 的情况下，大部分检验结果将判断为 0，也即判断为无截距项；$a = 0.4$ 时，在样本长度区间 [100,250] 的情况下，检验结果判断为非 0 无截距项的概率从 0.27 增加到 0.76；$a = 0.6$ 时，在样本长度区间 [100,250] 的情况下，检验结果判断为非 0 的概率从 0.65 增加到 0.99；a 大于 0.8 后，在样本数大于 100 的前提下，才能可靠地判断为不为 0。

对 $\rho<1$ 的平稳情形，在 a 和样本数较小时，能够将 a 非 0 准确检测出的概率也较小。应该注意，此时检验 a 为 0 与不为 0 的统计量的概率分布其实已经发生变化，还用上面的临界值进行检验已经比较勉强。

4.3.3 无漂移过程常数项是否为零检验的实证意义

前面已经指出，单位根检验中，区分常数项是否为 0 只有在中等样本规模，如样本区间为 [100, 250] 时才有明显意义，能够比较显著地提高检验功效。但在这个样本区间，只有常数项大于 0.8 的前提下，我们才能够可靠地检验出其不是 0，这还是在干扰项独立同分布前提下得到的结论。常数项较小时，很容易将其判断为 0，而如果就此采用情形 1 来回归检验的话，将导致明显的错误。

也就是说，通过检验常数项为 0 而采用情形 1 通常不是一个好的策略，在实证中没有太大的意义。要么在样本数较大时没必要区分，要么在样本数适中有区分的意义时又得不到可靠的区分结果。所以，除非从数据生成机制的角度能够判断为情形 1，否则实证分析中最好不要选择情形 1 来作检验回归式。

4.4 残差项相关时各种回归估计式的检验功效

前面讨论的 4 种回归情形均没考虑到残差项存在序列相关时的问题。如果残差项存在序列相关，需要增加 y_t 的延迟差分项 $\triangle y_{t-1}(=y_t-y_{t-1})$，$\triangle y_{t-2}$，…，否则得到的检验功效可能比较低。

下面分别研究不同情形数据生成过程，但残差项 μ_t 存在序列相关时，在检验的回归估计式中不考虑相关问题（不增加 y_t 的延迟差分项）、按照公式 $(N-1)^{1/3}$（其中 N 为样本长度）自动选择延迟差分项项数以及延迟差分项项数与 μ_t 的自相关结构相匹配等几种情况时，单位根检验的检验水平与功效问题。

4.4.1 残差序列相关数据生成过程无截距项时不同相关考虑的检验功效

设数据生成过程为情形 1，但残差存在序列相关，设 $y_t=\rho y_{t-1}+\mu_t$，$\mu_t=0.3\mu_{t-1}+e_t$，其中 e_t 是独立同分布的标准正态分布，ρ 取值从 1、0.9、0.8 逐步减少到 0（表 4.5 中只列出部分有代表性的数据），样本数从 25、50 逐步增加到 1 000，每种情况重复 1 000 次，检验回归式分别按照不考虑相关、递归延迟项与 μ_t 相关结构匹配，或者按照公式 $(N-1)^{1/3}$ 自动选择延迟项项数等几种回归方式进行检验。作为对比，我们也加入 μ_t 无序列相关时的结果。5% 检验水平下不同情形的检验功效如表 4.5 所示。

表 4.5 数据生成过程与回归式皆不含截距项不同相关考虑的检验功效

	ρ	25	50	75	100	150	200	250	500	750	1 000
无相关	1	0.05	0.05	0.05	0.05	0.04	0.05	0.06	0.05	0.05	0.06
	0.9	0.18	0.34	0.55	0.77	0.97	1.00	1.00	1.00	1.00	1.00
	0.8	0.38	0.80	0.97	1.00	1.00	1.00	1.00	1.00	1.00	1.00
	0.7	0.60	0.97	1.00	1.00	1.00	1.00	1.00	1.00	1.00	1.00
有不考虑	1	0.01	0.00	0.01	0.01	0.01	0.01	0.01	0.01	0.01	0.01
	0.9	0.03	0.07	0.16	0.28	0.58	0.86	0.97	1.00	1.00	1.00
	0.8	0.08	0.32	0.64	0.89	0.99	1.00	1.00	1.00	1.00	1.00
	0.7	0.18	0.67	0.94	1.00	1.00	1.00	1.00	1.00	1.00	1.00
自动选择	1	0.05	0.04	0.05	0.06	0.05	0.04	0.05	0.05	0.05	0.06
	0.9	0.12	0.25	0.36	0.53	0.82	0.95	0.99	1.00	1.00	1.00
	0.8	0.21	0.48	0.70	0.88	0.99	1.00	1.00	1.00	1.00	1.00
	0.7	0.31	0.68	0.85	0.97	1.00	1.00	1.00	1.00	1.00	1.00
匹配	1	0.06	0.06	0.04	0.04	0.06	0.04	0.05	0.03	0.05	0.03
	0.9	0.14	0.28	0.52	0.69	0.92	0.99	1.00	1.00	1.00	1.00
	0.8	0.26	0.66	0.88	0.98	1.00	1.00	1.00	1.00	1.00	1.00
	0.7	0.42	0.88	0.98	1.00	1.00	1.00	1.00	1.00	1.00	1.00

就检验水平而言，当 μ_t 存在序列相关时，延迟项匹配或者自动选择等考虑序列相关问题时得到的检验水平与预设的 5% 检验水平比较接近；不考虑残差项中存在的相关问题时检验水平几乎为 0，远低于预设的检验水平 5%，也就是说几乎会把所有单位根过程检验出来。

就检验功效而言，当残差项存在序列相关时，回归检验式中考虑与不考虑相关问题的检验功效都比不存在序列相关时有所降低，即序列相关的存在使得检验更容易将平稳过程误判为单位根过程。

当样本数小于 100 时，如果 ρ 较大（比如为 0.9 时），各种检验方法的检验功效都比较低，此时主要是小样本问题，当然此时残差项序列相关的存在使得检验功效更加低。

在 [100, 250] 的样本区间，当延迟差分项与残差相关结构匹配时，检验功效较高，而延迟差分项自动选择时检验功效要差些，不考虑残差项相关问题时的检验功效更低。但这种功效差距随样本数增加而减少。

当样本数超过 250 时，各种情形的检验功效都比较高，包括不考虑相关时获得的检验功效也接近于 1。说明大样本情况下残差项是否存在序列相关对检验结果影响不大。

4.4.2 带截距项数据生成过程不同相关考虑时的检验功效

设数据生成过程带有截距项,并且残差存在序列相关,即假设 $y_t = a + \rho y_{t-1} + \mu_t$,其中 $a = 2$, $\mu_t = 0.3\mu_{t-1} + e_t$,并且 e_t 是独立同分布的标准正态分布,ρ 取值从 1、0.9、0.8 逐步减少到 0,样本数从 25、50 逐步增加到 1 000,每种情况重复 1 000 次,检验回归式分别按照不考虑相关、递归延迟项与 μ_t 相关结构匹配,或者按照公式 $(N-1)^{1/3}$ 自动选择延迟项项数等几种回归方式进行检验。作为对比,我们也加入 μ_t 无序列相关时的结果。5%检验水平下不同情形的检验功效如表 4.6 所示。

表 4.6　数据生成过程与回归式皆带截距项不同相关考虑时的检验功效

	ρ	25	50	75	100	150	200	250	500	750	1 000
无相关	1	0.01	0.01	0.01	0.01	0.00	0.00	0.00	0.00	0.00	0.00
	0.9	0.46	0.89	0.98	1.00	1.00	1.00	1.00	1.00	1.00	1.00
	0.8	0.48	0.81	0.96	1.00	1.00	1.00	1.00	1.00	1.00	1.00
	0.7	0.48	0.87	0.99	1.00	1.00	1.00	1.00	1.00	1.00	1.00
有不考虑	1	0.03	0.03	0.02	0.02	0.02	0.02	0.02	0.03	0.01	0.02
	0.9	0.44	0.75	0.90	0.94	0.99	1.00	1.00	1.00	1.00	1.00
	0.8	0.32	0.54	0.72	0.85	0.98	1.00	1.00	1.00	1.00	1.00
	0.7	0.24	0.49	0.77	0.94	1.00	1.00	1.00	1.00	1.00	1.00
自动选择	1	0.01	0.01	0.01	0.00	0.01	0.01	0.00	0.01	0.00	0.00
	0.9	0.16	0.29	0.39	0.55	0.73	0.90	0.94	1.00	1.00	1.00
	0.8	0.15	0.30	0.39	0.62	0.82	0.96	0.99	1.00	1.00	1.00
	0.7	0.16	0.32	0.48	0.75	0.94	0.99	1.00	1.00	1.00	1.00
匹配	1	0.01	0.01	0.00	0.01	0.01	0.00	0.00	0.00	0.00	0.01
	0.9	0.18	0.43	0.62	0.80	0.95	0.99	1.00	1.00	1.00	1.00
	0.8	0.21	0.45	0.69	0.88	0.99	1.00	1.00	1.00	1.00	1.00
	0.7	0.21	0.53	0.84	0.97	1.00	1.00	1.00	1.00	1.00	1.00

就检验水平而言,当 $\rho = 1$ 时,因为数据生成过程存在不为 0 的截距项,相当于带漂移单位根过程,与此时的原假设并不相同,故各种情形的检验水平几乎都接近于 0,低于预设的检验水平 5%。

就检验功效而言,当残差项存在序列相关时,回归检验式中考虑与不考虑相关问题的检验功效都比不存在序列相关时有所降低,即序列相关的存在使得检验更容易将平稳过程误判为单位根过程。

在样本数不是很大时,如果延迟差分项与残差相关结构匹配,检验功效较高,而延迟差分项自动选择时检验功效要差些。但这种功效差距随样本数增加而减少。

当样本数超过 250 时,各种情形的检验功效都比较高,包括不考虑相关时获得的检验功效也接近于 1。这说明大样本情况下残差项是否存在序列相关对检验结果影响不大。

4.4.3 带截距项与时间项数据生成过程不同相关考虑时的检验功效

设数据生成过程为情形 4,带有截距项和时间趋势项,并且残差存在序列相关,5% 检验水平下不同情形的检验功效如表 4.7 所示。

表 4.7 数据生成过程包含截距与时间项不同相关考虑的检验功效

	ρ	25	50	75	100	150	200	250	500	750	1 000
无相关	1	0.04	0.01	0.00	0.00	0.00	0.00	0.00	0.00	0.00	0.00
	0.9	0.05	0.14	0.33	0.52	0.83	0.95	1.00	1.00	1.00	1.00
	0.8	0.12	0.39	0.68	0.88	0.99	1.00	1.00	1.00	1.00	1.00
	0.7	0.17	0.59	0.89	0.99	1.00	1.00	1.00	1.00	1.00	1.00
有不考虑	1	0.02	0.02	0.01	0.01	0.01	0.01	0.01	0.01	0.01	0.01
	0.9	0.03	0.08	0.16	0.23	0.41	0.61	0.76	1.00	1.00	1.00
	0.8	0.04	0.13	0.26	0.38	0.72	0.93	0.99	1.00	1.00	1.00
	0.7	0.06	0.15	0.39	0.63	0.95	1.00	1.00	1.00	1.00	1.00
自动选择	1	0.04	0.01	0.00	0.01	0.00	0.00	0.00	0.00	0.00	0.00
	0.9	0.05	0.07	0.11	0.20	0.33	0.53	0.71	1.00	1.00	1.00
	0.8	0.04	0.13	0.21	0.35	0.59	0.83	0.92	1.00	1.00	1.00
	0.7	0.06	0.17	0.28	0.48	0.75	0.94	0.98	1.00	1.00	1.00
相关匹配	1	0.04	0.01	0.00	0.00	0.00	0.00	0.00	0.00	0.00	0.00
	0.9	0.06	0.10	0.18	0.26	0.52	0.79	0.92	1.00	1.00	1.00
	0.8	0.11	0.19	0.40	0.60	0.91	1.00	1.00	1.00	1.00	1.00
	0.7	0.10	0.31	0.58	0.84	0.99	1.00	1.00	1.00	1.00	1.00

其中假设 $y_t = a + \rho y_{t-1} + \delta t + \mu_t$,且 $a = 2$,$\delta = 0.05$,$\mu_t = 0.3\mu_{t-1} + e_t$,并且 e_t 是独立同分布的标准正态分布,ρ 取值从 1、0.9、0.8 逐步减少到 0,样本数从 25、50 逐步增加到 1 000,每种情况重复 1 000 次,检验回归式分别按照不考虑相关、递归延迟项与 μ_t 相关结构匹配,或者按照公式 $(N-1)^{1/3}$ 自动选择延迟项项数等几种回归方式进行检验。作为对比,我们同样加入 μ_t 无序列相关时的结果。

就检验水平而言,当 $\rho = 1$ 时,因为数据生成过程存在时间趋势项,与此时的原假设并不相同，导致各种情形的检验水平几乎都接近于 0，低于预设的检验水平 5%。

就检验功效而言，当残差项存在序列相关时，回归检验式中考虑与不考虑相关问题的检验功效都比不存在序列相关时有所降低，即序列相关的存在使得检验更容易将平稳过程误判为单位根过程。

当样本数小于 100 时，如果 ρ 较大（比如为 0.9 时），各种检验方法的检验功效都比较低，此时主要是小样本问题，当然此时残差项序列相关的存在使得检验功效更加低。

在 [100,250] 的样本区间，当延迟差分项与残差相关结构匹配时，检验功效较高，而延迟差分项自动选择时检验功效要差些，不考虑残差项相关问题时的检验功效与自动选择延迟差分项检验功效差不多。但这种功效差别随样本数增加而减少。

当样本数超过 250 时，各种情形的检验功效都比较高，包括不考虑相关时也如此。特别是当样本数超过 500 后，各种情形获得的检验功效都接近于 1。这说明大样本情况下残差项是否存在序列相关对检验结果影响不大。

4.5 小结

本章的研究表明，当样本数小于 100 时，如果 ρ 较大（比如超过 0.9 时），不管是否存在残差相关，各种情形各种检验方法的检验功效都比较低，此时主要是小样本问题，当然此时残差项序列相关的存在使得检验功效更低。

如果检验回归式跟数据生成过程相匹配，将获得最佳检验结果；如果检验回归式比数据生成过程参数少，将导致检验失败，大样本情况下检验功效都可能为 0；如果检验回归式比数据生成过程参数多，通常将导致检验功效的降低，但这种降低不是致命的，将随着样本数增加而改善，并且在大样本情况下也可以获得很好的检验结果。

在中等样本区间 [100,250]，仔细区分数据生成过程是情形 1、2、3 或者 4 是有价值的，可以对检验功效带来不小的改善。但从数据检验的角度，这种区分是很困难的，因为这种区分检验只有在大样本情况下才比较可靠。比如区分常数项是否为 0，在样本区间为 [100,250] 时，只有在常数项大于 0.8 的前提下，才能够可靠地检验出其不是 0；常数项较小时，很容易将其判断为 0，如果判断错误的话，就不是检验功效高低的问题，而是检验可能完全失败。样本数较大时，虽然可以比较准确地检验出数据生成过程是哪种情形，但此时这种区分已经没什么意义了，可以直接使用情形 4 进行回归，就能够得到很好的检验结果。

当残差项存在序列相关时，检验功效通常会有所降低，如果考虑到相关而增加延迟差分项，通常可以提高检验功效，特别是延迟差分项数与残差项相关结构匹配时，中等样本大小改善比较显著。但如果我们自动选择延迟差分项数，很多时候跟忽略相关问题而不作考虑检验效果差不多。虽然相关问题的不同考虑可能会带来检验功效的差异，但这种差别都随样本数增加而减少。大样本情况下（样本数超过500），我们可以忽略残差项相关问题的影响。

5 单位根检验中样本长度的影响及选择

本章主要研究无趋势、线性与非线性趋势下单位根检验中的样本选择问题，特别是小样本问题对检验结果的影响。很多实证分析中的单位根检验因忽略检验功效而导致小样本情况下得不到可靠的检验结果。本章从理论上推导了无趋势、线性与非线性趋势下单位根检验功效的计算公式，研究了检验功效的影响因素，推导了单位根检验中样本长度最低要求的估算公式。

第一节为引言；第二节为检验功效及样本长度的理论推导；第三节详细介绍了蒙特卡罗仿真以及回归拟合结果；第四节为本章结论小结。

5.1 引言

在经济学理论和应用的实证分析中，平稳与非平稳的区分是非常重要的。因为平稳的经济变量长期演化结果是由内在趋势决定的，经济转型、政权更替、制度变化、政策干预等随机冲击只会造成对趋势的暂时偏离，一段时间后，它们会回复到原来的变化趋势。而对非平稳过程而言，任何哪怕较小的冲击都会带来长期永久的影响，从而从根本上改变变量的变化轨迹。也就是说，对于非平稳过程而言，每个随机冲击都具有长记忆性。而对于平稳过程而言，随机冲击只具有有限记忆性，由其引起的对趋势的偏离只是暂时的。单位根检验是区分平稳与非平稳过程的基本定量方法，因此在实证分析中得到广泛应用。

单位根检验是很简单的，也是很复杂的。实证文献中存在大量的单位根检验应用文章，但很多地方的使用是存在疑问的，得到的结论不可靠甚至完全错误。对检验功效的忽略就是最常见而严重的错误之一，人们常常只注意了将单位根过程误判为平稳过程的概率，却忽略了将平稳过程误判为单位根过程的概率。从样本选择的角度，小样本问题与测量误差的影响就常常在实证分析中被忽略。

比如很多实证文献在样本数很小时也在进行单位根检验，殊不知根本得不出有意义的结果。Phillips（1998）曾经指出，在样本长度不超过 100 的情况下，任何单位根检验方法将 $\rho = 0.9$ 的平稳过程与单位根过程区分开的概率通常不会超过 30%。也就是说此时将有超过 70% 的平稳过程被误判为单位根过程。这样的检验当然是没什么意义的，因为大多数平稳过程都将被误判。而如果带确定性趋势的话，单位根检验功效更低。

姚耀军、和丕禅（2004）采用崩溃模型的结构突变模型进行去势，然后用 ADF 的方法对残差进行单位根检验，根据 1977—2001 年共 25 个数据点进行实证分析，得出农村资金通过农村信用社及邮政渠道外流的数据生成过程为一带结构突变的单位根过程的结论。但其检验结果是值得怀疑的。事实上，去势后 ADF 单位根检验中，25 个样本将 $\rho = 0.5$ 的平稳过程与单位根过程分开的概率不超过 52%，将 $\rho = 0.8$ 与单位根分开的概率不超过 13%，将 $\rho = 0.9$ 与单位根分开的概率不超过 7%。可见，因为样本数太小，作者得到有单位根的结论是没有说服力的。

李志辉（2005）也利用结构突变模型分析了我国的外商直接投资，并推断出外商直接投资服从一个结构突变的单位根过程的结论。其先利用结构突变假设进行去势，然后用 ADF 进行单位根检验。实证分析基于 1983—2004 年共 22 个数据点的外商直接投资。因为样本数太小，当然得出的结论也是不可靠的。

陈龙（2004）选择 1981—2001 年我国广义货币供应量的季度数据来进行实证分析。他总共收集到 84 个样本数据，利用去势后的残差进行 ADF 单位根检验，得出我国广义货币供应量遵循结构突变的单位根过程的结论。事实上，去势后 ADF 单位根检验中，84 个样本将 $\rho = 0.8$ 与单位根分开的概率不超过 71%，将 $\rho = 0.9$ 与单位根分开的概率不超过 21%，所得结论的可靠性也不是很高。

本章从理论上推导了无趋势、线性与非线性趋势下单位根检验中检验功效的估算公式，推导了一定检验功效要求下样本长度最低要求的确定公式，以及一定样本长度及检验功效要求下可以区分的 ρ 值估算公式，并分析了它们的影响因素。本章还利用仿真数据，用线性或非线性参数曲线拟合的方法，推出了实证分析中估算最低样本长度或最高 ρ 值的计算公式，从而对单位根检验实证分析中的样本选择或 ρ 值区分提供了理论和实证依据。

5.2 检验功效及样本长度估算公式的理论推导

5.2.1 单位根检验统计量在原假设和备择假设下的分布

假设单位根检验的回归估计式为 $y_t = \rho y_{t-1} + \mu_t$，原假设为 $H_0: \rho = 1$，备择假设为 $H_1: |\rho| < 1$，检验统计量为 $T(\hat{\rho} - 1)$，选择的检验水平为 α。对无趋势序列而言，y_t 为原始的待检序列；对含有线性或非线性趋势的待检序列而言，y_t 为去掉确定性趋势后的残差序列。

当 $\rho = 1$ 时，原假设成立，待检序列为单位根过程，此时检验统计量的极限分布（Phillips, Zhijie, 1998）为 $T(\hat{\rho} - 1) \Rightarrow \dfrac{\int_0^1 W_x(r) dW(r)}{\int_0^1 W_x^2(r) dr}$，其中 $W(r)$ 为标准维纳过程，$W_x(r)$ 为标准维纳过程的复杂函数，在无趋势时退化为标准维纳过程。$T(\hat{\rho} - 1)$ 统计量的分布不同于常见的 t 或正态分布，为维纳过程的复杂泛函。

当 $|\rho| < 1$ 时，为平稳过程。此时 $\sqrt{T}(\hat{\rho}_T - \rho)$ 的极限分布为正态分布，满足：

$$\sqrt{T}(\hat{\rho}_T - \rho) \xrightarrow{L} N(0, (1-\rho^2)) \tag{5.1}$$

也就是说，样本数较大时 $\sqrt{T}(\hat{\rho}_T - \rho)$ 满足近似正态分布。根据（5.1）式，我们可以推导出样本数较大时平稳过程单位根检验统计量 $T(\hat{\rho} - 1)$ 的近似分布：

$$T(\hat{\rho}_T - 1) = T(\hat{\rho}_T - \rho) - T(1 - \rho)$$
$$= \sqrt{T}\sqrt{T}(\hat{\rho}_T - \rho) - T(1 - \rho)$$

因为 $\sqrt{T}(\hat{\rho}_T - \rho)$ 在样本数 T 较大时近似为正态分布 $N(0, (1-\rho^2))$，则 $\sqrt{T}\sqrt{T}(\hat{\rho}_T - \rho)$ 的近似分布为 $N(0, T(1-\rho^2))$，因而 $\sqrt{T}\sqrt{T}(\hat{\rho}_T - \rho) - T(1-\rho)$ 的近似分布为 $N(-T(1-\rho), T(1-\rho^2))$，即

$$T(\hat{\rho} - 1) \text{ 的分布} \approx N(-T(1-\rho), T(1-\rho^2)) \tag{5.2}$$

因此，$|\rho| < 1$ 时，单位根检验统计量 $T(\hat{\rho} - 1)$ 的近似分布为正态分布，其均值约为 $-T(1-\rho)$，方差约为 $T(1-\rho^2)$。

在样本长度为 100 的情况下进行仿真，重复 5 000 次，我们得到无趋势情况下 $\rho = 1$ 的单位根过程和 $\rho = 0.9$ 的平稳过程单位根检验统计量的概率密度分布函数，如图 5.1 所示。

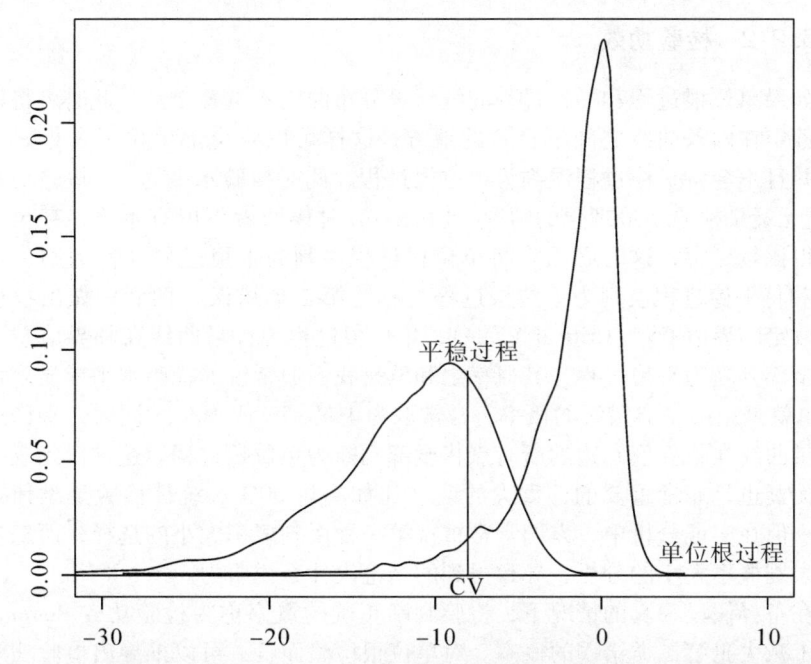

图 5.1 无趋势时单位根和 $\rho=0.9$ 的平稳过程检验统计量的概率分布密度函数

单位根过程统计量的均值约为 -1.74，方差为 10.05，分布函数向左偏斜。平稳过程统计量分布曲线在单位根过程的左边，其均值为 -11.71，方差为 26.52，而此时均值、方差按（5.2）式的理论值分别为 -10，19；可以看出，仿真值与理论值大致相同，分布密度函数较理想的正态分布略微左偏。

当 T 保持不变时，单位根过程的统计量分布曲线保持不变；随着 ρ 逐步增大，平稳过程统计量的分布曲线逐步右移，平稳与单位根统计量分布曲线重叠越来越多，直到 $\rho=1$ 时两者完全重叠。

若 ρ 小于但接近于 1，称为准单位根过程。当 ρ 逐步接近于 1 时，平稳过程统计量分布曲线也在逐步靠近单位根过程时的曲线，这种变化是连续的，并不会有突变的过程。这意味着准单位根过程与单位根过程并没有绝对的界限，要将两者绝对分开是不可能的。

事实上，Phillips（1987）曾经证明了无确定趋势情形下准单位根过程和单位根过程统计量分布的统一公式，即 $T(\hat{\rho}-\rho) \Rightarrow \dfrac{\int_0^1 J_c(r)\,dw(r)}{\int_0^1 J_c^2(r)\,dr}$，其中 $\rho = e^{\frac{c}{T}}$。可以看出，统计量 $T(\hat{\rho}-1)$ 的分布确实跟 ρ 的变化是连续的。

5.2.2 检验功效

如果单位根过程和平稳过程的统计量分布曲线不重叠交叉，此时可将检验临界值定在两条曲线之间不重叠的地方，这样可以将全部单位根过程识别出来，并且不会将平稳过程误判为单位根过程，此时检验水平为 0，检验功效为 1，这无疑是检验中最理想的情况。但大多数时候两者不但有重叠，甚至可能重叠得比较厉害，这时必须在将单位根过程误判为平稳过程（称为第一类错误）和将平稳过程误判为单位根过程（称为第二类错误）两者中做出权衡取舍。取定临界值 CV（Critical Value），单位根过程统计量曲线在临界值左边的点将全部判断为平稳过程，其概率之和就是我们通常说的检验水平或显著水平 α，也就是犯第一类错误的概率，常常取为 1%、5% 或 10%。同时，平稳过程统计量曲线在临界值右边的所有点将全部判断为单位根过程。这种误判概率的大小无疑也是非常重要的，太大的话（比如超过 50%）统计检验是没什么意义的。但在实证分析中，人们常常重视第一种误判概率大小的选择，而忽视第二种误判概率大小的分析，导致得到的结论没什么说服力。

在备择假设为真的情况下，检验判断正确的概率称为检验功效 Power，也就是 1 减去犯第二类错误的概率。对单位根检验而言，可以推导出检验功效的估算公式：

$$\begin{aligned}
\text{Power} &= P(\text{判断为平稳过程}/\text{平稳过程}) \\
&= P(X < CV/X \in \text{平稳过程}) \\
&= P(\frac{X - E(X)}{\sqrt{Var(X)}} < \frac{CV - E(X)}{\sqrt{Var(X)}} / X \in \text{平稳过程}) \\
&= ND(\frac{CV + T(1 - \rho)}{\sqrt{T(1 - \rho^2)}}) \quad (5.3)
\end{aligned}$$

其中 $ND(x)$ 表示标准正态分布在 $X \leqslant x$ 情况下的概率。

比如在 5% 显著水平下，如果样本数为 100，此时无趋势序列的临界值为 -7.9，如果 $\rho = 0.9$，可以估算出此时的检验功效为 $ND(\frac{-7.9 + 100(1 - 0.9)}{\sqrt{100(1 - 0.9^2)}})$ = $ND(0.482) = 0.69$。该检验功效略小于仿真计算的检验功效 0.77，这是容易理解的，因为平稳过程的单位根检验统计量也略微向左偏移，导致估算的检验功效比实际值略微偏小。如果单位根检验回归式中包括截距项，相当于线性趋势情形，此时的临界值为 -13.7，计算出此时的检验功效为 $ND(-0.849) = 0.20$，实际仿真值为 0.31。

5.2.3 无趋势、线性与非线性趋势下的最低样本长度

在单位根检验中，假设要求最低检验功效为 P，此概率对应的标准正态分

布区间点为 Z_p，比如要求检验功效最低分别为 0.95、0.9、0.85、0.8 的话，其对应的 Z_p 分别为 1.645、1.282、1.036、0.842，简记 CV 为 C，则有：

$$\frac{C + T(1-\rho)}{\sqrt{T(1-\rho^2)}} = Z_p \tag{5.4}$$

两边平方后求解方程，可以得到对应 ρ 的最小样本长度估计值为：

$$T = \frac{Z_p^2(1+\rho) - 2C + \sqrt{[Z_p^2(1+\rho) - 2C]^2 - 4C^2(1-\rho)}}{2(1-\rho)} \tag{5.5}$$

从（5.5）式可以看到，最小样本长度受多个变量影响，包括以下几个方面：

检验功效 Power 大小决定 Z_p 值，从而决定了最低样本长度。检验功效要求越高，则需要的最小样本长度越大。

最小样本长度受临界值的影响显著。而回归式中是否包含截距项、趋势项以及趋势项的不同假设都显著影响临界值。线性趋势比无趋势的统计量分布向左偏移，二次趋势比线性趋势向左偏移，三次趋势比二次趋势向左偏移，等等。同时，检验水平的不同选择也将显著影响临界值。当然小样本时不同样本长度的临界值也略有不同，但这种差别并不大而可以忽略。故无截距（无趋势）时，1%、5%、10% 显著水平对应的 C 分别取为 -11.9、-7.3、-5.3；有截距（线性趋势）时，1%、5%、10% 显著水平对应的 C 分别取为 -17.2、-12.5、-10.2；其他非线性趋势情况下对应的 C 更小（绝对值更大）。显然，显著水平越低，要求的样本长度越大，有截距比无截距时要求的样本长度大得多，非线性趋势情形下要求的样本长度更大（其他条件不变，即相同检验功效及 ρ 时）。

最小样本长度还受到 ρ 的显著影响。随着 ρ 逐步增大，需要的最小样本长度也不断增大。当 ρ 趋近于 1 时，需要的最小样本长度将趋近于无穷大。换句话说，不论样本数为多大，总存在平稳过程，使得单位根检验方法没法将其与单位根过程区分开。

5.2.4 一定样本数和检验功效要求下可识别的最大 ρ 值

实证分析中，有时候样本数是固定的而无法选择，此时可根据式（5.3）考虑一定 ρ 下的检验功效，看是否满足检验要求。换个角度，也可以考虑最低功效要求下的 ρ 值，这是给定样本长度可以区分的最大 ρ 值，高于此值则只能看作单位根了。我们根据（5.4）式，将 ρ 看作未知数，可求解出结果：

$$\rho = \frac{(1+C/T)\{1 + \sqrt{1 - [1 + (Z_p/\sqrt{T})^2][1 - (\frac{Z_p/\sqrt{T}}{1+C/T})^2]}\}}{1 + (Z_p/\sqrt{T})^2} \tag{5.6}$$

在单位根检验的理论分析中，基本要素包括：原假设为 H_0: $\rho = 1$，备择假设为 H_1: $|\rho| < 1$，检验水平为 α。

综上所述，如果检验结果否定原假设，判断为一平稳过程，这问题不大，判断错误的可能性小于选择的检验水平。但如果判断存在单位根，我们必须继续分析检验功效是否可以接受。因为上面的分析表明，实证分析中，不管样本数多大，我们都可以找到一个 ρ 小于但接近于 1 的平稳过程，使得没法将其与 ρ 严格为 1 的单位根过程相区分。所以，实证中单位根的检验要素应包括：原假设为 H_0: $\rho \geq \rho_0$，备择假设为 H_1: $-1 < \rho < \rho_0$，检验水平 α，检验功效 P（对应 Z_p）。原假设成立，看成单位根过程；否则，看成平稳过程。而 ρ_0、Z_p、α 及 T 由式（5.3）或式（5.6）联系计算。

5.3 样本长度蒙特卡罗仿真与回归拟合结果

5.3.1 无趋势时检验功效

按照 $y_t = \rho y_{t-1} + \mu_t$ 生成仿真数据，其中 μ_t 为标准正态分布，$y_0 = 0$，分别对 $\rho = 1, 0.9, 0.8, 0.7, 0.6, 0.5, 0.4, 0.3, 0.2, 0.1, 0$，N 取 20~1 000，每种情况重复 4 000 次进行仿真计算。我们得到 5% 显著水平下无截距回归时的检验功效，如表 5.1 所示。

表 5.1　　5% 检验水平无截距时检验功效（仿真值）

N	$\rho=1$	$\rho=0.9$	$\rho=0.8$	$\rho=0.7$	$\rho=0.6$	$\rho=0.5$	$\rho=0.4$	$\rho=0.3$	$\rho=0.2$	$\rho=0.1$	$\rho=0$
20	0.06	0.13	0.26	0.45	0.66	0.83	0.92	0.97	0.99	1.00	1.00
25	0.06	0.17	0.35	0.60	0.80	0.94	0.98	0.99	1.00	1.00	1.00
30	0.05	0.18	0.44	0.72	0.90	0.98	1.00	1.00	1.00	1.00	1.00
40	0.05	0.24	0.65	0.90	0.98	1.00	1.00	1.00	1.00	1.00	1.00
50	0.05	0.34	0.79	0.97	1.00	1.00	1.00	1.00	1.00	1.00	1.00
60	0.05	0.42	0.90	0.99	1.00	1.00	1.00	1.00	1.00	1.00	1.00
70	0.05	0.52	0.95	1.00	1.00	1.00	1.00	1.00	1.00	1.00	1.00
75	0.05	0.55	0.97	1.00	1.00	1.00	1.00	1.00	1.00	1.00	1.00
80	0.05	0.61	0.98	1.00	1.00	1.00	1.00	1.00	1.00	1.00	1.00
90	0.05	0.69	0.99	1.00	1.00	1.00	1.00	1.00	1.00	1.00	1.00
100	0.05	0.77	1.00	1.00	1.00	1.00	1.00	1.00	1.00	1.00	1.00
110	0.05	0.85	1.00	1.00	1.00	1.00	1.00	1.00	1.00	1.00	1.00
120	0.06	0.88	1.00	1.00	1.00	1.00	1.00	1.00	1.00	1.00	1.00
130	0.05	0.93	1.00	1.00	1.00	1.00	1.00	1.00	1.00	1.00	1.00

表5.1(续)

N	ρ=1	ρ=0.9	ρ=0.8	ρ=0.7	ρ=0.6	ρ=0.5	ρ=0.4	ρ=0.3	ρ=0.2	ρ=0.1	ρ=0
140	0.05	0.96	1.00	1.00	1.00	1.00	1.00	1.00	1.00	1.00	1.00
150	0.06	0.97	1.00	1.00	1.00	1.00	1.00	1.00	1.00	1.00	1.00
160	0.05	0.99	1.00	1.00	1.00	1.00	1.00	1.00	1.00	1.00	1.00
200	0.05	1.00	1.00	1.00	1.00	1.00	1.00	1.00	1.00	1.00	1.00
250	0.05	1.00	1.00	1.00	1.00	1.00	1.00	1.00	1.00	1.00	1.00
500	0.05	1.00	1.00	1.00	1.00	1.00	1.00	1.00	1.00	1.00	1.00
750	0.05	1.00	1.00	1.00	1.00	1.00	1.00	1.00	1.00	1.00	1.00
1 000	0.05	1.00	1.00	1.00	1.00	1.00	1.00	1.00	1.00	1.00	1.00

而我们根据式（5.3）可以计算出其理论值如表5.2所示。

表5.2　　5%检验水平无截距时检验功效（理论值）

N	ρ=1	ρ=0.9	ρ=0.8	ρ=0.7	ρ=0.6	ρ=0.5	ρ=0.4	ρ=0.3	ρ=0.2	ρ=0.1	ρ=0
20	0.05	0.00	0.11	0.34	0.58	0.76	0.87	0.94	0.98	0.99	1.00
25	0.05	0.01	0.22	0.52	0.75	0.89	0.95	0.98	1.00	1.00	1.00
30	0.05	0.04	0.35	0.67	0.86	0.95	0.98	1.00	1.00	1.00	1.00
40	0.05	0.12	0.57	0.85	0.96	0.99	1.00	1.00	1.00	1.00	1.00
50	0.05	0.23	0.74	0.94	0.99	1.00	1.00	1.00	1.00	1.00	1.00
60	0.05	0.35	0.84	0.97	1.00	1.00	1.00	1.00	1.00	1.00	1.00
70	0.05	0.47	0.91	0.99	1.00	1.00	1.00	1.00	1.00	1.00	1.00
75	0.05	0.52	0.93	0.99	1.00	1.00	1.00	1.00	1.00	1.00	1.00
80	0.05	0.57	0.95	1.00	1.00	1.00	1.00	1.00	1.00	1.00	1.00
90	0.05	0.66	0.97	1.00	1.00	1.00	1.00	1.00	1.00	1.00	1.00
100	0.05	0.73	0.98	1.00	1.00	1.00	1.00	1.00	1.00	1.00	1.00
110	0.05	0.79	0.99	1.00	1.00	1.00	1.00	1.00	1.00	1.00	1.00
120	0.05	0.84	0.99	1.00	1.00	1.00	1.00	1.00	1.00	1.00	1.00
130	0.05	0.87	1.00	1.00	1.00	1.00	1.00	1.00	1.00	1.00	1.00
140	0.05	0.90	1.00	1.00	1.00	1.00	1.00	1.00	1.00	1.00	1.00
150	0.05	0.93	1.00	1.00	1.00	1.00	1.00	1.00	1.00	1.00	1.00
160	0.05	0.94	1.00	1.00	1.00	1.00	1.00	1.00	1.00	1.00	1.00
200	0.05	0.98	1.00	1.00	1.00	1.00	1.00	1.00	1.00	1.00	1.00
250	0.05	0.99	1.00	1.00	1.00	1.00	1.00	1.00	1.00	1.00	1.00
500	0.05	1.00	1.00	1.00	1.00	1.00	1.00	1.00	1.00	1.00	1.00
750	0.05	1.00	1.00	1.00	1.00	1.00	1.00	1.00	1.00	1.00	1.00
1 000	0.05	1.00	1.00	1.00	1.00	1.00	1.00	1.00	1.00	1.00	1.00

从表 5.1 与表 5.2 中可以看出，根据公式（5.3）式计算出来的理论值与实际仿真值大致接近，但因为统计量分布左偏的缘故略微偏小。

5.3.2 线性趋势时检验功效

如果检验回归式中包含截距项，检验功效将进一步降低。仿真和理论值如表 5.3、表 5.4 所示。

表 5.3   5%检验水平有截距时检验功效（仿真值）

N	ρ=1	ρ=0.9	ρ=0.8	ρ=0.7	ρ=0.6	ρ=0.5	ρ=0.4	ρ=0.3	ρ=0.2	ρ=0.1	ρ=0
20	0.05	0.07	0.10	0.14	0.23	0.37	0.50	0.65	0.77	0.88	0.93
25	0.05	0.06	0.13	0.21	0.35	0.52	0.68	0.83	0.92	0.97	0.99
30	0.05	0.07	0.14	0.28	0.46	0.67	0.84	0.94	0.98	0.99	1.00
40	0.05	0.10	0.23	0.46	0.72	0.90	0.98	1.00	1.00	1.00	1.00
50	0.05	0.13	0.32	0.63	0.89	0.98	1.00	1.00	1.00	1.00	1.00
60	0.05	0.14	0.42	0.79	0.97	1.00	1.00	1.00	1.00	1.00	1.00
70	0.05	0.17	0.55	0.91	1.00	1.00	1.00	1.00	1.00	1.00	1.00
75	0.05	0.20	0.62	0.94	1.00	1.00	1.00	1.00	1.00	1.00	1.00
80	0.05	0.20	0.71	0.97	1.00	1.00	1.00	1.00	1.00	1.00	1.00
90	0.05	0.26	0.79	0.99	1.00	1.00	1.00	1.00	1.00	1.00	1.00
100	0.06	0.32	0.86	0.99	1.00	1.00	1.00	1.00	1.00	1.00	1.00
110	0.04	0.38	0.92	1.00	1.00	1.00	1.00	1.00	1.00	1.00	1.00
120	0.05	0.41	0.96	1.00	1.00	1.00	1.00	1.00	1.00	1.00	1.00
130	0.06	0.50	0.98	1.00	1.00	1.00	1.00	1.00	1.00	1.00	1.00
140	0.05	0.56	0.99	1.00	1.00	1.00	1.00	1.00	1.00	1.00	1.00
150	0.05	0.60	1.00	1.00	1.00	1.00	1.00	1.00	1.00	1.00	1.00
160	0.05	0.68	1.00	1.00	1.00	1.00	1.00	1.00	1.00	1.00	1.00
200	0.05	0.85	1.00	1.00	1.00	1.00	1.00	1.00	1.00	1.00	1.00
250	0.05	0.97	1.00	1.00	1.00	1.00	1.00	1.00	1.00	1.00	1.00
500	0.05	1.00	1.00	1.00	1.00	1.00	1.00	1.00	1.00	1.00	1.00
750	0.05	1.00	1.00	1.00	1.00	1.00	1.00	1.00	1.00	1.00	1.00
1 000	0.04	1.00	1.00	1.00	1.00	1.00	1.00	1.00	1.00	1.00	1.00

表 5.4   5%检验水平有截距时检验功效（理论值）

N	ρ=1	ρ=0.9	ρ=0.8	ρ=0.7	ρ=0.6	ρ=0.5	ρ=0.4	ρ=0.3	ρ=0.2	ρ=0.1	ρ=0
20	0.05	0.00	0.00	0.02	0.10	0.26	0.45	0.64	0.79	0.89	0.95
25	0.05	0.00	0.01	0.08	0.27	0.50	0.71	0.85	0.94	0.98	0.99
30	0.05	0.00	0.02	0.19	0.45	0.70	0.86	0.95	0.98	1.00	1.00

表5.4(续)

N	ρ=1	ρ=0.9	ρ=0.8	ρ=0.7	ρ=0.6	ρ=0.5	ρ=0.4	ρ=0.3	ρ=0.2	ρ=0.1	ρ=0
40	0.05	0.00	0.12	0.46	0.76	0.91	0.98	0.99	1.00	1.00	1.00
50	0.05	0.01	0.28	0.69	0.91	0.98	1.00	1.00	1.00	1.00	1.00
60	0.05	0.03	0.46	0.84	0.97	1.00	1.00	1.00	1.00	1.00	1.00
70	0.05	0.07	0.62	0.92	0.99	1.00	1.00	1.00	1.00	1.00	1.00
75	0.05	0.09	0.68	0.95	0.99	1.00	1.00	1.00	1.00	1.00	1.00
80	0.05	0.12	0.74	0.96	1.00	1.00	1.00	1.00	1.00	1.00	1.00
90	0.05	0.20	0.83	0.98	1.00	1.00	1.00	1.00	1.00	1.00	1.00
100	0.05	0.28	0.89	0.99	1.00	1.00	1.00	1.00	1.00	1.00	1.00
110	0.05	0.37	0.93	1.00	1.00	1.00	1.00	1.00	1.00	1.00	1.00
120	0.05	0.46	0.96	1.00	1.00	1.00	1.00	1.00	1.00	1.00	1.00
130	0.05	0.54	0.98	1.00	1.00	1.00	1.00	1.00	1.00	1.00	1.00
140	0.05	0.61	0.99	1.00	1.00	1.00	1.00	1.00	1.00	1.00	1.00
150	0.05	0.68	0.99	1.00	1.00	1.00	1.00	1.00	1.00	1.00	1.00
160	0.05	0.74	0.99	1.00	1.00	1.00	1.00	1.00	1.00	1.00	1.00
200	0.05	0.89	1.00	1.00	1.00	1.00	1.00	1.00	1.00	1.00	1.00
250	0.05	0.97	1.00	1.00	1.00	1.00	1.00	1.00	1.00	1.00	1.00
500	0.05	1.00	1.00	1.00	1.00	1.00	1.00	1.00	1.00	1.00	1.00
750	0.05	1.00	1.00	1.00	1.00	1.00	1.00	1.00	1.00	1.00	1.00
1 000	0.05	1.00	1.00	1.00	1.00	1.00	1.00	1.00	1.00	1.00	1.00

可以看出，带截距的功效理论值与实际仿真值大概相仿，同样因统计量分布左偏的缘故略微偏小。

5.3.3 样本长度曲线拟合

因为平稳时统计量分布比正态分布略微左偏，导致根据式（5.5）计算出来的样本长度比实际值略为偏大。为了得到更精确的结果，我们可根据表5.1、表5.3的仿真值进行曲线拟合，以得到更精确的样本长度估计公式。

在式（5.5）中，因为 $[Z_p^2(1+\rho) - 2C]^2 >> -4C^2(1-\rho)$，忽略右边项，样本长度估算式变为 $T = \dfrac{Z_p^2(1+\rho) - 2C}{(1-\rho)}$，于是我们设计如下线性参数曲线回归方程：

$$T = a_0 + a_1 Z_p^2 \frac{(1+\rho)}{(1-\rho)} + a_2 \frac{1}{(1-\rho)}$$

5%显著水平下无回归截距项时样本长度的回归结果为：

$$T = Z_p{}^2 \frac{(1+\rho)}{(1-\rho)} + \frac{8.4}{(1-\rho)} \qquad (5.7)$$

根据回归结果式（5.7），可计算出不同 ρ 和检验功效下需要的样本长度，如表 5.5 所示。

表 5.5　5%检验水平无截距时不同 ρ 和检验功效下需要的样本长度

Power	$\rho=0.95$	$\rho=0.9$	$\rho=0.85$	$\rho=0.8$	$\rho=0.75$	$\rho=0.7$	$\rho=0.65$	$\rho=0.6$	$\rho=0.55$
0.95	274	135	89	66	53	43	37	32	28
0.90	232	115	76	57	45	37	32	28	24
0.85	210	104	69	52	41	34	29	25	22
0.80	196	97	65	48	39	32	27	24	21
0.75	186	93	62	46	37	31	26	23	20
0.70	179	89	59	44	36	30	25	22	20
0.65	174	87	58	43	35	29	25	22	19
0.60	171	85	57	43	34	28	24	21	19

5%显著水平下有回归截距项时样本长度的回归结果为：

$$T = 1.7 Z_p{}^2 \frac{(1+\rho)}{(1-\rho)} + \frac{14.8}{(1-\rho)} \qquad (5.8)$$

我们根据回归结果式（5.8），可计算出 5%显著水平下有回归截距项时不同 ρ 和检验功效下需要的样本长度，如表 5.6 所示。

表 5.6　5%检验水平有截距时不同 ρ 和检验功效下需要的样本长度

Power	$\rho=0.95$	$\rho=0.9$	$\rho=0.85$	$\rho=0.8$	$\rho=0.75$	$\rho=0.7$	$\rho=0.65$	$\rho=0.6$	$\rho=0.55$
0.95	475	235	155	115	91	75	64	55	49
0.90	405	201	133	99	79	65	55	48	43
0.85	367	183	121	90	72	60	51	44	39
0.80	343	171	114	85	68	56	48	42	37
0.75	326	163	108	81	65	54	46	40	36
0.70	314	157	104	78	62	52	44	39	34
0.65	306	153	102	76	61	51	43	38	34
0.60	300	150	100	75	60	50	43	37	33

5.3.4　ρ 的非线性曲线拟合

在计算 ρ 的式（5.6）中，通常而言，$(Z_p/\sqrt{T})^2 \approx 0$，则式（5.6）可简

化为：$\rho = 1 + C/T + \dfrac{Z_p/\sqrt{T}}{1 + C/T}$。

将其改造为回归估计式：$\rho = a + \dfrac{b}{T} + \dfrac{dZ_p/\sqrt{T}}{1 + c/T}$。

用非线性回归的方法，可得到5%显著水平无截距时回归估计式为：

$$\rho = 1.032 - \frac{7.349}{T} - \frac{0.598Z_p/\sqrt{T}}{1 - 7.603/T} \tag{5.9}$$

如果限制 $b = c$，则回归估计式为：

$$\rho = 1.034 - \frac{7.404}{T} - \frac{0.605Z_p/\sqrt{T}}{1 - 7.404/T} \tag{5.10}$$

5%显著水平有截距时回归估计式为：

$$\rho = 1 - \frac{11.976}{T} - \frac{0.673Z_p/\sqrt{T}}{1 - 10.13/T} \tag{5.11}$$

根据回归式（5.9），我们可计算出5%显著水平下无回归截距项时一定样本长度不同检验功效可以区分的最大 ρ 值，如表5.7所示。

表5.7　5%检验水平无截距时不同样本长度和检验功效下可区分的最大 ρ 值

Power	T = 25	T = 30	T = 50	T = 75	T = 100	T = 150	T = 200
0.95	0.46	0.55	0.72	0.81	0.85	0.90	0.92
0.90	0.52	0.60	0.76	0.84	0.88	0.92	0.94
0.85	0.56	0.64	0.78	0.85	0.89	0.93	0.95
0.80	0.59	0.66	0.80	0.87	0.90	0.94	0.96
0.75	0.62	0.69	0.82	0.88	0.91	0.95	0.97
0.70	0.65	0.71	0.83	0.89	0.92	0.96	0.97
0.65	0.67	0.73	0.85	0.90	0.93	0.96	0.98
0.60	0.69	0.75	0.86	0.91	0.94	0.97	0.98

根据回归式（5.11），我们可计算出5%显著水平下有回归截距项时一定样本长度下不同检验功效可以区分的最大 ρ 值，如表5.8所示。

表5.8　5%检验水平有截距时不同样本长度和检验功效下可区分的最大 ρ 值

Power	T = 25	T = 30	T = 50	T = 75	T = 100	T = 150	T = 200
0.95	0.15	0.30	0.56	0.69	0.76	0.82	0.86
0.90	0.23	0.36	0.61	0.73	0.78	0.84	0.88
0.85	0.29	0.41	0.64	0.75	0.80	0.86	0.89

表5.8(续)

Power	T=25	T=30	T=50	T=75	T=100	T=150	T=200
0.80	0.33	0.44	0.66	0.76	0.82	0.87	0.90
0.75	0.37	0.48	0.68	0.78	0.83	0.88	0.91
0.70	0.40	0.50	0.70	0.79	0.84	0.89	0.91
0.65	0.43	0.53	0.71	0.81	0.85	0.90	0.92
0.60	0.46	0.55	0.73	0.82	0.86	0.91	0.93

5.4 小结

单位根检验在实证分析中应用非常广泛,但很多检验只注意到检验水平而忽略检验功效的影响,没有注意到样本数较小时根本没法区分单位根过程与回归系数稍高的平稳过程,得不到可靠的检验结果。本章从理论上推导了无趋势、线性与非线性趋势下单位根检验中检验功效的估算公式,推导了一定检验功效要求下样本长度最低要求的估算公式,以及一定样本长度及检验功效要求下可以区分的最大 ρ 值估算公式,并分析了它们的影响因素。本章利用仿真数据,用线性或非线性参数曲线拟合的方法,推出了实证分析中估算最低样本长度或最高 ρ 值的计算公式,从而对单位根检验实证分析中的样本选择或 ρ 值区分提供了理论和实证依据。本章还提出实证分析中没法检验 ρ 是否严格为1,单位根检验假设应该修改为:原假设为 $H_0: \rho \geq \rho_0$,备择假设为 $H_1: -1 < \rho < \rho_0$,并提供相应的检验水平 α 和对应的检验功效。

6 加性独立测量误差对单位根检验的影响

本章讨论了加性独立测量误差对单位根检验的影响，推导了带测量误差时单位根检验统计量的极限分布。本章分析表明测量误差将导致检验水平的扭曲和检验功效的增加，但当测量误差的方差相对较小时，这种影响可以忽略。

本章第一部分为引言；第二部分介绍模型假设，并推导了一些基本公式；第三部分推导了带测量误差时单位根检验的极限分布，并讨论了测量误差对单位根检验的影响；第四部分详细介绍了蒙特卡罗仿真研究结果；最后第五部分为结论总结。

6.1 引言

在实证分析中，我们使用的观测数据大多数都是带有测量误差的。测量误差的产生可能有很多原因。比如在各种经济和财务分析的比率计算中通常只保留 2 位小数，大量宏观数据常常以千或百万为单位进行归类统计，这都可能要用到四舍五入，带来均匀分布的测量误差。而政府的临时政策干预、市场价格管制、工人罢工甚至自然灾害等因素都可能导致奇异点的产生。也有很多时候统计数据的来源本来就不准确，比如市场调查中被调查者可能并没有告诉真实情况，甚至实证分析中可能无法直接得到观测值而被迫选择代理变量。这样可能带来误差，这种测量误差可能是正态分布的，当然也可能是其他分布。

对时间序列的单位根检验而言，测量误差的存在会对检验结果带来怎样的影响？会怎样影响检验水平和检验功效？在什么情况下测量误差的影响是可以忽略的？什么情况下影响显著而不可忽略？这些无疑都是非常现实的问题，值得在实证分析中仔细研究。

Niels Haldrup，安东尼奥·蒙特尼斯（Antonio Montanés），Andreu Sanso（2005）讨论了季节单位根检验中回归残差项与测量误差项均为 0 均值独立同分布的条件下，测量误差对无截距回归统计量 $T(\hat{\rho} - 1)$ 极限分布的影响，但没有考虑均值非 0 或序列相关时的情形，也没有讨论测量误差的存在对检验功效的影响。

本章详细研究了加性独立平稳噪声对单位根检验结果的影响。在测量误差有或者没有序列相关，但保持平稳的假设前提下（如果测量误差非平稳，测量误差将主导检验结果，而本来的待检序列变为"噪声"了），允许单位根检验中回归残差项存在序列相关或异方差。

本章研究了加性噪声对单位根检验水平和检验功效的具体影响，推导了有截距和无截距两种情形下 $T(\hat{\rho} - 1)$ 与 $\tau = \dfrac{\hat{\rho} - 1}{\hat{\sigma}}$ 两种单位根检验统计量的极限分布，讨论了加性平稳测量误差对单位根检验结果的具体影响，并通过蒙特卡罗仿真对分析结果进行了验证。

6.2 模型假设与基本公式

我们假设时间序列 $\{x_t\}, t = 1, \cdots, T$ 为不带漂移的单位根过程，满足 $x_t = x_{t-1} + u_t$。其中干扰项 u_t 满足假设 6.1：

假设 6.1：

(a) $E(u_t) = 0, \forall t$； (b) $\exists \beta > 2$，使 $sup_t E(|u_t|^\beta) < \infty$；

(b) $\sigma^2 = \lim\limits_{T \to \infty} E\left[T^{-1}\left(\sum\limits_{t=1}^{T} u_t\right)^2\right]$ 存在且不为 0（非退化）；

(c) $\sigma_u^2 = \lim\limits_{T \to \infty} T^{-1} \sum\limits_{t=1}^{T} E(u_t^2)$； (e) $\{u_t\}_1^\infty$ 为强混合序列。

其中 $\sigma^2 = \sigma_u^2 + 2 \sum\limits_{k=2}^{\infty} E(u_1 u_k)$，当不存在序列相关时，$\sigma = \sigma_u$。

在上述单位根过程和干扰项假设下，有下列结论成立：

$$T^{-\frac{1}{2}} \sum_{t=1}^{T} u_t \xrightarrow{L} \sigma W(1)$$

$$T^{-2} \sum_{t=1}^{T} x_{t-1}^2 \xrightarrow{L} \sigma^2 \int_0^1 W^2(r) dr$$

$$T^{-1} \sum_{t=1}^{T} x_{t-1} \Delta x_t \xrightarrow{L} \frac{1}{2}[\sigma^2 W^2(1) - \sigma_u^2]$$

$$T^{-\frac{3}{2}} \sum_{t=1}^{T} x_{t-1} \xrightarrow{L} \sigma \int_0^1 W(r) dr$$

$$T^{-\frac{1}{2}} \overline{x_{t-1}} \xrightarrow{L} \sigma \int_0^1 W(r) dr$$

如果存在测量误差，用 n_t 表示，我们假设测量误差 n_t 满足假设6.2：

假设6.2：

（a）n_t 是遍历平稳的，其均值为 μ_n，方差为 σ_n^2，一阶协方差为 γ_{1n}；

（b）均值与方差均有限；

（c）序列 n_t 与序列 x_t 及 $= T^{-1}\sum_{t=1}^{T} x_{t-1}n_t - T^{-1}\sum_{t=1}^{T} x_{t-2}n_{t-1} - T^{-1}\sum_{t=1}^{T} u_{t-1}n_{t-1}$ 不相关。

显然有结论：$E(n_t^2) = \sigma_n^2 + \mu_n^2$，$E(n_{t-1}n_t) = \gamma_{1n} + \mu_n^2$。

在假设6.2中，没有要求测量误差 n_t 均值为0，也不要求序列独立，允许存在序列相关。我们假设噪声为加性的，此时观测到的时间序列数据为 y_t，有：$y_t = x_t + n_t$。

定理6.1：

$$T^{-1}\sum_{t=1}^{T} u_t n_{t-1} = 0$$

$$T^{-1}\sum_{t=1}^{T} x_{t-1}\Delta n_t = T^{-1}\sum_{t=1}^{T} x_{t-1}(n_t - n_{t-1}) = o_p(1)$$

证明如下：

$$T^{-1}\sum_{t=1}^{T} u_t n_{t-1} = E(u_t n_{t-1}) = E(u_t)E(n_{t-1}) = 0$$

$$T^{-1}\sum_{t=1}^{T} x_{t-1}\Delta n_t = T^{-1}\sum_{t=1}^{T} x_{t-1}(n_t - n_{t-1}) = T^{-1}\sum_{t=1}^{T} x_{t-1}n_t - T^{-1}\sum_{t=1}^{T} x_{t-1}n_{t-1}$$

$$= T^{-1}\sum_{t=1}^{T} x_{t-1}n_t - T^{-1}\sum_{t=1}^{T} (x_{t-2} + u_{t-1})n_{t-1}$$

$$= T^{-1}\sum_{t=1}^{T} x_{t-1}n_t - T^{-1}\sum_{t=1}^{T} x_{t-2}n_{t-1} - T^{-1}\sum_{t=1}^{T} u_{t-1}n_{t-1}$$

$$= T^{-1}\sum_{t=1}^{T} x_{t-1}n_t - T^{-1}\sum_{t=0}^{T-1} x_{t-1}n_t - T^{-1}\sum_{t=0}^{T-1} u_t n_t$$

$$= T^{-1}(x_{T-1}n_T - x_{-1}n_0 - u_0 n_0 + u_T n_T) - T^{-1}\sum_{t=1}^{T} u_t n_t$$

$$= o_p(1) - E(u_t n_t)$$

$$= o_p(1)$$

有了上述铺垫，我们可以证明带噪声的观测时间序列 y_t 满足定理6.2。

定理6.2：

$$T^{-\frac{1}{2}}\sum_{t=1}^{T} \Delta y_t \xrightarrow{L} \sigma W(1)$$

$$T^{-\frac{3}{2}}\sum_{t=1}^{T} y_{t-1} \xrightarrow{L} \sigma \int_0^1 W(r)dr$$

$$T^{-\frac{1}{2}}\overline{y_{t-1}} \xrightarrow{L} \sigma \int_0^1 W(r)dr$$

$$T^{-2}\sum_{t=1}^{T} y_{t-1}^2 \xrightarrow{L} \sigma^2 \int_0^1 W^2(r)\,dr$$

$$T^{-1}\sum_{t=1}^{T} y_{t-1}\Delta y_t \xrightarrow{L} \frac{1}{2}[\sigma^2 W^2(1) - \sigma_u^2] - (\sigma_n^2 - \gamma_{1n})$$

证明:

$$T^{-\frac{1}{2}}\sum_{t=1}^{T}\Delta y_t = T^{-\frac{1}{2}}\sum_{t=1}^{T}(u_t + n_t - n_{t-1})$$

$$= T^{-\frac{1}{2}}\sum_{t=1}^{T} u_t + T^{-\frac{1}{2}}(n_T - n_0)$$

$$\xrightarrow{L} \sigma W(1)$$

$$T^{-\frac{3}{2}}\sum_{t=1}^{T} y_{t-1} = T^{-\frac{3}{2}}\sum_{t=1}^{T}(x_{t-1} + n_{t-1})$$

$$= T^{-\frac{3}{2}}\sum_{t=1}^{T} x_{t-1} + \frac{1}{\sqrt{T}}T^{-1}\sum_{t=1}^{T} n_{t-1}$$

$$= T^{-\frac{3}{2}}\sum_{t=1}^{T} x_{t-1} + o_p(1)$$

$$\xrightarrow{L} \sigma \int_0^1 W(r)\,dr$$

$$T^{-\frac{1}{2}}\overline{y_{t-1}} = T^{-\frac{1}{2}}\frac{1}{T}\sum_{t=1}^{T} y_{t-1} \xrightarrow{L} \sigma \int_0^1 W(r)\,dr$$

$$T^{-2}\sum_{t=1}^{T} y_{t-1}^2 = T^{-2}\sum_{t=1}^{T}(x_{t-1} + n_{t-1})^2$$

$$= T^{-2}\sum_{t=1}^{T} x_{t-1}^2 + T^{-1}\frac{1}{T}\sum_{t=1}^{T} n_{t-1}^2 + T^{-2}\sum_{t=1}^{T} 2x_{t-1}n_{t-1}$$

$$= T^{-2}\sum_{t=1}^{T} x_{t-1}^2 + T^{-1}\frac{1}{T}\sum_{t=1}^{T} n_{t-1}^2 + 2(T^{-\frac{1}{2}}\overline{x_{t-1}})[T^{-\frac{1}{2}}E(n_{t-1})]$$

$$\xrightarrow{L} \sigma^2 \int_0^1 W^2(r)\,dr$$

$$T^{-1}\sum_{t=1}^{T} y_{t-1}\Delta y_t = T^{-1}\sum_{t=1}^{T}(x_{t-1} + n_{t-1})(u_t + n_t - n_{t-1})$$

$$= T^{-1}\sum_{t=1}^{T} x_{t-1}u_t + T^{-1}\sum_{t=1}^{T} n_{t-1}u_t + T^{-1}\sum_{t=1}^{T} n_{t-1}n_t - T^{-1}\sum_{t=1}^{T} n_{t-1}n_{t-1}$$

$$+ T^{-1}\sum_{t=1}^{T} x_{t-1}\Delta n_t$$

$$= T^{-1}\sum_{t=1}^{T} x_{t-1}u_t + 0 + (\gamma_{1n} + \mu_n^2) - (\sigma_n^2 + \mu_n^2) + o_p(1)$$

$$\xrightarrow{L} \frac{1}{2}[\sigma^2 W^2(1) - \sigma_u^2] - (\sigma_n^2 - \gamma_{1n})$$

6.3 带测量误差时单位根检验的极限分布

我们分两种情况来讨论单位根检验的极限分布。

情形1：我们假设真实过程为 $x_t = x_{t-1} + u_t$，带测量误差的回归估计式为 $y_t = \rho y_{t-1} + \mu_t$，则有：

$$\hat{\rho} - 1 = \frac{\sum_{t=1}^{T} y_{t-1} y_t}{\sum_{t=1}^{T} y_{t-1}^2} - 1 = \frac{\sum_{t=1}^{T} y_{t-1} \Delta y_t}{\sum_{t=1}^{T} y_{t-1}^2}$$

统计量 $T(\hat{\rho} - 1)$ 的极限分布为：

$$T(\hat{\rho} - 1) = \frac{T^{-1} \sum_{t=1}^{T} y_{t-1} \Delta y_t}{T^{-2} \sum_{t=1}^{T} y_{t-1}^2} \Rightarrow \frac{\frac{1}{2}[\sigma^2 W^2(1) - \sigma_u^2] - (\sigma_n^2 - \gamma_{1n})}{\sigma^2 \int_0^1 W^2(r) dr}$$

$$= \frac{\frac{1}{2}[W^2(1) - \sigma_u^2/\sigma^2] - (\sigma_n^2 - \gamma_{1n})/\sigma^2}{\int_0^1 W^2(r) dr}$$

检验统计量 $\tau = \dfrac{\hat{\rho} - 1}{\hat{\sigma}}$ 的极限分布为：

$$\tau = \frac{\hat{\rho} - 1}{\hat{\sigma}} = \frac{T^{-1} \sum_{t=1}^{T} y_{t-1} \Delta y_t}{\hat{\sigma}_u \left(T^{-2} \sum_{t=1}^{T} y_{t-1}^2\right)^{\frac{1}{2}}}$$

$$\Rightarrow \frac{\dfrac{\sigma}{\sigma_u} \{\frac{1}{2}[W^2(1) - \sigma_u^2/\sigma^2] - (\sigma_n^2 - \gamma_{1n})/\sigma^2\}}{[\int_0^1 W^2(r) dr]^{1/2}}$$

情形2：我们设真实过程为 $x_t = x_{t-1} + u_t$，回归估计式为 $y_t = a + \rho y_{t-1} + \mu_t$，则有：

$$\hat{\rho} = \frac{\sum_{t=1}^{T} (y_{t-1} - \overline{y_{t-1}})(y_t - \overline{y_t})}{\sum_{t=1}^{T} (y_{t-1} - \overline{y_{t-1}})^2}$$

$$\hat{\rho} - 1 = \frac{\sum_{t=1}^{T}(y_{t-1} - \overline{y_{t-1}})(y_t - \overline{y_t})}{\sum_{t=1}^{T}(y_{t-1} - \overline{y_{t-1}})^2} - 1 = \frac{\sum_{t=1}^{T} y_{t-1}\Delta y_t - \sum_{t=1}^{T}\overline{y_{t-1}}\Delta y_t}{\sum_{t=1}^{T} y_{t-1}{}^2 - T\overline{y_{t-1}}^2}$$

$$= \frac{\sum_{t=1}^{T} y_{t-1}\Delta y_t - \overline{y_{t-1}}\sum_{t=1}^{T}\Delta y_t}{\sum_{t=1}^{T} y_{t-1}{}^2 - T\overline{y_{t-1}}^2}$$

统计量 $T(\hat{\rho} - 1)$ 的极限分布为：

$$T(\hat{\rho} - 1) = \frac{T^{-1}\sum_{t=1}^{T} y_{t-1}\Delta y_t - (T^{-\frac{1}{2}}\overline{y_{t-1}})(T^{-\frac{1}{2}}\sum_{t=1}^{T}\Delta y_t)}{T^{-2}\sum_{t=1}^{T} y_{t-1}{}^2 - (T^{-\frac{1}{2}}\overline{y_{t-1}})^2}$$

$$\Rightarrow \frac{\frac{1}{2}[\sigma^2 W^2(1) - \sigma_u^2] - (\sigma_n^2 - \gamma_{1n}) - \sigma W(1)\sigma\int_0^1 W(r)dr}{\sigma^2 \int_0^1 W^2(r)dr - (\sigma\int_0^1 W(r)dr)^2}$$

$$\Rightarrow \frac{\frac{1}{2}[W^2(1) - \sigma_u^2/\sigma^2] - (\sigma_n^2 - \gamma_{1n})/\sigma^2 - W(1)\int_0^1 W(r)dr}{\int_0^1 W^2(r)dr - (\int_0^1 W(r)dr)^2}$$

检验统计量 $\tau = \dfrac{\hat{\rho} - 1}{\hat{\sigma}}$ 的极限分布为：

$$\tau = \frac{\hat{\rho} - 1}{\hat{\sigma}} \Rightarrow \frac{\sigma}{\sigma_u}\frac{\frac{1}{2}[W^2(1) - \sigma_u^2/\sigma^2] - (\sigma_n^2 - \gamma_{1n})/\sigma^2 - W(1)\int_0^1 W(r)dr\}}{[\int_0^1 W^2(r)dr - (\int_0^1 W(r)dr)^2]^{1/2}}$$

对含时间趋势的情形，可用类似的方法进行分析。

很明显，两种单位根检验统计量 $T(\hat{\rho} - 1)$ 与 $\tau = \dfrac{\hat{\rho} - 1}{\hat{\sigma}}$ 的分布都受到测量误差的影响，影响因子为 $-\dfrac{\sigma_n^2 - \gamma_{1n}}{\sigma^2} \leq 0$。测量误差的存在将导致统计量分布密度函数向左偏移，从而同样检验水平的临界值也要向左偏移，如果不对临界值进行修正而使用不含测量误差时的临界值进行单位根检验，必将导致检验水平的扭曲。可以想象，临界值的左偏也将导致检验功效的变化。后面的仿真试验证实了这一点。

如果测量误差是序列不相关的，有 $\gamma_{1n} = 0$，此时偏移程度受 σ_n^2/σ^2 控制，也就是说受测量误差方差的相对大小控制，测量误差方差越大，左偏越严重，导致检验水平的扭曲也越严重，从而将单位根过程误判为平稳过程的可能性增加。但当测量误差的方差相对 σ^2 而言较小时,其对单位根检验的影响可以忽略。同时可以看出,偏移程度与测量误差的均值大小无关,也与测量误差的分布无关。

如果测量误差是序列相关的,则统计量分布的偏移程度还受一阶协方差的影响。正的一阶协方差可以减少和抵消统计量分布的向左偏离,而负的一阶协方差将加剧左偏的程度。当测量误差的一阶协方差接近于其方差时,此时统计量分布的左偏程度很小,而不管测量误差的方差有多大。

6.4 蒙特卡罗仿真研究

6.4.1 测量误差序列不相关时方差变化对单位根检验的影响

我们按照 $n_t \in I.I.D.N(0,\sigma_n^2)$ 生成长度为 500、方差为 σ_n^2 的测量误差序列 n_t,其中 σ_n^2 从 0 逐步增加到 2,每次增长步长为 0.2,为 0 时对应无测量误差情形,0 附近为小测量误差情形。利用数据生成过程:$x_t = x_{t-1} + u_t$,$u_t \in I.I.D.N(0,1)$,初始值 $x_0 = 0$,生成长度为 500 的单位根随机时间序列 x_t。我们按照 $y_t = x_t + n_t$ 得到带测量误差观测序列,进行有截距和无截距两种情形下单位根检验统计量 $\tau = \dfrac{\hat{\rho}-1}{\hat{\sigma}}$ 与 $T(\hat{\rho}-1)$ 的计算。每个测量误差方差下进行 10 000 次重复,分别得到不同方差下单位根检验在 5% 显著水平下的检验临界值。临界值随测量误差方差变化的曲线如图 6.1 所示。

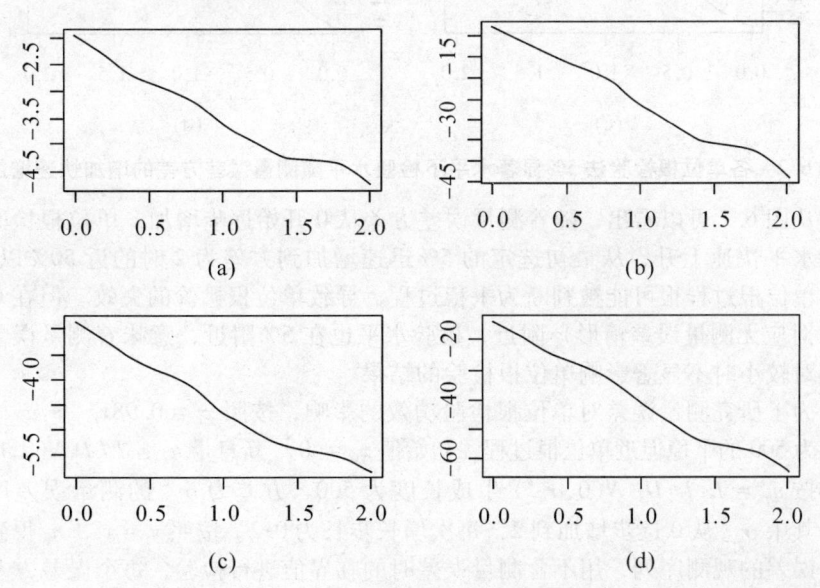

图 6.1 各单位根检验法 5% 显著水平下临界值随测量误差方差的增加快速降低

其中（a）、（b）对应情形1（无截距）的 $\tau = \dfrac{\hat{\rho} - 1}{\hat{\sigma}}$、$T(\hat{\rho} - 1)$ 统计量；（c）、（d）对应情形2（有截距）的 $\tau = \dfrac{\hat{\rho} - 1}{\hat{\sigma}}$、$T(\hat{\rho} - 1)$ 统计量。图6.2、图6.3、图6.6、图6.7的对应关系与此相同。

从图6.1可以看出，在测量误差序列不相关时，随着测量误差方差的增加，单位根检验的临界值快速下降。如果单位根检验中不考虑测量误差的影响而直接使用无测量误差时的临界值，必然拒绝部分单位根过程，导致检验水平的扭曲，如图6.2所示。

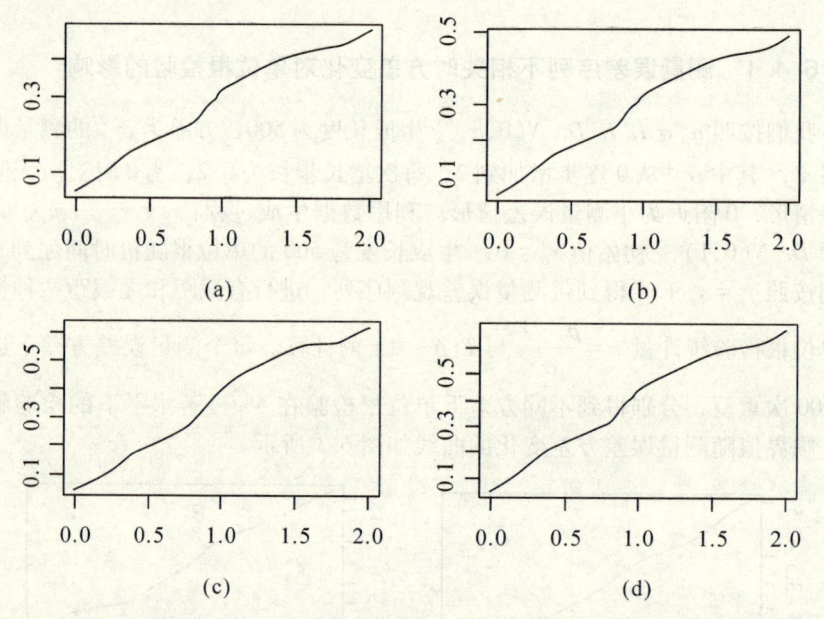

图6.2　各单位根检验法5%显著水平下检验水平随测量误差方差的增加快速增加

从图6.2可以看出，随着测量误差方差从0开始逐步增加，单位根检验的检验水平快速上升，从最初选定的5%迅速增加到方差为2时的近50%以上，此时单位根过程很可能被判断为平稳过程，导致单位根检验的失效。但在0方差（对应无测量误差情形）附近，检验水平也在5%附近，意味着测量误差方差相对较小时不显著影响单位根检验的结果。

为了研究测量误差对单位根检验功效的影响，按照 $x_t = 0.98 x_{t-1} + u_t$ 生成长度为500的平稳但近单位根过程，初始值 $x_0 = 0$，新息量 $u_t \in I.I.D.N(0,1)$。同样按 $n_t \in I.I.D.N(0, \sigma_n^2)$ 生成长度为500、方差为 σ_n^2 的测量误差序列 n_t，其中 σ_n^2 从0逐步增加到2，每次增长步长为0.2。按照 $y_t = x_t + n_t$ 得到带测量误差的观测序列，用不含测量误差时的临界值进行检验，每个误差方差重复10 000次，可得到检验功效与测量误差方差变化的曲线图，如图6.3所示。

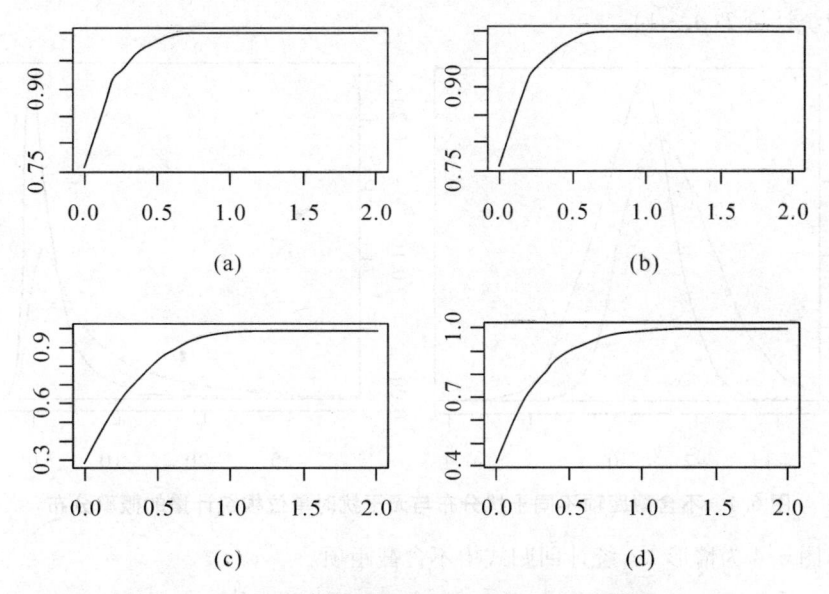

图 6.3 检验功效随测量误差方差的增加快速增加到 1

从图 6.3 可以看出，在无测量误差（误差项方差为 0）时，因为选定的是近单位根过程（0.98），尽管样本长度为 500，检验功效还是比较低，特别是对检验回归式带截距项的情形 2 而言，检验功效低到 40% 左右。但随着测量误差方差的增加，检验功效也快速增加到接近 100%。

换句话说，不管对平稳或者单位根过程而言，测量误差的存在都增加了判断为平稳过程的可能性，减少了判断为单位根过程的可能性。这跟小样本的影响效应是相反的。小样本增加了判断为单位根过程的可能性。

6.4.2 不同噪声分布对临界值的影响

为了研究测量误差不同分布对统计量的影响，利用数据生成过程：$x_t = x_{t-1} + u_t$，其中 $u_t \in I.\ I.\ D.\ N(0,1)$，$x_0 = 0$，生成长度为 500 的单位根随机序列 x_t。而对测量误差而言，分别生成长度为 500 的 3 种分布的无序列相关的测量误差，分别为奇异点分布 n_{1t}、正态分布 n_{2t} 及均匀分布 n_{3t}。

对奇异点分布序列而言，我们分别在 125、250、375 处取幅度为 5/0.386 的三个奇异点，其他地方取值为 0。其均值为 0.078，方差为 1。

正态分布为 0 均值，方差为 1 的标准正态分布。

均匀分布为 $[-\sqrt{3}, \sqrt{3}]$ 区间的均匀分布，满足均值为 0，方差为 1。

按照 $y_t = x_t + n_t$ 生成测量数据，计算两种统计量，重复 10 000 次得到统计量的概率密度函数，如图 6.4、图 6.5 所示。左边对应统计量 $\tau = \dfrac{\hat{\rho} - 1}{\hat{\sigma}}$，右边

对应统计量 $T(\hat{\rho}-1)$。

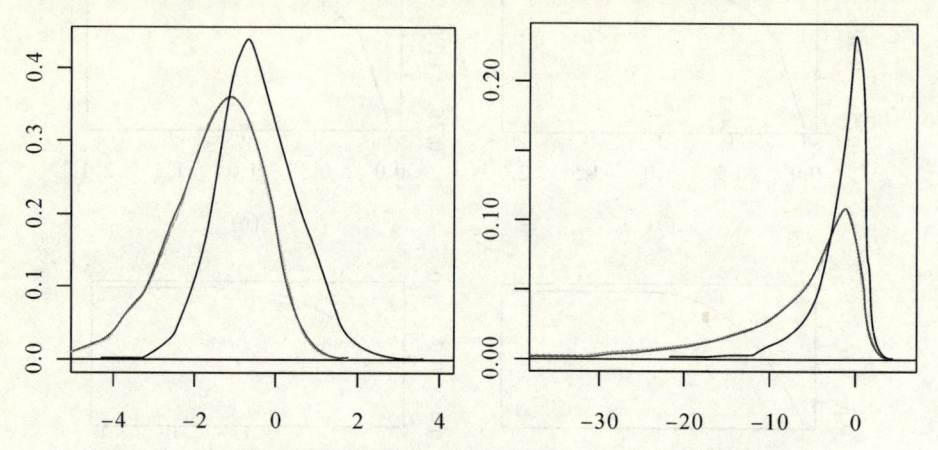

图 6.4 不含截距项不同干扰分布与无干扰时单位根统计量的概率分布

图 6.4 为情形 1，统计回归式中不含截距项。

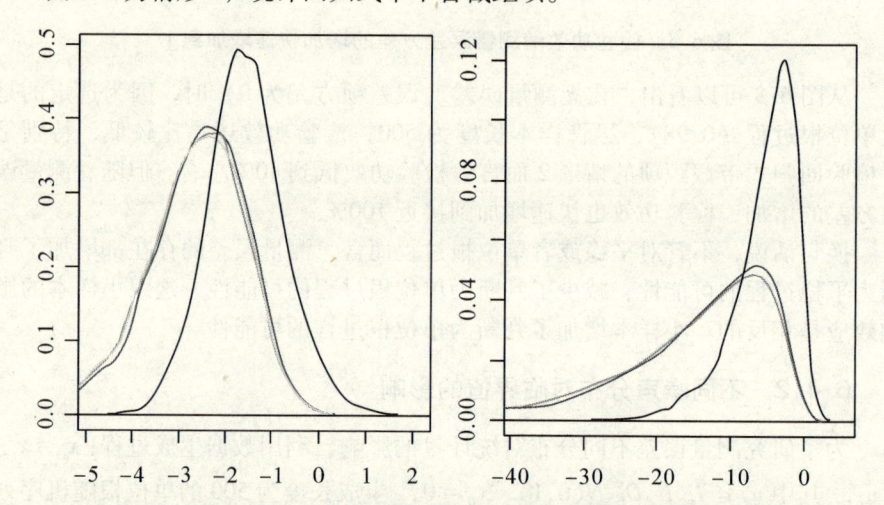

图 6.5 含截距项不同干扰分布与无干扰时单位根统计量的概率分布

图 6.5 为情形 2，统计回归式中包含截距项。

从图 6.4、图 6.5 可以看出，两种回归情形下，两种统计量在三种不同测量误差分布下统计量的分布几乎完全重叠。这证明误差项的分布确实不影响统计量的分布。这同时也验证了测量误差均值的变化不影响统计量的分布。

6.4.3 测量误差序列相关时对统计量分布的影响

按照带测量误差的单位根检验统计量极限分布，当测量误差存在序列相关时，统计量的左偏除了受到测量误差方差相对大小的影响外，还受到一阶协方差的影响。

按照 $x_t = x_{t-1} + u_t$，$u_t \in I.I.D. N(0,1)$，$x_0 = 0$，生成长度为500的单位根随机序列 x_t。但测量误差按照 $n_t = 0.95n_{t-1} + e_t$ 生成，其中 $e_t \in I.I.D. N(0,1)$，$n_0 = 0$。

此时测量误差方差为10.82，一阶协方差为9.66，序列有较强的正相关性。带测量误差的单位根统计量分布如图6.6所示。

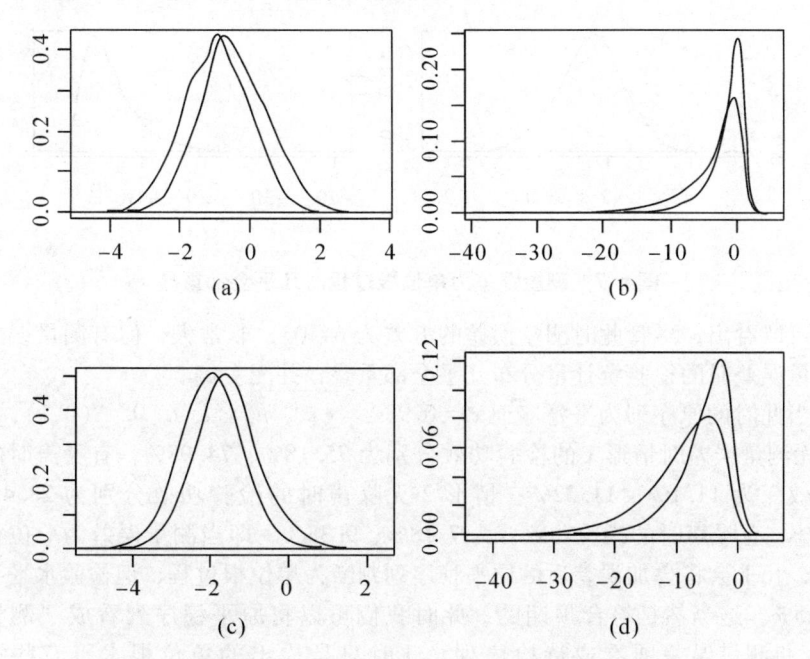

图6.6 测量误差正相关时单位根检验统计量偏移程度不大

此时测量误差方差相对而言是很大的，但统计量的分布左偏并不严重。这证实了正的一阶协方差对统计量左偏的抵消作用。

此时5%的检验水平畸变为情形1统计量 $\tau = \dfrac{\hat{\rho} - 1}{\hat{\sigma}}$ 的14.58%，统计量 $T(\hat{\rho} - 1)$ 的15.17%；以及情形2统计量 τ 的11.71%和统计量 $T(\hat{\rho} - 1)$ 的15.06%。

当此时的原序列为平稳序列 $x_t = 0.98x_{t-1} + u_t$，$u_t \in I.I.D. N(0,1)$，$x_0 = 0$ 时，无测量误差时情形1的两统计量的检验功效分别为74.4%、74.73%，上述噪声影响下的检验功效分别增加到94.98%、95.2%；对情形2无噪声时的检验功效分别为28.33%、42.15%，有噪声时的检验功效分别增加到57.78%、73.22%。

如果一阶协方差增加到跟方差相同（最大为相同），此时测量误差变为单位根过程。图6.7为此时单位根检验统计量的分布图。

6 加性独立测量误差对单位根检验的影响 | 69

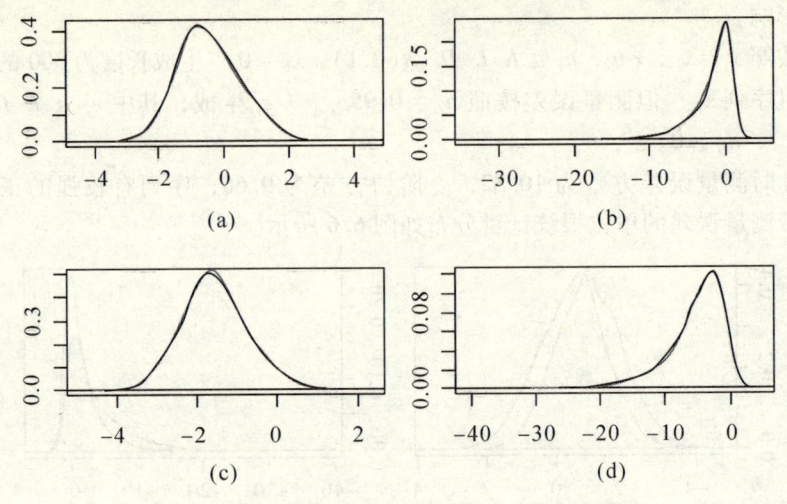

图 6.7 测量误差为单位根过程时几乎全部重叠

可以看出，尽管此时测量误差的方差为 64.05，非常大，但有测量误差和无测量误差时的检验统计量分布几乎全部重叠，并无左偏。

当此时的原序列为平稳序列 $x_t = 0.98x_{t-1} + u_t$，$u_t \in I.I.D. N(0,1)$，$x_0 = 0$，无测量误差时情形 1 的检验功效分别为 75.18%、74.98%，有噪声时的检验功效变为 11.1%、11.32%；情形 2 无噪声时的检验功效分别为 28.45%、43.1%，有噪声时的检验功效变为 7.18%、9.38%。即当测量误差为单位根过程时，几乎会将叠加误差后的原平稳序列判断为单位根过程，但检验水平又会高于 5%。这当然是符合预期的，此时我们可以将原平稳序列看成"测量噪声"，将测量误差项看成待检序列，此时只是检出的单位根水平有些扭曲罢了。

6.5 小结

理论分析和蒙特卡罗实验均表明，单位根检验结果易受测量误差噪声的影响。测量误差将导致统计量分布向左偏移，从而导致检验水平的扭曲和检验功效的增加。

向左偏移的程度受测量误差方差的相对大小控制，测量误差方差越大，左偏越严重；但同时受一阶协方差的影响，正的一阶协方差可以减少和抵消统计量分布的向左偏离，而负的一阶协方差将加剧左偏的程度。当测量误差的一阶协方差接近于其方差时，此时统计量分布的左偏程度很小，而不管测量误差的方差有多大。

同时，偏移程度与测量误差的均值大小无关，也与测量误差的概率分布无关。

　　由于统计量分布向左偏移，如果使用原来的临界值而不做修正，单位根检验使用左边检验，必然导致检验水平的过估，从而容易将单位根过程误判为平稳过程；但同时，把平稳过程判断为单位根的可能性却减少，也就是说测量误差的存在提高了检验功效。

　　但如果测量误差的方差相对而言较小时，其对单位根检验的影响也可以忽略。这说明通常没考虑测量误差的单位根检验在测量误差方差较小时还是可以正常使用的。

7 基于差分序列长时方差的单位根检验法

本章对基于差分序列长短时方差比（VR）的单位根检验法进行了详细研究，推导了统计量在单位根情形与平稳情形时的极限分布，仿真研究了截断长度的选择，并提供了临界值、残差项相关与不相关时的检验水平与功效，同时指出了其存在的重要缺陷。

7.1 引言

单位根检验经过几十年的发展，已经出现了多种多样的检验方法。通常的参数检验方法以 DF 检验为基础，存在一些局限性。比如统计量的分布与临界值跟检验回归式高度相关，不同的回归式将有不同的极限分布；统计量收敛到极限分布的速度较慢，不同的样本通常将有不同的临界值；并且统计量受到残差相关性的影响，不同的相关性结构需要使用不同的回归式设定，而残差的相关性结构通常又是未知的。

Phillips 和 Oulians（1988）曾经指出，平稳过程的差分序列做频谱分析时，在零频处的频谱成分将为 0，而单位根过程时不会为 0。利用这个特征，我们可以对时间序列进行单位根检验。

零频时的频谱对应于差分序列的长时方差值，考虑到不同残差项方差的影响，利用长短时方差之比作为检验统计量（称为 VR 统计量），我们可以有效地对单位根与平稳过程进行检验。

Phillips 和 Oulians 对 VR 检验方法介绍得比较粗略，一些重要细节都没有考虑和交代，实证中可参考性不强。本章对 VR 单位根检验法进行了详细研究，推导了统计量在单位根过程与平稳过程时不同的极限分布。结果表明，平稳过程时统计量的极限值为 0；但单位根过程时通常不为 0，如残差独立同分布时为 1，但结果受到残差相关结构的影响，如正相关时将大于 1，负相关时将小于1,一定条件下可能趋近于0,与平稳情况的结果相同,导致检验失败。

VR检验作为一个非参数检验方法,与DF类检验相比具有明显优势。如统计量与残差序列是否存在序列相关或异方差无关,与去除趋势过程的回归式无关,抗干扰能力强,并且收敛速度快,在样本数很小时就收敛到极限值,因而不同的样本可以使用同样的临界值。

VR检验法的这些特性,尤其是统计量的分布与残差是否存在序列相关无关,也与去除趋势过程的方法无关等特性,使其很适合用非线性趋势的后续单位根检验。

7.2 差分序列长短时方差比单位根检验法

平稳过程的差分序列的长时方差在样本数增大时将趋近于0,而单位根过程差分序列的长时方差通常不会趋于0。利用平稳过程与单位根过程这个性质的不同,可以构造基于长时方差的单位根检验方法。

7.2.1 数据模型及检验假设

我们假设时间序列Y_t无趋势,只包含随机干扰项μ_t,设其为一阶自回归模型:$\mu_t = \beta\mu_{t-1} + e_t$,其中$e_t$是均值为0、方差有限的ARMA平稳过程。则如果$|\beta| < 1$,序列是平稳的;若$\beta = 1$,序列为单位根过程。

7.2.2 检验统计量及其极限分布

设干扰项为:
$$\mu_t = \beta\mu_{t-1} + e_t \tag{7.1}$$

注意模型是无截距无时间趋势项的,即为AR(1)模型,差分得到:
$$\begin{aligned}v_t &= \mu_t - \mu_{t-1} = (\beta - 1)\mu_{t-1} + e_t \\ &= (\beta - 1)(\beta^{t-2}e_1 + \beta^{t-3}e_2 + \cdots + e_{t-1}) + e_t\end{aligned}$$

则$S_n = \sum_{t=1}^{n} v_t = (\beta^n - 1)u_0 + \beta^{n-1}e_1 + \beta^{n-2}e_2 + \cdots + e_n$,不失一般性,令$u_0 = 0$,则有:
$$S_n = \beta^{n-1}e_1 + \beta^{n-2}e_2 + \cdots + e_n \tag{7.2}$$

设短时方差$\text{var}(e_t) = \sigma^2$,$E(e_t e_{t-s}) = \gamma_s$,相关系数为$\rho_s = \dfrac{\gamma_s}{\gamma_0}$,显然$\gamma_0 = \sigma^2$。

则有:
$$\begin{aligned}E(S_n^2) &= E(\beta^{n-1}e_1 + \beta^{n-2}e_2 + \cdots + e_n)^2 \\ &= \sum_{i=1}^{n}\sum_{j=1}^{n}\beta^{2n-(i+j)}\gamma_{i-j}\end{aligned}$$

$$\frac{E(S_n^2)}{\gamma_0} = \frac{1}{1-\beta^2}\{(1-\beta^{2n}) + 2[\rho_1(\beta-\beta^{2n-1}) + \rho_2(\beta^2-\beta^{2n-2}) + \cdots]\}$$
(7.3)

$\beta=1$ 对应单位根情形，此时（7.3）式的分子、分母皆为 0，分别对分子、分母求导，可得到（7.3）式在 $\beta=1$ 的极限值，即为单位根情形时的计算公式：

$$\frac{E(S_n^2)}{\gamma_0} = n + 2[\rho_1(n-1) + \rho_2(n-2) + \rho_3(n-3) + \cdots]$$ (7.4)

定义 $\frac{E(S_n^2)}{n} = \frac{1}{n}E\left(\sum_{t=1}^{n} v_t\right)^2$ 为差分序列 v_t 的长时方差，并以长短时方差之比（VR）作为检验统计量：

$$VR = \frac{E(S_n^2)}{n\gamma_0}$$ (7.5)

假设 e_t 是非长记忆性的，即 e_t 无序列相关或只是短时序列相关，ρ_s 在 s 较大时趋于 0，则单位根假设下统计量（以后称为 VR 检验）为：

$$VR = 1 + 2(\rho_1 + \rho_2 + \rho_3 + \cdots)$$ (7.6)

平稳假设下统计量为：

$$VR = \frac{1}{n(1-\beta^2)}[1 + 2(\rho_1\beta + \rho_2\beta^2 + \rho_3\beta^3 + \cdots)]$$ (7.7)

单位根过程的检验统计量通常与残差项的相关系数有关，但通常不为 0。对平稳过程而言，随着样本数的增加，$VR \to 0$ 时，即极限分布为 0，极限分布为一个点，而不是通常检验统计量的某个分布的随机变量。

7.2.3 长时方差的估算

现在问题的关键是估计长时方差（Long-run Variance）：

$$\omega^2 = \frac{E(S_n^2)}{n} = \frac{1}{n}E\left(\sum_{t=1}^{n} v_t\right)^2 = \frac{1}{n}\sum_{t=1}^{n} E(v_t^2) + \frac{2}{n}\sum_{k=1}^{n-1}\sum_{t=k+1}^{n} E(v_t v_{t-k})$$

当 e_t 为短时相关时，v_t 也是短时相关的，如果 l 较大，可以认为 $E(v_t v_{t-l}) \Rightarrow 0$，称 l 为截断参数。此时可以用有限个样本数估算 ω^2，有：

$$\hat{\omega}^2 = \frac{1}{n}\sum_{t=1}^{n} E(v_t^2) + \frac{2}{n}\sum_{k=1}^{l}\sum_{t=k+1}^{n} E(v_t v_{t-k})$$ (7.8)

怀特（White，1984）曾经证明，如果 $l \Rightarrow \infty$，$n \Rightarrow \infty$ 且满足 $l/n^{1/4} \Rightarrow 0$，则有 $\hat{\omega}^2 \Rightarrow \omega^2$。

但如果样本存在强的负相关，ω^2 的估算可能为一个负值，为了避免这种情况，我们加入一个权函数，得到新的估算公式：

$$\hat{\omega}^2 = \frac{1}{n}\sum_{t=1}^{n} E(v_t^2) + \frac{2}{n}\sum_{k=1}^{l} w_l(k)\sum_{t=k+1}^{n} E(v_t v_{t-k})$$ (7.9)

其中 $w_l(k) = 1 - \dfrac{k}{l+1}$。

在上面条件要求下，(7.9) 式也是 ω^2 的一致估计。

7.2.4 VR 单位根检验法的临界值

在计算长时方差时，我们需要选择截断长度，不同截断长度的临界值并不相同。比如在样本数为 400 时，不同截断长度下 VR 检验临界值的变化曲线如图 7.1 所示。

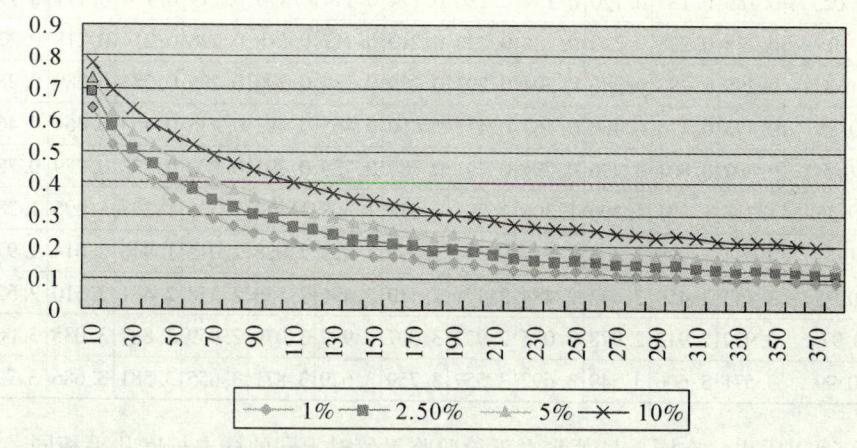

图 7.1 VR 临界值与不同截断长度变化曲线（样本长度为 400）

可以看出，临界值随截断长度的增加迅速下降，但截断长度降到样本长度一半左右后，临界值虽然随样本长度的增加继续下降，但变化已经比较平缓了。

样本长度为 400，β 值分别为 0.99、0.95 的平稳序列在 5% 的显著水平下，不同截断长度与 VR 检验功效的变化曲线如图 7.2 所示。

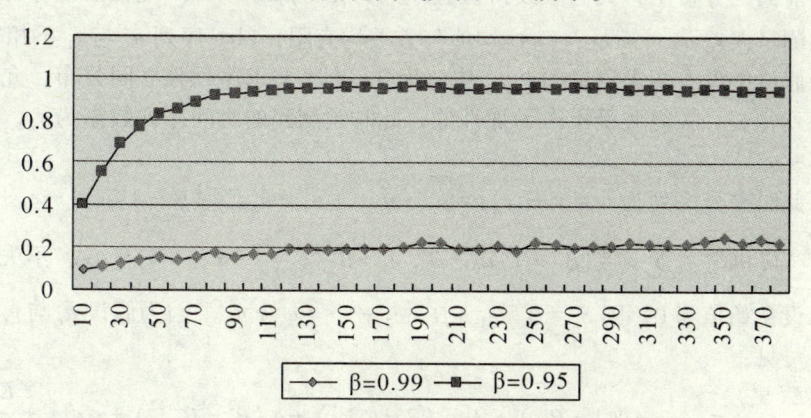

图 7.2 VR 检验功效与不同截断长度变化曲线（样本长度为 400）

可以看出，随着截断长度的增加，检验功效迅速增加，并且在截断长度为样本数一半的时候，几乎获得最大的检验功效。故在今后的实证分析中，截断长度统一取为样本长度的一半。

表 7.1 为不同样本长度下的检验临界值表。

表 7.1　　　　VR 单位根检验不同样本长度的临界值

显著水平	25	50	75	100	150	200	250	500	750	1 000	1 500	2 000
0.01	0.148	0.148	0.146	0.146	0.143	0.138	0.139	0.133	0.146	0.141	0.142	0.137
0.025	0.186	0.183	0.170	0.184	0.180	0.174	0.174	0.175	0.179	0.174	0.177	0.175
0.05	0.228	0.228	0.220	0.224	0.224	0.219	0.217	0.218	0.226	0.214	0.218	0.220
0.1	0.295	0.293	0.286	0.294	0.293	0.289	0.284	0.290	0.296	0.284	0.289	0.288
0.25	0.473	0.475	0.466	0.467	0.473	0.460	0.465	0.462	0.475	0.453	0.464	0.465
0.5	0.809	0.801	0.796	0.791	0.791	0.789	0.785	0.791	0.800	0.778	0.779	0.781
0.75	1.317	1.331	1.300	1.306	1.291	1.318	1.308	1.327	1.336	1.298	1.296	1.281
0.9	1.994	1.998	1.963	1.977	1.958	1.999	1.953	2.028	2.012	1.946	2.014	1.976
0.95	2.443	2.450	2.442	2.484	2.471	2.519	2.496	2.556	2.558	2.431	2.510	2.527
0.975	2.939	2.912	2.978	3.005	2.922	3.007	2.992	3.079	2.959	2.887	3.035	3.067
0.99	3.571	3.606	3.549	3.692	3.557	3.759	3.629	3.871	3.655	3.581	3.686	3.798

可以看出，在同一显著水平下检验临界值对不同的样本长度几乎相同。如 5% 显著水平的检验临界值几乎都为 0.22。这是很容易理解的，因为单位根情形下的检验统计量（7.6）式在样本数稍大时就与样本数无关了。

7.2.5　独立加性干扰对 VR 单位根检验法的影响

前面的分析中，我们假设待检验序列为 $\mu_t = \beta\mu_{t-1} + e_t$，现在假设存在独立加性测量误差 n_t，满足：(a) 均值与方差均有限；(b) 序列 n_t 与 e_t 不相关。

假设中没有要求测量误差 n_t 均值为 0，也不要求序列独立同分布，允许存在序列相关。我们假设噪声为加性的，此时观测到的时间序列数据为 y_t，有 $y_t = \mu_t + n_t$。

此时差分序列为 $v_t = y_t - y_{t-1} = \mu_t - \mu_{t-1} + n_t - n_{t-1} = (\beta-1)\mu_{t-1} + e_t + n_t - n_{t-1}$，其和 $S_n = \sum_{t=1}^{n} v_t = (\beta^n - 1)u_0 + \beta^{n-1}e_1 + \beta^{n-2}e_2 + \cdots + e_n + n_n - n_0$，不失一般性，设初始值为 0，则 $S_n = \beta^{n-1}e_1 + \beta^{n-2}e_2 + \cdots + e_n + n_n$。因为假设 n_t 与 e_t 不相关，可见：

$$\frac{E(S_n^2)}{\gamma_0} = \frac{1}{1-\beta^2}\{(1-\beta^{2n}) + 2[\rho_1(\beta - \beta^{2n-1}) + \rho_2(\beta^2 - \beta^{2n-2}) + \cdots]\} + \frac{E(n_n^2)}{\gamma_0}$$

如果测量误差 n_t 是平稳的，$E(n_n^2)$ 有限，则 $\dfrac{E(n_n^2)}{n\gamma_0} \Rightarrow 0$。可见，统计量 $VR = \dfrac{E(S_n^2)}{n\gamma_0}$ 的极限分布不因独立平稳测量误差的存在而改变。

7.3 VR 检验法的优缺点

7.3.1 VR 检验法的优点

VR 单位根检验法的检验统计量与残差序列 e_t 是否存在序列相关或异方差无关。而通常的 DF 检验法检验统计量的极限分布是与 e_t 是否存在序列相关紧密相关的，因而需要对统计量或检验回归式进行修正。VR 统计量就不需要进行修正。

VR 检验法对是否存在加性测量误差不敏感，而 DF 统计量的极限分布是受到测量误差的显著影响的。故 VR 检验法的抗干扰能力大大加强。

在进行单位根检验前，VR 与 DF 类检验法都需要先去除掉趋势与均值（通常用回归方法去除趋势），然后对剩余的残差进行检验。DF 检验的极限分布与临界值对回归式的形式非常敏感，需要根据回归式的不同选择不同的检验临界值，这给检验带来麻烦和困难。而 VR 检验法对回归式的形式不敏感，可以使用同样的临界值检验不同的回归式结果。

ADF 检验需要对残差项的结构和形式进行设定，设定错误的话可能带来检验结果的错误。而 VR 检验是非参数方法，不需要考虑残差项的结构和形式。

7.3.2 VR 检验法的缺点

在（7.6）式中，如果 $\rho_1+\rho_2+\rho_3+\cdots<0$，单位根假设下检验量 VR 将小于1，如果继续下降，VR 可能趋近于 0，与平稳时的结果相同，导致检验失败。当然经典的 PP 检验也会因为这个原因导致检验失败。

比如单位根过程 $\mu_t=\mu_{t-1}+e_t$，如果 $e_t=\rho e_t+\varepsilon_t$，其中 ε_t 独立同分布。此时 $\rho_s=\rho^s$，检验统计量 $VR=\dfrac{1+\rho}{1-\rho}$。如果 $\rho\to-1$，$VR\to 0$，与平稳时同，导致检验失败。仿真表明，如果 $\rho<-0.7$，样本数为几百时，VR 已经较接近于平稳时情形，导致检验失败。此时 PP 检验当然也失败，但 ADF 检验可能成功，如果对残差项的结构设定正确的话。

如果 $e_t=\varepsilon_t+\lambda\varepsilon_{t-1}$，其中 ε_t 独立同分布。此时统计量 $VR=\dfrac{(1+\lambda)^2}{1+\lambda^2}$。如

果 λ < -0.7，VR 很可能接近于 0，导致检验失败，此时 PP 检验也失败，但 ADF 检验有可能成功，也可能失败。

7.4 检验水平及检验功效仿真

7.4.1 残差项不相关的情形

设数据生成过程为 $\mu_t = \beta\mu_{t-1} + e_t$，$e_t$ 为独立同分布的标准正态分布，我们分别对不同的 β 和样本长度进行仿真研究，零假设为 $H_0: \beta = 1$，备择假设为 $H_1: \beta < 1$。每个检验重复 2 000 次实验，在 5% 的显著水平下，得到各种情况下的检验功效（即序列被判断为平稳过程的概率）如表 7.2 所示。

表 7.2 VR 单位根检验不同样本长度的检验水平与功效（5%显著水平）

β	25	50	75	100	150	200	250	500	750	1 000	1 500	2 000
1	0.04	0.04	0.05	0.06	0.04	0.04	0.04	0.06	0.05	0.05	0.05	0.05
0.9	0.10	0.23	0.39	0.58	0.83	0.95	0.98	1.00	1.00	1.00	1.00	1.00
0.8	0.19	0.55	0.82	0.94	1.00	1.00	1.00	1.00	1.00	1.00	1.00	1.00
0.7	0.35	0.80	0.95	0.99	1.00	1.00	1.00	1.00	1.00	1.00	1.00	1.00
0.6	0.49	0.92	0.99	1.00	1.00	1.00	1.00	1.00	1.00	1.00	1.00	1.00
0.5	0.65	0.97	1.00	1.00	1.00	1.00	1.00	1.00	1.00	1.00	1.00	1.00
0.4	0.74	0.99	1.00	1.00	1.00	1.00	1.00	1.00	1.00	1.00	1.00	1.00
0.3	0.83	1.00	1.00	1.00	1.00	1.00	1.00	1.00	1.00	1.00	1.00	1.00
0.2	0.89	1.00	1.00	1.00	1.00	1.00	1.00	1.00	1.00	1.00	1.00	1.00
0.1	0.93	1.00	1.00	1.00	1.00	1.00	1.00	1.00	1.00	1.00	1.00	1.00
0	0.94	1.00	1.00	1.00	1.00	1.00	1.00	1.00	1.00	1.00	1.00	1.00

可以看出，在残差项没有序列相关的情况下，检验结果良好（参看表 4.1 同样数据生成过程下的 DF 单位根结果）。各样本长度下的检验水平基本上都是 5% 左右，与设定的检验水平接近，没有扭曲。检验功效也非常理想，比如 β 为 0.9 样本数为 200 时，获得了 0.95 的检验功效。与同样数据生成过程的 DF 检验结果相比，小样本情况下检验功效略有降低，但这种差别随样本数的增加很快趋于消失。

7.4.2 残差项序列相关的情形

设数据生成过程为 $\mu_t = \beta\mu_{t-1} + e_t$，如果残差项为 AR（1）过程：$e_t = \rho e_t +$

ε_t，其中 ε_t 为独立同分布的标准正态分布。我们选定检验水平为 5%，样本数为 200，分别对 $\beta = 1, 0.9, 0.8$ 及不同的 ρ 进行仿真，每种情况重复 2 000 次得到表 7.3。

表 7.3　AR（1）残差结构的 VR 单位根检验的水平与功效
（5% 显著水平，样本数为 200）

β	1	0.9	0.8	1	0.9	0.8	1	0.9	0.8	1	0.9	0.8	1	0.9	0.8
ρ	0.6	0.6	0.6	0.4	0.4	0.4	0.2	0.2	0.2	-0.2	-0.2	-0.2	-0.4	-0.4	-0.4
功效	0.00	0.06	0.57	0.00	0.40	0.92	0.02	0.77	0.99	0.15	0.99	1.00	0.32	1.00	1.00

仿真结果表明，在残差项存在正相关时，检验水平小于设定的值，但同时将导致检验功效的降低；而表 7.2 表明无相关时检验水平与设定的水平值相同；但当残差项存在负的相关性时，检验水平将出现扭曲，并且扭曲程度随负相关的加重迅速增加，但同时检验功效将大大增加。作为对比，同样条件下 PP 检验的检验功效为：$\rho = -0.2$ 为 13%，$\rho = -0.4$ 为 28.75%。这跟 VR 扭曲程度基本相同。

现在我们假设为 MA（1）过程。设 $\mu_t = \beta \mu_{t-1} + e_t$，残差项为 $e_t = \varepsilon_t + \rho \varepsilon_{t-1}$，其中 ε_t 为标准正态分布。选定检验水平为 5%，样本数为 200，分别对 $\beta = 1, 0.9, 0.8$ 及不同的 ρ 仿真，每种情况重复 2 000 次得到表 7.4。

表 7.4　MA（1）残差结构的 VR 单位根检验的水平与功效
（5% 显著水平，样本数为 200）

β	1	0.9	0.8	1	0.9	0.8	1	0.9	0.8	1	0.9	0.8	1	0.9	0.8
ρ	0.6	0.6	0.6	0.4	0.4	0.4	0.2	0.2	0.2	-0.2	-0.2	-0.2	-0.4	-0.4	-0.4
功效	0.01	0.59	0.97	0.01	0.68	0.99	0.02	0.82	1.00	0.15	1.00	1.00	0.43	1.00	1.00

仿真结果与 AR（1）情形类似，在残差项存在正的相关时，检验水平小于设定的值，但同时将导致检验功效的降低；而无相关时检验水平与设定的水平值相同；但当残差项存在负的相关性时，检验水平将出现扭曲，并且扭曲程度随负相关的加重迅速增加，但同时检验功效将大大增加。作为对比，同样条件下 PP 检验的检验功效为：$\rho = -0.2$ 为 15.5%，$\rho = -0.4$ 为 44%。这跟 VR 扭曲程度基本相同。

7.5 小结

本章对 VR 单位根检验法进行了详细研究，推导了统计量在单位根情形与平稳情形时的极限分布，仿真研究了截断长度的选择，并提供了临界值、残差项相关与不相关时的检验水平与功效。

分析结果表明，检验统计量与残差序列 e_t 是否存在序列相关或异方差无关。而通常的 DF 类检验法的检验统计量的极限分布是与 e_t 是否存在序列相关紧密相关的，因而需要对统计量或检验回归式进行修正。VR 统计量就不需要进行修正。

DF 检验的极限分布与临界值对回归式的形式非常敏感，需要根据回归式的不同选择不同的检验临界值，这给检验带来麻烦和困难。而 VR 检验法对回归式的形式不敏感，可以使用同样的临界值检验不同的回归式结果。

VR 检验收敛速度快，在样本数很小时就收敛到极限值，因而不同的样本可以使用同样的临界值。

VR 检验法统计量的分布与残差是否存在序列相关无关，也与去除趋势过程的方法无关等特性，使其很适合用作非线性趋势序列的后续单位根检验。

但 VR 检验也有一个重要缺陷，就是残差项存在负相关时，将导致检验水平的扭曲，扭曲长度随着负相关的加强迅速增加。当然常见的 PP 检验也存在这个问题。并且仿真结果表明，同样条件下它们的扭曲程度基本相同。

8 负单位根平稳性检验研究

传统 DF 类单位根检验法从逻辑上讲是不完备的,会将所有 $\rho \leqslant -1$ 的非平稳情形误判为平稳过程,得出错误的检验结果。本章提出并研究了负单位根检验法,推导了其极限分布,并仿真了其小样本临界值及检验功效。作为 DF 单位根检验法的补充,两种方法结合在一起,可得到完备的非平稳性检验过程。

8.1 引言

自 20 世纪七八十年代迪基和富勒(Dickey, Fuller, 1979)提出 DF 单位根检验法以来,特别是 Phillips(1987,1988)构建出其完整的极限分布理论后,DF 单位根检验法成为标准的非平稳性检验法广泛用在时间序列非平稳性的检验分析中。ADF、PP 等单位根检验法作为 DF 法的推广,从检验思想上跟 DF 法是一致的。但 DF 检验法从逻辑上并不完备。

对随机过程 $\{y_t, t = 1, 2, \cdots\}$ 而言,如其均值、方差与协方差均不随时间发生变化,这在实践中称为(宽)平稳的,否则就是非平稳过程。假设时间序列为一阶自回归模型(其他 ARMA 模型可通过变换转换为该模型):

$$y_t = \rho y_{t-1} + \varepsilon_t \tag{8.1}$$

设初始值 $y_0 = 0$,干扰项 ε_t 为独立同分布的白噪声过程,其均值、方差、协方差满足:$E(\varepsilon_t) = 0$,$Var(\varepsilon_t) = \sigma^2$,$Cov(\varepsilon_t, \varepsilon_s) = 0$,$t \neq s$。易知有以下结论:当 $|\rho| < 1$ 时,如果 t 较大,$Var(y_t) = \frac{1}{1-\rho^2}\sigma^2$,$Cov(y_t, y_{t-k}) = \frac{\rho^k}{1-\rho^2}\sigma^2$,$y_t$ 是平稳的;当 $|\rho| > 1$ 时,随着 t 变大,y_t 的方差与协方差与时间相关并按指数增长,显然 y_t 是非平稳的;当 $\rho = \pm 1$ 时,$Var(y_t) = t\sigma^2$,$Cov(y_t, y_{t-k}) = (t-k)\sigma^2$,$y_t$ 的方差、协方差与时间相关,显然也是非平稳的。

常规 DF 类单位根检验法的检验假设为 $H_0: \rho = 1$;$H_1: \rho < 1$。此方法认为 $\rho = 1$ 为非平稳过程,DF 法能将 $\rho > 1$ 的随机过程识别为非平稳过程;但是,$\rho < 1$ 的所有随机过程将被识别为平稳过程,也就是说,在将 $-1 < \rho < 1$ 情形

正确识别为平稳过程的同时，DF 类检验法也会将所有 $\rho \leqslant -1$ 的非平稳情形误判为平稳过程，得出错误的检验结果。

本章提出并研究负单位根检验法，作为 DF 单位根检验法的补充，两种方法结合在一起，得到逻辑上完备的平稳性检验过程。

8.2 负单位根检验及其极限分布

我们假设数据生成过程为 $y_t = -y_{t-1} + \varepsilon_t$，将其称为负单位根过程。其中 $\varepsilon_t \sim iid(0, \sigma^2)$，$y_0 = 0$，样本长度为 T，$t = 1, 2, \cdots, T$。以（8.1）式作为检验回归式。

检验假设为 $H_0: \rho = -1$；$H_1: \rho > -1$。我们用 OLS 法估计 ρ，估计式为 $\hat{\rho} = \dfrac{\sum_{t=2}^{T} y_{t-1} y_t}{\sum_{t=2}^{T} y_{t-1}^2}$，于是有：

$$\hat{\rho} + 1 = \frac{\sum_{t=2}^{T} y_{t-1} \varepsilon_t}{\sum_{t=2}^{T} y_{t-1}^2} \tag{8.2}$$

跟 DF 法类似，可以 $T(\hat{\rho} + 1)$ 或 $\tau = \dfrac{\hat{\rho} + 1}{s.e.(\hat{\rho})}$ 统计量来检验负单位根过程，但此时需使用右边检验来进行平稳性检验。

负单位根原假设下，如果假设 $y_0 = 0$，有 $y_t = \varepsilon_t - \varepsilon_{t-1} + \varepsilon_{t-2} + \cdots$，在 ε_t 为 0 均值独立同分布的条件下，根据中心极限定理，同样有 $\dfrac{y_{[Tr]}}{\sqrt{T}} \Rightarrow N(0, r\sigma^2)$，$\dfrac{y_T}{\sqrt{T}} \Rightarrow N(0, \sigma^2)$。易知有以下结论：

$$T^{-1} \sum y_{t-1} \varepsilon_t \Rightarrow -\sigma^2 \frac{1}{2}[W(1)^2 - 1]$$

$$T^{-2} \sum y_{t-1}^2 \Rightarrow \sigma^2 \int_0^1 W(r)^2 dr$$

$$s_T^2 \Rightarrow \sigma^2$$

于是我们得到以下负单位根检验统计量的极限分布：

$$T(\hat{\rho}+1) = \frac{\frac{1}{T}\sum_{t=2}^{T} y_{t-1}\varepsilon_t}{\frac{1}{T^2}\sum_{t=2}^{T} y_{t-1}^2} \Rightarrow \frac{-\frac{1}{2}[W(1)^2-1]}{\int_0^1 W(r)^2 dr} \tag{8.3}$$

$$\tau = \frac{\hat{\rho}+1}{s.e.(\hat{\rho})} \Rightarrow \frac{-\frac{1}{2}[W(1)^2-1]}{[\int_0^1 W(r)^2 dr]^{1/2}} \tag{8.4}$$

图 8.1 为 DF 单位根 τ 检验统计量、负单位根 τ 检验统计量及标准正态分布的概率分布密度曲线,为针对样本长度 $T=200$ 仿真 10 000 次得到的结果。

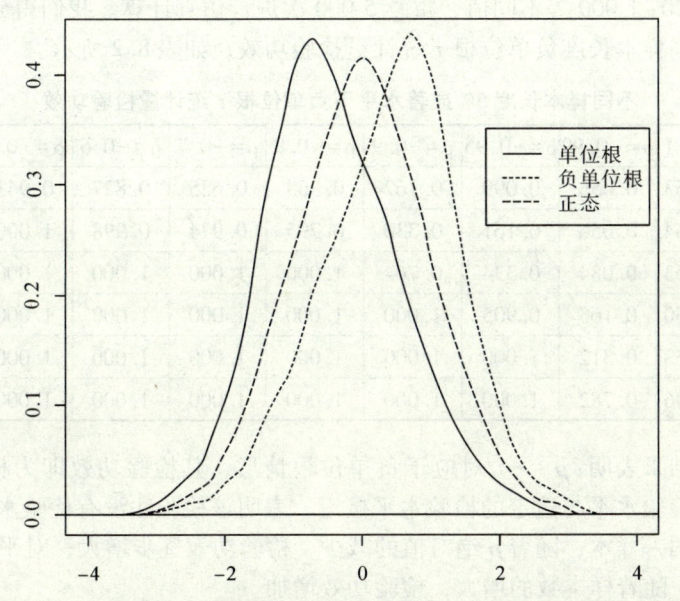

图 8.1 单位根、负单位根检验 τ 统计量与标准正态概率分布密度

从图 8.1 中可以看出,单位根 τ 统计量较正态分布向左偏,而负单位根 τ 统计量较正态分布向右偏。

8.3 临界值与检验功效仿真

利用数据生成过程:$y_t = -y_{t-1} + \varepsilon_t$,$\varepsilon_t \in I.I.D.N(0,1)$,初始值 $y_0 = 0$,生成不同样本长度的负单位根随机时间序列 y_t,按照 (8.1) 式做 OLS 回归计算 $\tau = \frac{\hat{\rho}+1}{s.e.(\hat{\rho})}$ 统计量,重复 20 000 次,分别得到不同样本长度在 1%、5%、

10%显著水平下的τ统计量临界值表,结果见表8.1。

表8.1　　　　　　　　负单位根检验τ统计量临界值

样本长度	25	50	100	250	500	1 000
1%	2.56	2.58	2.58	2.58	2.58	2.58
5%	1.92	1.92	1.93	1.93	1.93	1.93
10%	1.59	1.59	1.59	1.60	1.61	1.61

按照$y_t = \rho y_{t-1} + \varepsilon_t$生成仿真数据,其中$\varepsilon_t \in I.I.D. N(0,1)$,$y_0 = 0$,分别对$\rho = -1, -0.99, -0.95, -0.9, -0.8, -0.7, -0.6, -0.5, -0.4$,样本长度$T$取20~1 000等不同值,重复5 000次进行仿真计算。我们得到5%显著水平下不同样本长度负单位根τ统计量检验功效,如表8.2所示。

表8.2　　　不同样本长度5%显著水平下负单位根τ统计量检验功效

T	$\rho=-1$	$\rho=-0.99$	$\rho=-0.95$	$\rho=-0.9$	$\rho=-0.8$	$\rho=-0.7$	$\rho=-0.6$	$\rho=-0.5$	$\rho=-0.4$
25	0.053	0.056	0.099	0.162	0.363	0.625	0.827	0.943	0.985
50	0.044	0.056	0.161	0.330	0.795	0.974	0.998	1.000	1.000
100	0.053	0.084	0.334	0.764	1.000	1.000	1.000	1.000	1.000
250	0.050	0.163	0.905	1.000	1.000	1.000	1.000	1.000	1.000
500	0.053	0.312	1.000	1.000	1.000	1.000	1.000	1.000	1.000
1 000	0.046	0.782	1.000	1.000	1.000	1.000	1.000	1.000	1.000

仿真结果表明:$\rho = -1$对应于负单位根情形,其检验功效即为检验水平,仿真所得检验水平与选定的检验水平接近,表明该检验法没有检验水平扭曲或过估;对同一样本,随着ρ绝对值的减少,检验功效逐步增大;对平稳情形的同一ρ值,随着样本数的增大,检验功效增加。

8.4　结论

传统DF类单位根检验法是在一些暗含假设下进行的,从逻辑上讲是不完备的,会将所有$\rho \leqslant -1$的情形判断为平稳过程,但其实应该是非平稳的,从而得出错误的检验结论。本章提出并研究了负单位根检验法,推导了其极限分布,并仿真了其小样本临界值及检验功效。作为DF单位根检验法的补充,两种检验过程应该结合在一起,才可得到完备的非平稳性检验过程,并得到正确的检验结论。

9 常规 ADF 与 PP 检验对非线性趋势平稳序列的伪检验

本章通过蒙特卡罗仿真的方法，研究了实证中广泛使用的 ADF 与 PP 单位根检验法对各种趋势的单位根检验的有效性问题。结果表明，对无趋势或线性趋势过程，它们可以给出合适的检验结果。但对非线性趋势而言，由于与它们的线性趋势假设不相容，它们趋向于将平稳过程误判为有单位根。但在一定条件下，各种非线性趋势可以看成准线性的，从而利用常规 ADF 与 PP 检验得出正确的结论。

9.1 引言

实证分析经常涉及时间序列的处理。不管是多变量的回归分析，还是用 ARMA 模型来描述和刻画单个时间序列，平稳性要求都是一个基本前提。回归分析要求变量是平稳的，否则基本的 t、F、平方分布等检验都不能使用，必然引起谬误回归，得出两个时间变量间的错误相关关系。ARMA 模型也要求描述和刻画的对象必须是平稳的。所谓平稳，就是随机变量的概率分布不随时间变化，如果变量的均值、方差和协方差不随时间变化，就可以认为变量是（宽）平稳的。

经济数据时间序列常常有一个随时间不断增长的确定性趋势，此时序列虽然是非平稳的，但如果去掉趋势项后，剩余项却可能是平稳的，此时称为趋势平稳。剩余项不平稳的话称为单位根过程。

区分趋势平稳与单位根过程是非常重要的。趋势平稳的经济变量长期结果是由确定性的时间趋势函数决定的，经济转型、政权更替、制度变化等随机冲击只造成对趋势的暂时偏离。而对单位根过程而言，任何哪怕较小的冲击都会带来长期永久的影响。

因此平稳性的检验非常重要。如何判断时间序列的平稳性呢？除了判断自相关函数（ACF）的零收敛性以外，单位根检验是一个基本的定量检验方法。我们常用 ADF 或者 PP 检验来判断是否存在单位根，在样本数不太小时，它们可以准确地判断无趋势或线性趋势过程是否存在单位根，即是否是平稳的。但两者对数据生成过程非常敏感，应用于其他非线性趋势情形的检验，可能存在很大的疑问，甚至带来完全错误的结果。比如，Nelson 与 Plosser 在 1982 年用 ADF 方法检验 14 个美国宏观经济数据，发现存在 13 个单位根过程。但 Perron 在 1989 年引入结构变点后，发现真正的单位根过程只有 3 个。用 ADF 或者 PP 检验来认定一个过程存在单位根，需要非常谨慎。

本章通过蒙特卡罗仿真实验，研究了 ADF 与 PP 检验对平方根趋势、二次趋势、对数趋势、结构变化的分段线性趋势及准线性趋势等常见非线性趋势平稳过程的检验。结果表明，ADF 与 PP 检验对非线性趋势平稳过程的检验基本失效，只在有限的条件下可以做出正确的判断。检验过程中，ADF 与 PP 的滞后项分别取 $(N-1)^{1/3}$、$4(N/100)^{1/4}$，其中 N 为时间序列的长度，比如检验中取 300 的话，ADF 与 PP 检验的滞后项分别取为 6、5。

假设时间序列 Y_t 由趋势项 S_t 与干扰项 μ_t 构成：

$$Y_t = S_t + \mu_t \tag{9.1}$$

其中 S_t 为确定性时间趋势项，μ_t 为随机干扰项（假设是均值为 0，标准方差为 δ 的正态分布 $N(0,\delta^2)$）。很明显，正态干扰项是平稳的，不存在单位根。根据 ADF 与 PP 检验的算法容易明白，趋势项与干扰项同比例增大或减小时，计算出的检验量是不变的；但趋势项与干扰项相对大小的变化，会得出不同的检验量。我们用趋势项与干扰项标准方差的比值来衡量其相对大小，称为信噪比：

$$SNR = \delta_s/\delta_\mu \tag{9.2}$$

9.2 平方根趋势平稳序列的单位根伪检验

假设时间序列 Y_t 的确定性趋势项为 $S_t = 10(t+100)^{0.5}$，t 取 1~300 的整数，即序列长度为 300，趋势项的样本方差为 803.29，标准方差为 28.34；随机干扰项 μ_t 为白噪声，满足标准正态分布 $N(0,1)$。

9.2.1 ADF 与 PP 检验法的单位根伪检验

很明显，因干扰项为标准正态分布的白噪声，加上确定性时间趋势项后的时间序列应该为趋势平稳的。我们分别用标准的 ADF 与 PP 单位根检验方法做 200 次蒙特卡罗仿真试验，发现存在单位根的概率分布如图 9.1 所示。

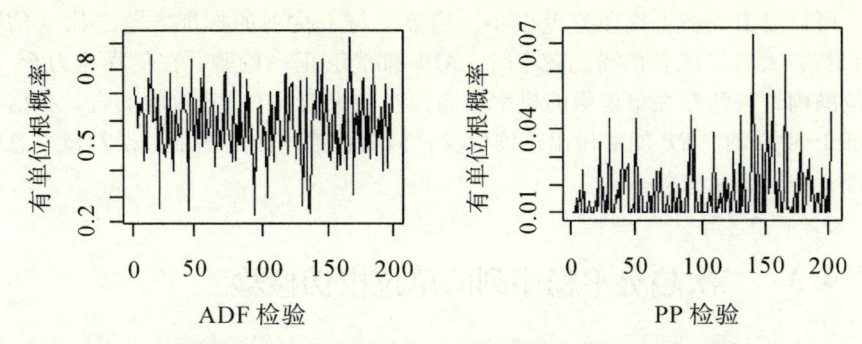

图 9.1 平方根趋势平稳序列 200 次仿真实验存在单位根的概率分布

可以看出，不管显著性水平为 0.01、0.05 或 0.1，ADF 均每次判定存在单位根，误判序列是非平稳的；PP 检验误判的可能性要小些，在 0.1 的显著性水平下，每次均判断不存在单位根，为趋势平稳，但如果取较小的显著性水平，误判为存在单位根的次数大幅增加。

9.2.2 信噪比改变的单位根检验结果

让确定性趋势项保持不变，正态随机干扰项的标准方差从 0.1 增加到 10，每次增加 0.1，共做 100 次仿真实验，检验结果如图 9.2 所示。

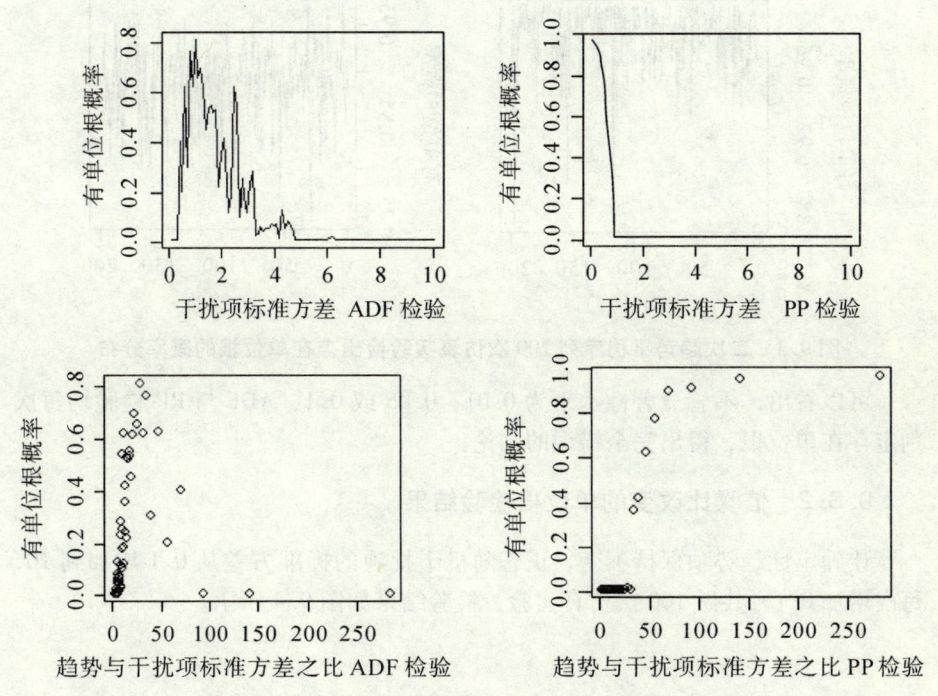

图 9.2 平方根趋势平稳序列干扰项方差变化时检出存在单位根的概率分布

9 常规 ADF 与 PP 检验对非线性趋势平稳序列的伪检验

可以看出，在干扰项方差很小，趋势项与干扰项的标准方差之比（信噪比）特别大时，或者信噪比较小时，ADF 都能够正确检验；在信噪比为 6~71 的范围内，判断存在单位根的概率很高，检验失效。对 PP 检验而言，在信噪比低于 30 倍时，PP 能够做出正确检验；但随着信噪比的增加，误判概率急剧增加，检验完全失效。

9.3　二次趋势平稳序列的单位根伪检验

我们假设时间序列 Y_t 的确定性趋势项为时间的二次形式，$S_t = 0.0007(t+100)^2$，t 取 1~300 的整数，即序列长度为 300，趋势项的样本方差为 947.63，标准方差为 30.78；μ_t 为干扰项，取为标准正态分布 $N(0,1)$。

9.3.1　ADF 与 PP 检验法的单位根伪检验

同样，因干扰项为标准正态分布的白噪声，加上确定性时间趋势项后的时间序列应该为趋势平稳的。我们分别用标准的 ADF 与 PP 单位根检验方法做 200 次蒙特卡罗仿真试验，发现存在单位根的概率分布如图 9.3 所示。

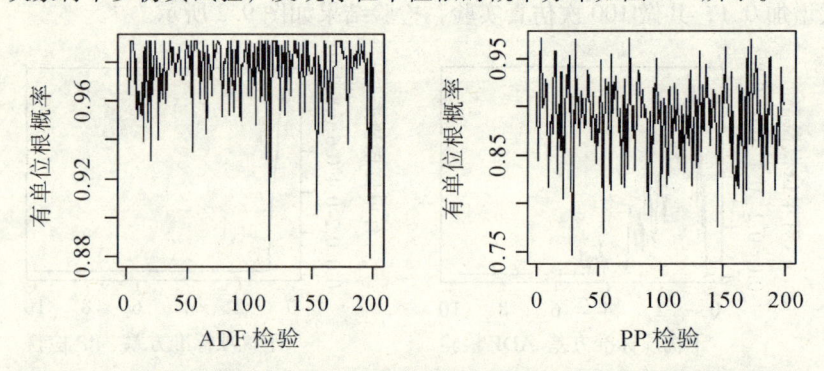

图 9.3　二次趋势平稳序列 200 次仿真实验检出存在单位根的概率分布

可以看出，不管显著性水平为 0.01、0.05 或 0.1，ADF 与 PP 检验均每次判定存在单位根，得出完全错误的结论。

9.3.2　信噪比改变的单位根检验结果

让确定性趋势项保持不变，正态随机干扰项的标准方差从 0.1 增加到 10，每次增加 0.1，共做 100 次仿真实验，检验结果如图 9.4 所示。

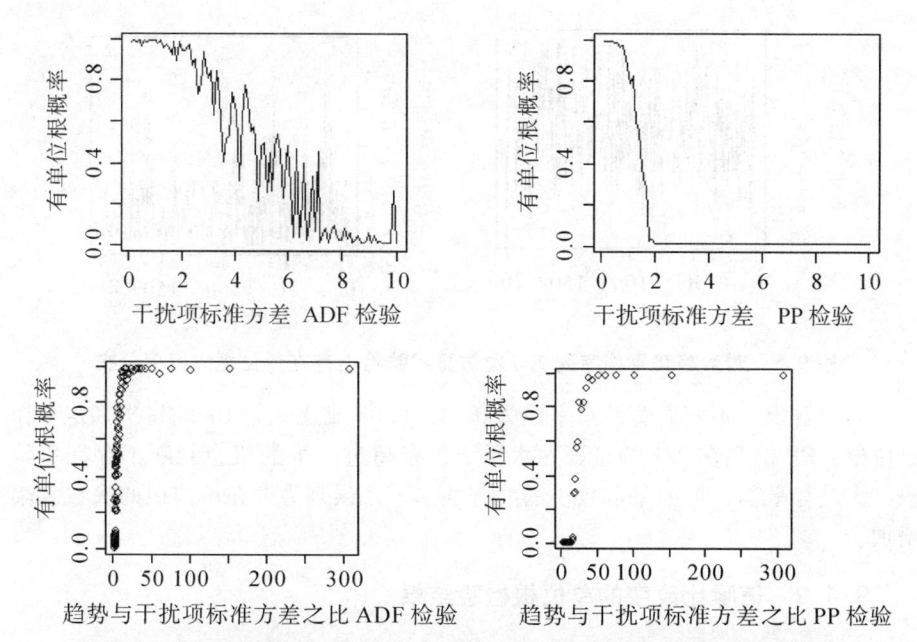

图9.4 二次趋势平稳序列干扰项方差变化时检出存在单位根的概率分布

可以看出，在干扰项方差很大，信噪比较小时，ADF 与 PP 都能够正确检验；但随着信噪比的增加，两者误判的概率都急剧增加。对 ADF 检验而言，在信噪比低于 3.5 倍时，大致能够做出正确检验。对 PP 检验而言，在信噪比低于 15.5 倍时，能够做出正确检验。

9.4 对数趋势平稳序列的单位根伪检验

假设时间序列 Y_t 的确定性趋势项 $S_t = 150\log(t+300)$，t 取 1~300 的整数，即序列长度为 300，趋势项的方差为 880.48，标准方差为 29.67；μ_t 为干扰项，取为标准正态分布 $N(0,1)$。

9.4.1 ADF 与 PP 检验法的单位根伪检验

同样，因干扰项为标准正态分布的白噪声，加上确定性时间趋势项后的时间序列应该为趋势平稳的。我们分别用标准的 ADF 与 PP 单位根检验方法做 200 次蒙特卡罗仿真试验，发现存在单位根的概率分布如图9.5 所示。

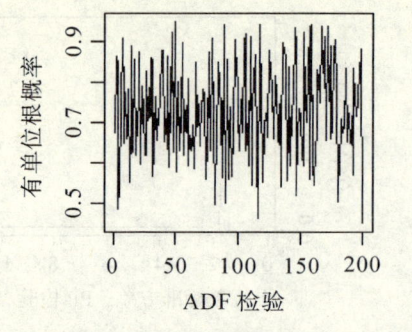

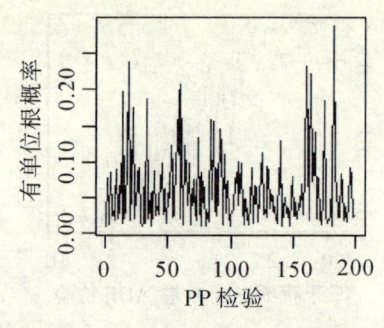

图 9.5 对数趋势平稳序列 200 次仿真实验检出存在单位根的概率分布

可以看出，不管显著性水平设为 0.01、0.05 或 0.1，ADF 均每次判定存在单位根；PP 检验在 0.1 的显著性水平下，有超过一半的机会判断不存在单位根，为趋势平稳，但如果取较小的显著性水平，误判为存在单位根的次数大幅增加。

9.4.2 信噪比改变的单位根检验结果

让趋势项保持不变，正态干扰项的标准方差从 0.1 增加到 10，每次增加 0.1，共做 100 次仿真实验，检验结果如图 9.6 所示。

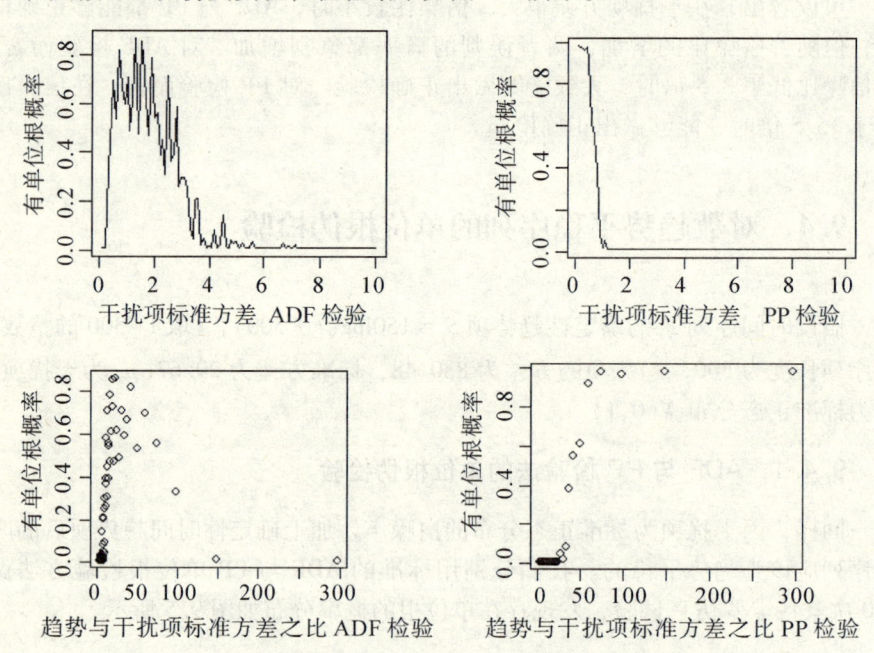

图 9.6 对数平稳序列干扰项方差变化时检出存在单位根的概率分布

可以看出，在干扰项方差很小，信噪比特别大时，或者信噪比较小时，ADF 都能够正确检验；在信噪比为 7.5~100 的范围内，错误检验的概率很高。对 PP 检验而言，在信噪比低于 25 倍时，PP 能够做出正确检验；但随着信噪比的增加，误判概率急剧增加。

9.5 结构突变平稳时间序列的单位根伪检验

大量文献对结构突变情况下的 ADF 检验进行了研究，如张建华、涂涛涛（2007）。为了对检验结果进行对比，我们取其同样的数据生成过程做进一步研究。时间趋势项 S_t 为两段线性的，当 $t \in [1, 500]$ 时，$S_t = 100 + 0.9t$；$t \in [501, 1\,000]$ 时，$S_t = 300 + 0.5t$。总共有 1 000 个数据项，趋势项的方差为 41 673.3，标准方差为 204.14。μ_t 为干扰项，取为标准正态分布 $N(0,1)$。

9.5.1 ADF 与 PP 检验法的单位根伪检验

很明显，因干扰项为标准正态分布的白噪声，加上确定性时间趋势项后的时间序列应该为趋势平稳的。我们分别用标准的 ADF 与 PP 单位根检验方法做 200 次蒙特卡罗仿真试验，发现存在单位根的概率分布如图 9.7 所示。

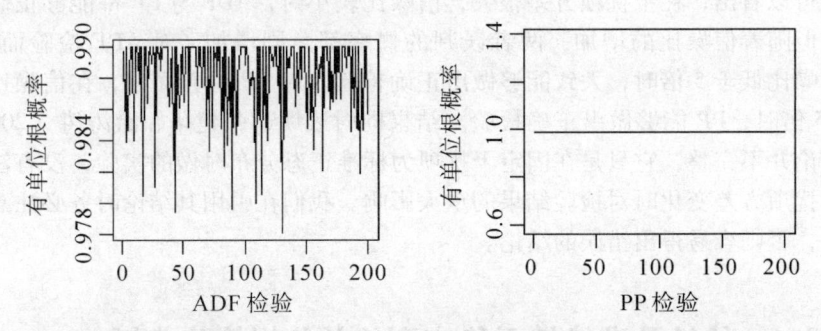

图 9.7　分段线性趋势平稳序列 200 次仿真实验检出存在单位根的概率分布

可以看出，不管显著性水平设为 0.01、0.05 或 0.1，ADF 与 PP 检验均每次判定存在单位根，为非平稳的，得出完全错误的结论。

9.5.2 信噪比改变的单位根检验结果

我们让趋势项保持不变，随机正态干扰项的标准方差从 0.7 增加到 70，每次增加 0.7（因此例确定性趋势项的方差较大，故增加干扰项方差增加的步长），共做 100 次仿真实验，检验结果如图 9.8 所示。

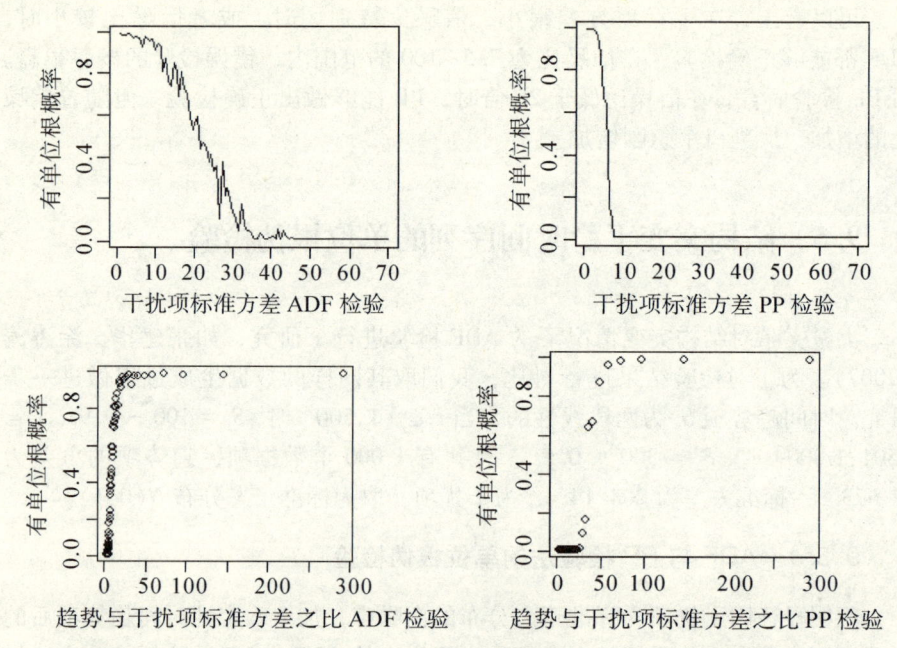

图 9.8 结构突变平稳序列干扰项方差变化时检出存在单位根的概率分布

可以看出，在干扰项方差很大，信噪比较小时，ADF 与 PP 都能够正确检验；但随着信噪比的增加，两者误判的概率都急剧增加。对 ADF 检验而言，在信噪比低于 5 倍时，大致能够做出正确检验。对 PP 检验而言，在信噪比低于 25 倍时，PP 能够做出正确检验。结果同时表明，张建华、涂涛涛（2007）的结论并不完整，它只是在固定干扰项为标准正态分布时做的实验，没有注意到干扰项方差变化时对检验结果的重大影响。我们在引用其结论时务必注意这一点，否则容易得出错误的结论。

9.6 线性及准线性平稳序列的单位根检验分析

9.6.1 信噪比改变时线性趋势平稳的单位根检验结果

设确定性趋势项为线性趋势，$S_t = 0.35(t + 100)$，t 取 1~300 的整数，趋势项的方差为 921.81，标准方差为 30.36，μ_t 为干扰项，取为正态分布 $N(0, \delta^2)$。让趋势项保持不变，正态干扰项的标准方差从 0.1 增加到 10，每次增加 0.1，共做 100 次仿真实验，检验结果如图 9.9 所示。

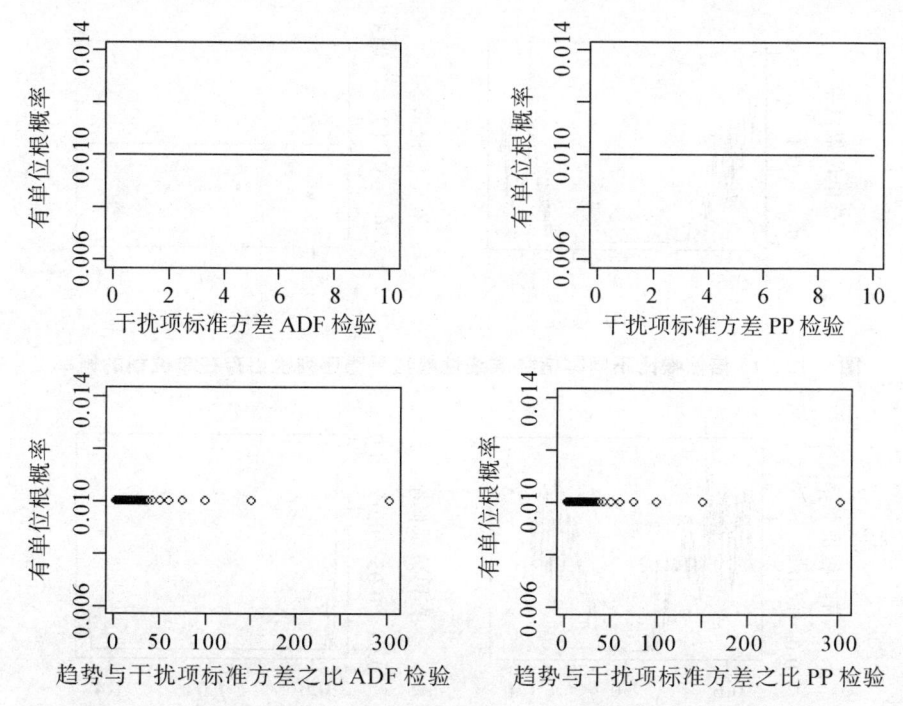

图 9.9 线性趋势平稳序列干扰项方差变化时检出存在单位根的概率分布

可以看出，不管干扰项方差多大多小，ADF 与 PP 都能够做出完美的检验。

9.6.2 准线性趋势平稳的单位根检验结果

考虑趋势项 $S_t = 0.35(t+100)^b$，t 取 1~300 的整数。如果幂指数 b 在 1 附近取值，比如 $b \in (0.5, 1.5)$ 时，我们称为准线性趋势。μ_t 为干扰项，为标准正态分布 $N(0,1)$。因为 ADF 与 PP 检验结果都依赖于信噪比 SNR，为了在同样的信噪比下比较不同幂指数对检验结果的影响，我们先对趋势项用样本标准方差做归一化，再乘上信噪比，于是时间序列为：

$$Y_t = S_t \div \delta_S \times SNR + N(0,1) \tag{9.3}$$

我们分别在 15、30、50 倍信噪比的情况下，对不同幂指数的准线性趋势平稳情况进行单位根检验，结果如图 9.10 至图 9.12 所示。

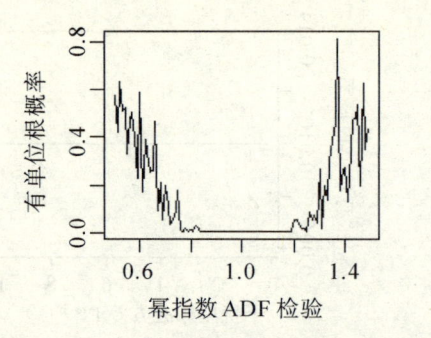

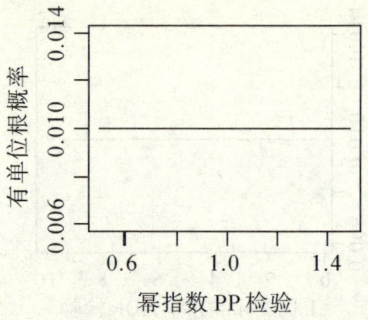

图 9.10　15 倍信噪比不同幂指数准线性趋势平稳序列检出存在单位根的概率

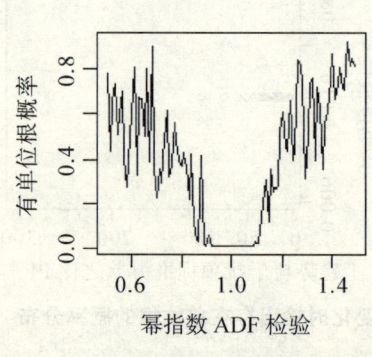

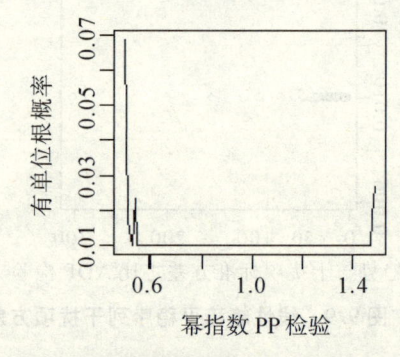

图 9.11　30 倍信噪比不同幂指数准线性趋势平稳序列检出存在单位根的概率

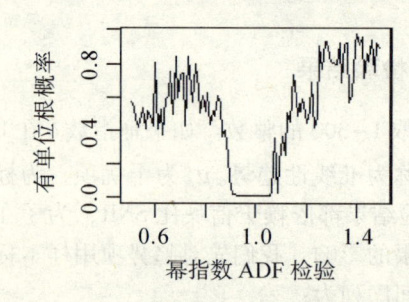

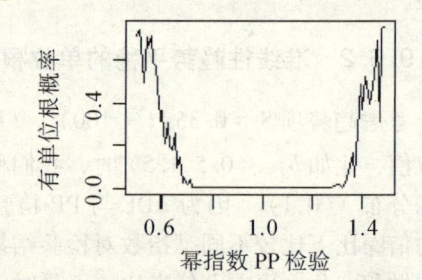

图 9.12　50 倍信噪比不同幂指数准线性趋势平稳序列检出存在单位根的概率

可以看出，在 15 倍信噪比的情况下，对 ADF 检验而言，$b \in (0.8, 1.2)$ 时可看成线性趋势的；对 PP 检验而言，$b \in (0.5, 1.5)$ 时可看成线性趋势的。在 30 倍信噪比的情况下，对 ADF 检验而言，$b \in (0.9, 1.1)$ 时可看成线性趋势的；对 PP 检验而言，$b \in (0.57, 1.43)$ 时可看成线性趋势的。在 50 倍信噪比的情况下，对 ADF 检验而言，$b \in (0.92, 1.08)$ 时可看成线性趋势的；对 PP 检验而言，$b \in (0.75, 1.25)$ 时可看成线性趋势的。在可看成线性趋势的范围，可以用 ADF 与 PP 检验对非线性趋势平稳序列做出完全正确的检验。

9.7 小结

蒙特卡罗实验表明，ADF 检验与 PP 检验对数据生成过程非常敏感，它们对线性趋势或无趋势平稳过程可以做出很好的检验判断。但对非线性趋势而言，如平方根趋势、二次趋势、对数趋势、分段线性的结构突变趋势等，ADF 检验与 PP 检验趋向于将平稳过程判断为存在单位根，得出错误的检验结果。

真实的经济数据很难令人信服地假设为线性趋势过程。人们不注意这一点，轻易引用 ADF 或 PP 检验的结果常常得出错误的结论，误将非线性趋势平稳过程判断为存在单位根的非平稳过程。当然，在一定的条件下，各种非线性趋势可以看成准线性的，从而利用 ADF 与 PP 检验得出正确的结论。

仿真实验表明，信噪比小于 15 倍时，非线性趋势过程可以看成准线性的，用 PP 检验得到正确的检验结果；信噪比小于 4 倍时，非线性趋势过程可以看成准线性的，用 ADF 检验得到正确的检验结果。实验同时表明，对非线性趋势平稳的检验而言，PP 检验得到正确结论的可能性要好于 ADF 检验。随着干扰项对趋势项相对强度的增加，正确检验的可能性也大大增加。

10 单位根检验中无趋势、线性与非线性趋势的检验

本章详细研究了单位根检验中确定性趋势的检验问题,提出了有趋势与无趋势的 t 检验法,以及如果有趋势的话,趋势的线性或非线性的回归系数检验法与等均值检验法,讨论了单位根检验中序列相关性的特性,并提出了去除相关性影响的几种方法。

本章第一部分为引言;第二部分介绍单位根检验中无趋势、线性与非线性趋势的检验方法;第三部分详细介绍了蒙特卡罗仿真结果;第四部分为小结。

10.1 引言

单位根检验的实证分析中,一些经济时间序列可能不含时间趋势,如利率、资产价格等金融数据;也有一些经济数据可能包含一个随时间不断增长的确定性趋势,如一些经济总量数据,从而带来所谓含趋势单位根检验问题。而如果包含趋势的话,趋势对时间而言可能是线性的,也可能是非线性的。

单位根实证分析文献中对是否带趋势以及趋势的线性与非线性问题关注不多,大部分实证分析文献通常都假设含线性趋势,但对是否真的包含趋势,或者趋势是否真的是线性的或非线性的没什么考虑,也没做检验分析。大多数统计软件提供的标准 ADF 或 PP 单位根检验方法也都固定地假设是包含线性趋势的。

但实际经济数据是很难令人信服地假设为是线性趋势的。事实上,无趋势单位根过程相当于无漂移的随机漫步过程,线性趋势单位根过程相当于带固定漂移速度的随机漫步过程,非线性趋势单位根过程相当于漂移速度变化的随机漫步过程。假设为线性趋势相当于要求漂移速度不能变化,这最多只能算特殊情况或者近似情况。

如果将无趋势过程设定为线性趋势过程,或者将线性趋势设定为非线性趋

势（包容线性趋势），相当于用更广泛的模型包容特殊情形，导致需要估计的参数更多，带来检验功效的降低，但这个功效损失可以随样本数增加而改善。但反过来，将趋势过程假设为无趋势的，或者将非线性趋势假设为线性趋势来进行单位根检验，则应该认为是存在设定错误，通常会带来完全错误的检验结果，并且样本数增加也无法改善这种状况。著名的 Perron（1989）对 Nelson 与 Plosser（1982）检验线性设定的改变，导致检验结果几乎完全不同，就很好地说明了区分线性与非线性趋势的重要性。

本章研究单位根检验中趋势的检验问题，提出了包括有趋势与无趋势的 t 检验法，以及如果存在趋势的话，趋势的线性或非线性的回归系数检验法与等均值检验法，并讨论了序列相关的影响及去除相关的几种方法。

10.2 单位根检验中无趋势、线性与非线性趋势的检验

10.2.1 模型设定及检验假设

在单位根检验中，假设时间序列 Y_t 由趋势项 S_t 与干扰项 μ_t 构成：

$$Y_t = S_t + \mu_t \tag{10.1}$$

其中 S_t 为确定性时间趋势项，包括无趋势情形、线性或者各种非线性情形，μ_t 为随机干扰项，可能为单位根过程或平稳过程，设为：$\mu_t = \rho\mu_{t-1} + e_t$，其中 e_t 可能为序列独立的，也可能存在序列相关性。如果 $\rho = 1$，为单位根过程；$|\rho| < 1$，则为平稳过程。

对是否带趋势项的检验而言，原假设与备择假设分别为：

原假设为 $H_0: S_t = a$，即趋势项为常数，包括 0。

备择假设为 $H_1: S_t = f(t)$，即带有趋势，可能是线性或者各种非线性趋势。

对趋势项的线性与非线性检验而言，原假设与备择假设分别为：

原假设为 $H_0: S_t = a + bt$，即趋势是线性的，如果 $b = 0$ 则为无趋势情形。

备择假设为 $H_1: S_t = f(t)$，即趋势是非线性的，如平方、对数、开方、分段线性等。

令 $Z_t = Y_t - Y_{t-1}$，即对原时间序列做一阶差分，无趋势检验原假设下得到 $Z_t = v_t$，线性趋势检验原假设下得到 $Z_t = b + v_t$，两种检验备择假设下得到 $Z_t = g(t) + v_t$。

其中 $g(t) = f(t) - f(t-1)$，为时间的函数；$v_t = \mu_t - \mu_{t-1} = (\rho - 1)\mu_{t-1} + e_t$，为干扰项的一阶差分。

我们根据原假设与备择假设下差分序列 Z_t 的不同，提出几种检验方法。

我们先假设干扰项差分序列 v_t 不存在序列相关，如 μ_t 为单位根过程且残差项独立同分布时的情形，然后对存在序列相关时的检验进行分析。

10.2.2 干扰项差分序列无序列相关时的检验方法

（1）无趋势项的检验方法

对原始时间序列不带趋势项的检验而言，原假设下有 $Z_t = v_t$，备择假设下有 $Z_t = g(t) + v_t$，$g(t)$ 可能为常数但肯定不为 0。检验差分序列 Z_t 的样本均值是否为 0，可以很容易判断原序列是否带趋势。设 Z_t 样本长度为 N，样本均值为 $\mu = \frac{1}{N}\sum_{t=1}^{N} Z_t$，样本方差为 $S^2 = \frac{1}{N-1}\sum_{t=1}^{N}(Z_t - \mu)^2$，定义检验统计量 $T = \frac{\mu}{\sqrt{\frac{S^2}{N}}}$，显然，$T \sim t(N-1)$，为 t 分布。

（2）线性与非线性趋势的线性回归检验法

设原始时间序列长度为 $N+1$，差分序列 Z_t 长度为 N，生成线性增长趋势序列 $X_t = \{1, 2, \cdots, N\}$，用 Z_t 对 X_t 做带常数项的线性回归 $Z_t = b + cX_t + v_t$。显然，线性趋势假设下，因为 $Z_t = b + v_t$，c 的估计值应显著为 0，非线性趋势下应显著不为 0。对 c 的估计值是否显著为 0 进行检验，可以判断出原假设是否成立。估计值显著性检验的 t 统计量为 t 分布。

（3）线性与非线性趋势的子序列等均值检验法

将差分序列 Z_t 的全部或部分任意分割成不相交的两部分 Y_1 与 Y_2，在原假设成立的情况下，两部分的均值与方差将保持不变，而备择假设下均值会不同。由此可检验 Y_1 与 Y_2 的均值是否相等来判断原假设是否成立。

设 $Y_1 \sim N(\mu_1, \sigma_1^2)$，共 N_1 个相互独立的样本；$Y_2 \sim N(\mu_2, \sigma_2^2)$，共 N_2 个相互独立的样本；且 Y_1 与 Y_2 相互独立。

原假设下，因为有 $\sigma_1 = \sigma_2$，现在检验 $\mu_1 = \mu_2$。定义检验统计量：

$$T = \frac{\bar{Y}_1 - \bar{Y}_2}{S_w \sqrt{\frac{1}{N_1} + \frac{1}{N_2}}} \tag{10.2}$$

其中 $S_w^2 = \frac{(N_1-1)S_1^2 + (N_2-1)S_2^2}{N_1 + N_2 - 2}$。容易证明 $T \sim t(N_1 + N_2 - 2)$。

事实上，因为 $\bar{Y}_1 - \bar{Y}_2 \sim N(\mu_1 - \mu_2, \frac{\sigma_1^2}{N_1} + \frac{\sigma_2^2}{N_2})$，$\frac{(N_1-1)S_1^2}{\sigma_1^2} \sim \chi^2(N_1-1)$，$\frac{(N_2-1)S_2^2}{\sigma_2^2} \sim \chi^2(N_2-1)$，$\frac{(N_1-1)S_1^2}{\sigma_1^2} + \frac{(N_2-1)S_2^2}{\sigma_2^2} \sim \chi^2(N_1+N_2-2)$，

在 $\sigma_1 = \sigma_2$ 的前提下，根据 t 分布的定义，有 $T \sim t(N_1 + N_2 - 2)$。

如果 $N_1 = N_2 = M$，则统计量：

$$T = \frac{\sqrt{M}(\bar{Y}_1 - \bar{Y}_2)}{\sqrt{S_1^2 + S_2^2}} \sim t(2M - 2) \tag{10.3}$$

其中 S_1^2、S_2^2 为对应的样本方差。

10.2.3 干扰项差分序列的相关性特征

上述检验方法都要求干扰项差分序列 v_t 不存在序列相关性，否则检验方法面临失效的危险，统计方法可能出现明显的尺度扭曲，导致误判。所以我们必须考虑 v_t 的相关性问题。

（1）干扰项平稳情形

设干扰项 $\mu_t = \rho\mu_{t-1} + e_t$，即为 AR（1）模型，差分得到：

$$v_t = \mu_t - \mu_{t-1} = (\rho - 1)\mu_{t-1} + e_t$$
$$= (\rho - 1)(\rho^{t-2}e_1 + \rho^{t-3}e_2 + \cdots + e_{t-1}) + e_t$$

如果干扰项平稳，有 $|\rho| < 1$，设 e_t 为独立同分布的正态分布，$e_t \sim N(0, \sigma^2)$，对 v_t 而言，有 $\gamma_0 = \frac{2}{1+\rho}\sigma^2$，$\gamma_1 = \frac{\rho-1}{1+\rho}\sigma^2$，$\gamma_s = \frac{\rho-1}{1+\rho}\rho^{s-1}\sigma^2$。自相关系数为 $\rho_s = \frac{\rho-1}{2}\rho^{s-1}$，呈指数衰减，且 $|\rho_1| = 0.5 - 0.5\rho$。当 $\rho < 0$ 时，$|\rho_1|$ 较大，特别是当 ρ 接近于 -1 时。当 $\rho > 0$ 时，$|\rho_1|$ 较小，特别是当 ρ 接近于 1 时几乎全为 0，此时差分基本上将原相关性去除了。

如果 $\mu_t = e_t - \lambda e_{t-1}$，其中 e_t 为独立的同分布的正态分布，$e_t \sim N(0, \sigma^2)$，即为 MA（1）模型，差分得到：

$$v_t = \mu_t - \mu_{t-1} = e_t - (\lambda + 1)e_{t-1} + \lambda e_{t-2}$$

则 $\gamma_0 = 2(1 + \lambda + \lambda^2)\sigma^2$，自相关系数为 $\rho_1 = \frac{-(1+\lambda)^2}{2(1+\lambda+\lambda^2)}$，

$\rho_2 = \frac{\lambda}{2(1+\lambda+\lambda^2)}$，其他高阶自相关为 0。

总之，对平稳情形而言，不管干扰项是 AR 或 MA 过程，差分后序列 v_t 是存在相关性的，但相关性要么是指数快速衰减，要么只有有限几个不为 0，也就是说都存在短时相关性。

（2）干扰项存在单位根情形

此时 $\mu_t = \mu_{t-1} + e_t$，$v_t = \mu_t - \mu_{t-1} = e_t$。如果 e_t 为独立同分布的，则 v_t 不存在相关性。如果 e_t 为 AR（1）模型，$e_t = \rho e_{t-1} + \delta_t$，$\delta_t \sim N(0, \sigma^2)$。对干扰项差分序列 v_t 而言，有 $\gamma_0 = \frac{\sigma^2}{1-\rho^2}$，自相关系数为 $\rho_s = \rho^s$，呈指数衰减，且 $\rho_1 = \rho$。

如果 e_t 为 MA（1）模型，则对干扰项差分序列 v_t 而言，有 $\gamma_0 = (1 + \lambda^2)\sigma^2$，自相关系数为 $\rho_1 = \dfrac{-\lambda}{1+\lambda^2}$，其他高阶自相关为 0。

如果干扰项存在单位根，差分后序列 v_t 可能不存在序列相关，也可能是存在相关性的，但相关性也是快速衰减的，或者只有有限几个值不为 0，也是短时相关的。

10.2.4 相关性的去除方法

（1）广义差分法去相关性

如果干扰项差分序列 v_t 满足 $v_t = \rho v_{t-1} + e_t$，其中 e_t 序列独立，则对原始序列的差分序列 Z_t 再做广义差分 $Z_t - \rho Z_t$，得到回归式：

$$Z_t - \rho Z_{t-1} = (1-\rho)b + c(X_t - \rho X_{t-1}) + e_t$$

显然，此时可对 c 的显著性进行正确的检验。但 ρ 是未知的，需要估计。可先做回归 $Z_t = b + cX_t + v_t$，得到残差 $\hat{v}_t$，再对残差做回归 $\hat{v}_t = \rho \hat{v}_{t-1} + e_t$，可得到 ρ 的估计值。

如果干扰项差分序列 v_t 不是 AR（1）的，只要将一阶广义差分修改为多阶广义差分即可。

（2）抽样子序列法去除短时相关性

虽然 v_t 通常总存在序列相关，但这种相关性是短时的，而不是长程相关，即认为存在 S，当 $k \geq S$ 时，有 $\gamma_k \approx 0$。这种假设是合理的，我们知道，对 MA 过程而言，只有有限个自相关不为 0；对 AR 过程而言，自相关是指数衰减的。

对短时相关序列 v_t，抽取其子序列 $\{v_1, v_{1+S}, v_{1+2S}, \cdots\}$，可以认为其大致是不相关的，可以用线性回归或等均值法进行趋势项的线性与非线性检验。当然也可抽取其他子序列，如 $\{v_2, v_{2+S}, v_{2+2S}, \cdots\}$，等等。

10.3　无趋势检验的蒙特卡罗仿真

10.3.1　无趋势检验法的检验水平

原假设条件下，$H_0: S_t = a$，检验中取 0 进行仿真。干扰项分平稳与非平稳两种情况进行检验。平稳时，设 $\mu_t = \rho \mu_{t-1} + e_t$（AR1）或者 $\mu_t = e_t + \rho e_{t-1}$（MA1）；非平稳时，设 $\mu_t = \mu_{t-1} + u_t$，$u_t = \rho u_{t-1} + e_t$ 或者 $u_t = e_t + \rho e_{t-1}$。几种情况下都设 e_t 是独立同分布的标准正态分布并且初始值取 0。ρ 从 1、0.9 到 0，再到 -0.9、-1，样本数为 400，每个 ρ 值重复 2 000 次，无趋势检验法的检验水

平如表10.1、表10.2所示。其中子序列法去相关的抽样步长 S 为 4，选定的检验水平为5%。

表10.1 5%显著水平下单位根与平稳过程中无趋势检验的检验水平（AR1）

ρ	单位根过程			平稳过程		
	不去相关	子序列法	广义差分	不去相关	子序列法	广义差分
1	0.96	0.91	0.45	0.05	0.06	0.06
0.9	0.64	0.38	0.07	0.00	0.03	0.00
0.8	0.51	0.20	0.06	0.00	0.03	0.00
0.7	0.42	0.11	0.07	0.00	0.03	0.00
0.6	0.33	0.08	0.06	0.00	0.04	0.00
0.5	0.25	0.07	0.06	0.00	0.05	0.00
0.4	0.19	0.06	0.05	0.00	0.05	0.00
0.3	0.15	0.06	0.05	0.00	0.05	0.00
0.2	0.10	0.05	0.05	0.00	0.04	0.00
0.1	0.07	0.04	0.05	0.00	0.06	0.00
0	0.05	0.05	0.05	0.00	0.05	0.00
-0.1	0.03	0.06	0.06	0.00	0.04	0.00
-0.2	0.02	0.04	0.05	0.00	0.05	0.00
-0.3	0.01	0.05	0.05	0.00	0.06	0.00
-0.4	0.00	0.06	0.05	0.00	0.05	0.00
-0.5	0.00	0.06	0.05	0.00	0.06	0.00
-0.6	0.00	0.08	0.04	0.00	0.10	0.00
-0.7	0.00	0.13	0.06	0.00	0.14	0.00
-0.8	0.00	0.22	0.04	0.00	0.22	0.00
-0.9	0.00	0.36	0.05	0.00	0.38	0.00
-1	0.00	0.90	0.04	0.00	0.91	0.00

注意平稳列下的 $\rho = 1$ 与单位根列下的 $\rho = 0$ 对应的是同一情况。

对平稳过程且 AR1 情形而言，子序列法去除相关性的算法对所有 ρ 值大于-0.6 的情形都能得到选定的检验水平，既不会过估计，也不存在水平扭曲现象，但如果 $\rho < -0.6$，则需要加大抽样子序列步长，不然存在尺度扭曲；而如果不考虑去除相关性或者用广义差分法去除相关性，检验水平变为 0，存在过估计现象。

而如果原序列为单位根过程，若残差为 AR（1）模型，不考虑相关性的

算法对正的相关性有严重的检验水平扭曲，易把无趋势过程判断为有趋势过程，对负相关存在过估计而导致检验水平为0。如果弱相关（$|\rho| < 0.7$），S=4的子序列法可以很好地去除相关性，得到的检验水平没有扭曲；但如果相关性很强，需要增加子序列抽样步长，但这受到样本长度的限制，如果样本数很大，这没有问题，否则，检验将受到小样本约束。而广义差分法的检验效果良好。

表10.2　5%显著水平下单位根与平稳过程中无趋势检验的检验水平（MA1）

ρ	单位根过程 不去相关	单位根过程 子序列法	单位根过程 广义差分	平稳过程 不去相关	平稳过程 子序列法	平稳过程 广义差分
1	0.15	0.04	0.02	0.00	0.05	0.00
0.9	0.17	0.05	0.03	0.00	0.05	0.00
0.8	0.16	0.05	0.02	0.00	0.04	0.00
0.7	0.15	0.05	0.02	0.00	0.05	0.00
0.6	0.16	0.05	0.03	0.00	0.05	0.00
0.5	0.14	0.06	0.03	0.00	0.05	0.00
0.4	0.13	0.05	0.04	0.00	0.06	0.00
0.3	0.11	0.05	0.04	0.00	0.05	0.00
0.2	0.10	0.04	0.05	0.00	0.04	0.00
0.1	0.06	0.05	0.04	0.00	0.05	0.00
0	0.06	0.06	0.06	0.00	0.05	0.00
-0.1	0.03	0.05	0.05	0.00	0.05	0.00
-0.2	0.02	0.05	0.05	0.00	0.06	0.00
-0.3	0.00	0.05	0.03	0.00	0.05	0.00
-0.4	0.00	0.05	0.01	0.00	0.04	0.00
-0.5	0.00	0.05	0.00	0.00	0.05	0.00
-0.6	0.00	0.05	0.00	0.00	0.05	0.00
-0.7	0.00	0.04	0.00	0.00	0.05	0.00
-0.8	0.00	0.05	0.00	0.00	0.05	0.00
-0.9	0.00	0.04	0.00	0.00	0.05	0.00
-1	0.00	0.05	0.00	0.00	0.05	0.00

对残差项为MA1情形而言，子序列法对平稳与非平稳的去相关性都很好，得到选定的检验水平。对平稳情形而言，广义差分去相关与不去除相关性得到的检验水平都是0。而对单位根过程而言，不去相关对ρ较大时存在尺度扭曲，

$\rho < -0.2$ 时存在过估计；而广义差分去相关法也对 $\rho < -0.2$ 时存在过估计，此时检验水平为 0。

10.3.2 无趋势检验法的检验功效

备择假设下，设 $S_t = 0.35(t + 100)$，此时存在线性趋势，干扰项取对应原假设时同样的情况，重复 2 000 次得到 5% 显著水平下的检验功效如表 10.3、表 10.4 所示。需要指出的是，检验功效肯定受时间项系数的显著影响，如果此系数绝对值变小，检验功效肯定也跟着变小，直到小到无法区分有无趋势时，检验水平将小到选定的检验水平。

表 10.3　5% 显著水平下单位根与平稳过程中无趋势检验的检验功效
（线性趋势 AR1）

ρ	单位根过程			平稳过程		
	不去相关	子序列法	广义差分	不去相关	子序列法	广义差分
1	0.95	0.92	0.45	1.00	0.93	1.00
0.9	0.74	0.48	0.16	1.00	0.96	1.00
0.8	0.79	0.54	0.32	1.00	0.92	1.00
0.7	0.90	0.65	0.55	1.00	0.91	1.00
0.6	0.97	0.76	0.82	1.00	0.88	1.00
0.5	0.99	0.85	0.93	1.00	0.85	1.00
0.4	1.00	0.89	0.99	1.00	0.83	1.00
0.3	1.00	0.90	1.00	1.00	0.80	1.00
0.2	1.00	0.92	1.00	1.00	0.76	1.00
0.1	1.00	0.92	1.00	1.00	0.72	1.00
0	1.00	0.94	1.00	1.00	0.68	1.00
-0.1	1.00	0.92	1.00	1.00	0.64	1.00
-0.2	1.00	0.93	1.00	1.00	0.61	1.00
-0.3	1.00	0.90	1.00	1.00	0.53	1.00
-0.4	1.00	0.88	1.00	1.00	0.47	1.00
-0.5	1.00	0.83	1.00	1.00	0.42	1.00
-0.6	1.00	0.77	1.00	1.00	0.36	1.00
-0.7	1.00	0.66	1.00	1.00	0.33	1.00
-0.8	1.00	0.53	1.00	0.93	0.33	1.00
-0.9	1.00	0.47	1.00	0.03	0.43	1.00
-1	0.01	0.91	1.00	0.00	0.92	1.00

对平稳情形而言，不考虑相关与广义差分去相关都得到很高的检验功效，而子序列法则对高的相关性有较高的检验功效，对负的相关性检验功效较低，需要增加子序列抽样长度。

而如果原序列为单位根过程，若残差为 AR（1）模型，不考虑相关性的算法检验功效很高（$\rho=-1$ 除外）。如果弱相关（$|\rho|<0.7$），S=4 的子序列法可以很好地去除相关性，得到较高的检验功效；但如果相关性很强，需要增加子序列抽样步长，否则检验功效会下降。而广义差分法对 $\rho<0.7$ 时的检验功效良好。

表 10.4　5%显著水平下单位根与平稳过程中无趋势检验的检验功效
（线性趋势 MA1）

ρ	单位根过程			平稳过程		
	不去相关	子序列法	广义差分	不去相关	子序列法	广义差分
1	0.98	0.67	0.85	1.00	0.71	1.00
0.9	0.99	0.71	0.89	1.00	0.71	1.00
0.8	0.99	0.76	0.93	1.00	0.76	1.00
0.7	1.00	0.81	0.97	1.00	0.78	1.00
0.6	1.00	0.84	0.98	1.00	0.82	1.00
0.5	1.00	0.87	0.99	1.00	0.82	1.00
0.4	1.00	0.89	1.00	1.00	0.81	1.00
0.3	1.00	0.91	1.00	1.00	0.80	1.00
0.2	1.00	0.92	1.00	1.00	0.77	1.00
0.1	1.00	0.93	1.00	1.00	0.73	1.00
0	1.00	0.94	1.00	1.00	0.69	1.00
-0.1	1.00	0.93	1.00	1.00	0.65	1.00
-0.2	1.00	0.91	1.00	1.00	0.59	1.00
-0.3	1.00	0.91	1.00	1.00	0.53	1.00
-0.4	1.00	0.88	1.00	1.00	0.51	1.00
-0.5	1.00	0.85	1.00	1.00	0.47	1.00
-0.6	1.00	0.84	1.00	1.00	0.41	1.00
-0.7	1.00	0.82	1.00	1.00	0.36	1.00
-0.8	1.00	0.78	1.00	1.00	0.35	1.00
-0.9	1.00	0.74	1.00	1.00	0.31	1.00
-1	1.00	0.69	1.00	1.00	0.28	1.00

对平稳情形而言，不考虑相关与广义差分去相关都得到很高的检验功效，而子序列法则对高的相关性有较高的检验功效，对负的相关性检验功效较低，需要增加子序列抽样长度。

而如果原序列为单位根过程，若残差为 MA（1）模型，不考虑相关性的算法检验功效很高。如果弱相关（$|\rho| < 0.7$），S = 4 的子序列法可以很好地去除相关性，得到较高的检验功效；但如果相关性很强，需要增加子序列抽样步长，否则检验功效会下降。而广义差分法检验功效良好。

10.3.3 无趋势检验法的仿真结果

一个好的检验，应该同时是高的检验功效和小的检验水平。如果检验能够同时达到检验水平为 0，检验功效为 1，这无疑是最好的情况。如果不能同时达到，需要根据检验的目的选择折衷的结果。对单位根检验前对有、无趋势的辅助检验，我们对第一类错误的容忍度显然高于对第二类错误的容忍度，也就是说我们可以适当容忍将无趋势过程错误判断为有趋势过程，尽管那可能带来单位根检验时检验功效的降低；但我们不能容忍将有趋势过程误判为无趋势过程，因为那将带来单位根检验的完全失败。

也就是说，在无趋势检验中，我们将尽量选择检验功效接近于 1 的检验方法，在这个前提下，再尽量选择检验水平接近于 0 的检验方法。从这个角度讲，作为单位根检验前对有无趋势的检验，如果相关性不高或者为负相关，我们可以不考虑相关性问题直接进行有无趋势的检验，这样虽然可能将部分无趋势过程误判为有趋势过程，但却不容易将有趋势过程误判为无趋势过程。在 $\rho < 0.6$ 的情况下，广义差分去相关法可以获得很好的检验结果，检验功效很高，并且没水平扭曲现象。

10.4　线性与非线性趋势检验的蒙特卡罗仿真

10.4.1　检验水平仿真

原假设为线性趋势，H_0：$S_t = 0.35(t + 100)$。干扰项分平稳与非平稳两种情况进行检验。平稳时，设 $\mu_t = \rho\mu_{t-1} + e_t$ 或者 $\mu_t = e_t + \rho e_{t-1}$；非平稳时，设 $\mu_t = \mu_{t-1} + u_t$，$u_t = \rho u_{t-1} + e_t$ 或者 $u_t = e_t + \rho e_{t-1}$。几种情况下都设 e_t 是独立同分布的标准正态分布并且初始值取 0。ρ 从 1，0.9 到 0，再到 −0.9，−1，样本数为 400，每个 ρ 值重复 2 000 次，线性与非线性趋势检验的检验水平如表 10.5、表 10.6 所示。其中子序列去相关法的步长 S 为 4，选定的检验水平为 5%。

表 10.5　5%显著水平下单位根与平稳过程中线性与非线性趋势的
检验水平（AR1）

ρ	单位根过程						平稳过程					
	不去相关		子序列法		广义差分		不去相关		子序列法		广义差分	
	回归	均值	回归	均值	回归	均值	回归	均值	回归	均值	回归	均值
1	0.94	0.94	0.87	0.86	0.58	0.56	0.06	0.05	0.04	0.04	0.06	0.05
0.9	0.65	0.65	0.38	0.38	0.09	0.08	0.00	0.03	0.03	0.00	0.00	
0.8	0.50	0.52	0.20	0.20	0.07	0.06	0.00	0.03	0.03	0.00	0.00	
0.7	0.40	0.41	0.12	0.13	0.07	0.06	0.00	0.03	0.03	0.00	0.00	
0.6	0.33	0.34	0.08	0.08	0.06	0.06	0.00	0.04	0.04	0.00	0.00	
0.5	0.26	0.27	0.06	0.06	0.06	0.06	0.00	0.05	0.05	0.00	0.00	
0.4	0.17	0.17	0.06	0.06	0.06	0.06	0.00	0.05	0.05	0.00	0.00	
0.3	0.16	0.15	0.06	0.05	0.05	0.05	0.00	0.05	0.05	0.00	0.00	
0.2	0.10	0.11	0.05	0.04	0.05	0.07	0.00	0.05	0.05	0.00	0.00	
0.1	0.07	0.07	0.05	0.04	0.05	0.06	0.00	0.05	0.05	0.00	0.00	
0.0	0.05	0.05	0.05	0.04	0.05	0.04	0.00	0.06	0.06	0.00	0.00	
-0.1	0.03	0.03	0.06	0.05	0.05	0.04	0.00	0.06	0.06	0.00	0.00	
-0.2	0.02	0.01	0.05	0.05	0.05	0.05	0.00	0.06	0.06	0.00	0.00	
-0.3	0.01	0.01	0.05	0.05	0.05	0.05	0.00	0.04	0.04	0.00	0.00	
-0.4	0.00	0.00	0.05	0.06	0.05	0.05	0.00	0.07	0.07	0.00	0.00	
-0.5	0.00	0.00	0.06	0.07	0.05	0.05	0.00	0.07	0.07	0.00	0.00	
-0.6	0.00	0.00	0.08	0.09	0.06	0.06	0.00	0.10	0.10	0.00	0.00	
-0.7	0.00	0.00	0.14	0.13	0.05	0.05	0.00	0.13	0.14	0.00	0.00	
-0.8	0.00	0.00	0.20	0.21	0.05	0.05	0.00	0.22	0.23	0.00	0.00	
-0.9	0.00	0.00	0.37	0.38	0.05	0.05	0.00	0.38	0.40	0.00	0.00	
-1	0.00	0.00	0.88	0.87	0.05	0.05	0.00	0.87	0.86	0.00	0.00	

对平稳过程且 AR1 情形而言，如果选择子序列法去除相关性，则等均值法与回归法对所有 $\rho > -0.6$ 的情形都能得到选定的检验水平，既不会过估计，也不存在水平扭曲现象，但如果 $\rho < -0.6$，则需要加大抽样子序列步长，不然存在尺度扭曲；而如果不考虑去除相关性或者用广义差分法去除相关性，回归法或等均值法的检验水平都变为 0，存在过估计现象。

而如果原序列为单位根过程，若残差为 AR（1）模型，不考虑相关性的算法对正的相关性有严重的检验水平扭曲，易把线性趋势过程判断为非线性趋势过程，对负相关存在过估计而导致检验水平为 0。如果弱相关（$|\rho| <$

0.6），S=4 的子序列法可以很好地去除相关性，得到的检验水平没有扭曲；但如果相关性很强，需要增加子序列抽样步长，否则存在扭曲现象。而广义差分法的检验效果良好。

表 10.6　5%显著水平下单位根与平稳过程中线性与非线性趋势的
检验水平（MA1）

ρ	单位根过程						平稳过程					
	不去相关		子序列法		广义差分		不去相关		子序列法		广义差分	
	回归	均值	回归	均值	回归	均值	回归	均值	回归	均值	回归	均值
1	0.16	0.16	0.05	0.06	0.02	0.01	0.00	0.00	0.05	0.05	0.00	0.00
0.9	0.17	0.16	0.04	0.05	0.02	0.02	0.00	0.00	0.05	0.04	0.00	0.00
0.8	0.17	0.17	0.05	0.05	0.02	0.02	0.00	0.00	0.05	0.04	0.00	0.00
0.7	0.15	0.16	0.05	0.05	0.02	0.02	0.00	0.00	0.05	0.05	0.00	0.00
0.6	0.16	0.16	0.05	0.05	0.03	0.03	0.00	0.00	0.06	0.05	0.00	0.00
0.5	0.14	0.15	0.05	0.05	0.03	0.04	0.00	0.00	0.05	0.05	0.00	0.00
0.4	0.13	0.13	0.05	0.05	0.03	0.04	0.00	0.00	0.05	0.05	0.00	0.00
0.3	0.11	0.12	0.05	0.05	0.04	0.05	0.00	0.00	0.05	0.06	0.00	0.00
0.2	0.09	0.10	0.05	0.06	0.05	0.05	0.00	0.00	0.05	0.05	0.00	0.00
0.1	0.06	0.07	0.05	0.05	0.05	0.05	0.00	0.00	0.05	0.05	0.00	0.00
0.0	0.05	0.05	0.04	0.05	0.06	0.06	0.00	0.00	0.05	0.05	0.00	0.00
-0.1	0.03	0.03	0.05	0.05	0.05	0.05	0.00	0.00	0.05	0.05	0.00	0.00
-0.2	0.02	0.01	0.05	0.04	0.05	0.04	0.00	0.00	0.05	0.05	0.00	0.00
-0.3	0.01	0.00	0.05	0.05	0.03	0.03	0.00	0.00	0.04	0.05	0.00	0.00
-0.4	0.00	0.00	0.05	0.06	0.01	0.02	0.00	0.00	0.05	0.05	0.00	0.00
-0.5	0.00	0.00	0.05	0.05	0.00	0.00	0.00	0.00	0.05	0.04	0.00	0.00
-0.6	0.00	0.00	0.05	0.05	0.00	0.00	0.00	0.00	0.04	0.05	0.00	0.00
-0.7	0.00	0.00	0.05	0.05	0.00	0.00	0.00	0.00	0.05	0.05	0.00	0.00
-0.8	0.00	0.00	0.04	0.05	0.00	0.00	0.00	0.00	0.05	0.05	0.00	0.00
-0.9	0.00	0.00	0.05	0.05	0.00	0.00	0.00	0.00	0.06	0.05	0.00	0.00
-1	0.00	0.00	0.06	0.05	0.00	0.00	0.00	0.00	0.05	0.05	0.00	0.00

对残差项为 MA1 情形而言，子序列法对平稳与非平稳的去相关性都很好，得到选定的检验水平。对平稳情形而言，广义差分去相关与不去除相关性得到的检验水平都是 0。而对单位根过程而言，不去相关对 ρ 较大时存在尺度扭曲，对 ρ < -0.2 时存在过估计；而广义差分去相关法也对 ρ < -0.2 时存在过估

计,此时检验水平为0。

10.4.2 线性趋势与非线性趋势检验法的检验功效

备择假设下,设 $S_t = 0.0015(t+100)^2$,此时存在平方趋势,干扰项取对应原假设时同样的情况,重复 2 000 次得到 5% 显著水平下的检验功效如表 10.7、表 10.8 所示。同样,检验功效肯定受时间非线性项系数的显著影响,如果此系数绝对值变小到趋于 0 时,非线性现象消失,检验功效肯定应该变小直到选定的检验水平。

表 10.7 单位根与平稳过程中线性与非线性趋势的检验功效(平方趋势 AR1)

ρ	单位根过程						平稳过程					
	不去相关		子序列法		广义差分		不去相关		子序列法		广义差分	
	回归	均值	回归	均值	回归	均值	回归	均值	回归	均值	回归	均值
1	0.95	0.94	0.86	0.85	0.60	0.57	1.00	1.00	0.91	0.83	1.00	1.00
0.9	0.75	0.72	0.47	0.46	0.16	0.14	1.00	1.00	0.94	0.83	1.00	1.00
0.8	0.78	0.75	0.52	0.46	0.32	0.27	1.00	1.00	0.91	0.80	1.00	1.00
0.7	0.91	0.85	0.64	0.54	0.57	0.45	1.00	1.00	0.88	0.78	1.00	1.00
0.6	0.96	0.92	0.74	0.64	0.80	0.68	1.00	1.00	0.88	0.77	1.00	1.00
0.5	0.99	0.96	0.83	0.70	0.92	0.83	1.00	1.00	0.83	0.71	1.00	1.00
0.4	1.00	0.99	0.86	0.75	0.99	0.94	1.00	1.00	0.80	0.68	1.00	1.00
0.3	1.00	1.00	0.89	0.77	1.00	0.98	1.00	1.00	0.81	0.67	1.00	1.00
0.2	1.00	1.00	0.91	0.81	1.00	1.00	1.00	1.00	0.75	0.61	1.00	1.00
0.1	1.00	1.00	0.91	0.81	1.00	1.00	1.00	1.00	0.70	0.57	1.00	1.00
0.0	1.00	1.00	0.92	0.83	1.00	1.00	1.00	1.00	0.67	0.53	1.00	1.00
−0.1	1.00	1.00	0.92	0.83	1.00	1.00	1.00	1.00	0.60	0.49	1.00	1.00
−0.2	1.00	1.00	0.91	0.81	1.00	1.00	1.00	1.00	0.57	0.44	1.00	1.00
−0.3	1.00	1.00	0.88	0.78	1.00	1.00	1.00	1.00	0.52	0.42	1.00	1.00
−0.4	1.00	1.00	0.86	0.75	1.00	1.00	1.00	1.00	0.47	0.37	1.00	1.00
−0.5	1.00	1.00	0.82	0.70	1.00	1.00	1.00	1.00	0.40	0.32	1.00	1.00
−0.6	1.00	1.00	0.73	0.62	1.00	1.00	1.00	1.00	0.37	0.30	1.00	1.00
−0.7	1.00	1.00	0.64	0.55	1.00	1.00	0.99	0.32	0.28	1.00	1.00
−0.8	1.00	1.00	0.53	0.48	1.00	1.00	0.90	0.36	0.31	0.29	1.00	1.00
−0.9	1.00	0.98	0.48	0.45	1.00	1.00	0.03	0.00	0.41	0.41	1.00	1.00
−1	0.01	0.00	0.89	0.87	1.00	1.00	0.00	0.00	0.86	0.86	1.00	1.00

对平稳情形而言，不考虑相关与广义差分去相关都得到很高的检验功效，而子序列法则对高的相关性有较高的检验功效，对负的相关性检验功效较低，需要增加子序列抽样长度。同样的条件下，回归法比等均值法检验功效要高。

而如果原序列为单位根过程，若残差为 AR（1）模型，不考虑相关性的算法检验功效很高（$\rho=-1$ 除外）。如果弱相关（$|\rho|<0.6$），S=4 的子序列法可以很好地去除相关性，得到较高的检验功效；但如果相关性很强，需要增加子序列抽样步长，否则检验功效会下降。而广义差分法对 $\rho<0.6$ 时的检验功效良好。

表 10.8 单位根与平稳过程中线性与非线性趋势的检验功效（平方趋势 MA1）

ρ	单位根过程						平稳过程					
	不去相关		子序列法		广义差分		不去相关		子序列法		广义差分	
	回归	均值	回归	均值	回归	均值	回归	均值	回归	均值	回归	均值
1	0.98	0.94	0.66	0.53	0.85	0.72	1.00	1.00	0.67	0.54	1.00	1.00
0.9	0.99	0.95	0.72	0.59	0.90	0.76	1.00	1.00	0.71	0.58	1.00	1.00
0.8	0.99	0.97	0.74	0.62	0.92	0.82	1.00	1.00	0.72	0.59	1.00	1.00
0.7	0.99	0.98	0.79	0.67	0.95	0.88	1.00	1.00	0.77	0.65	1.00	1.00
0.6	1.00	0.99	0.84	0.72	0.98	0.92	1.00	1.00	0.79	0.64	1.00	1.00
0.5	1.00	1.00	0.84	0.73	0.99	0.95	1.00	1.00	0.77	0.65	1.00	1.00
0.4	1.00	1.00	0.87	0.77	1.00	0.98	1.00	1.00	0.79	0.66	1.00	1.00
0.3	1.00	1.00	0.89	0.79	1.00	0.99	1.00	1.00	0.77	0.64	1.00	1.00
0.2	1.00	1.00	0.91	0.81	1.00	1.00	1.00	1.00	0.73	0.59	1.00	1.00
0.1	1.00	1.00	0.93	0.84	1.00	1.00	1.00	1.00	0.72	0.58	1.00	1.00
0.0	1.00	1.00	0.92	0.82	1.00	1.00	1.00	1.00	0.66	0.54	1.00	1.00
−0.1	1.00	1.00	0.92	0.84	1.00	1.00	1.00	1.00	0.63	0.51	1.00	1.00
−0.2	1.00	1.00	0.92	0.82	1.00	1.00	1.00	1.00	0.57	0.45	1.00	1.00
−0.3	1.00	1.00	0.90	0.80	1.00	1.00	1.00	1.00	0.53	0.41	1.00	1.00
−0.4	1.00	1.00	0.88	0.77	1.00	1.00	1.00	1.00	0.49	0.39	1.00	1.00
−0.5	1.00	1.00	0.85	0.73	1.00	1.00	1.00	1.00	0.45	0.35	1.00	1.00
−0.6	1.00	1.00	0.82	0.68	1.00	1.00	1.00	1.00	0.43	0.34	1.00	1.00
−0.7	1.00	1.00	0.79	0.68	1.00	1.00	1.00	1.00	0.38	0.30	1.00	1.00
−0.8	1.00	1.00	0.75	0.62	1.00	1.00	1.00	1.00	0.33	0.27	1.00	1.00
−0.9	1.00	1.00	0.71	0.59	1.00	1.00	1.00	1.00	0.30	0.23	1.00	1.00
−1	1.00	1.00	0.66	0.53	1.00	1.00	1.00	1.00	0.27	0.22	1.00	1.00

对平稳情形而言，不考虑相关与广义差分去相关都得到很高的检验功效，而子序列法则对高的相关性有较高的检验功效，对负的相关性检验功效较低，需要增加子序列抽样长度。

而如果原序列为单位根过程，若残差为 MA（1）模型，不考虑相关性的算法检验功效很高。如果弱相关（$|\rho| < 0.7$），$S=4$ 的子序列法可以很好地去除相关性，得到较高的检验功效；但如果相关性很强，需要增加子序列抽样步长，否则检验功效会下降。而广义差分法检验功效良好。

10.4.3 线性与非线性趋势检验法的仿真结果

作为对单位根检验前的辅助检验，在趋势线性与非线性的检验中，我们同样对第一类错误的容忍度远远高于对第二类错误的容忍度，也就是说我们可以适当容忍将线性趋势过程错误判断为非线性趋势过程，尽管那样可能带来单位根检验时的麻烦和检验功效的降低，但不至于导致严重的误判；但我们不能容忍将非线性趋势过程误判为线性趋势过程，因为那极可能带来单位根检验的完全失败。

也就是说，在线性与非线性趋势检验中，我们将尽量选择检验功效接近于 1 的检验方法，在这个前提下，再尽量选择检验水平接近于 0 的检验方法。从这个角度讲，作为单位根检验前对线性与非线性趋势的检验，如果相关性较小或者为负相关时，我们可以不考虑相关性问题直接进行趋势线性与非线性的检验，这样虽然可能将部分线性趋势过程误判为非线性趋势过程，但却不容易将非线性趋势过程误判为线性趋势过程。在 $\rho < 0.6$ 的情况下，广义差分去相关法可以获得很好的检验结果，检验功效很高，并且没水平扭曲现象。在一定的条件下，子序列法可以很好地去除相关性，得到合适的检验水平与功效。如果差分残差项相关性衰减得不是很快，需要增加子序列抽样长度，这可能受到样本数大小的限制。

10.5 小结

单位根实证分析文献中对是否带趋势以及趋势的线性与非线性问题关注不多，通常直接假设为线性趋势，统计软件中标准的 ADF 或 PP 单位根检验法通常也是这样设定的。但如果趋势本身并非线性的，则会带来麻烦，导致检验方法的失效和错误的结果。因此，在使用线性设定前，必须对趋势项是否是线性的进行检验。

本章详细研究了单位根检验中趋势的检验问题，提出了有趋势与无趋势的 t 检验法；以及如果有趋势的话，趋势的线性或非线性的回归系数检验法与等均值检验法；并讨论了序列存在相关性对检验结果的影响及去除相关性的几种方法。

作为对单位根检验前的辅助检验，在无趋势、线性与非线性趋势的检验中，我们对第一类错误的容忍度远远高于对第二类错误的容忍度。因为第一类错误虽然可能带来单位根检验时的麻烦和检验功效的降低，但不至于导致严重的误判；但第二类错误是灾难性的，极可能带来单位根检验的完全失败。基于这个原因，在 $\rho < 0.5$ 的情况下，我们可以不考虑相关性问题直接进行有、无趋势的检验、线性与非线性趋势的检验；或者在 $\rho < 0.6$ 的情况下，使用广义差分去相关法进行检验。通常而言，回归法比等均值法检验效果要好。只要选择足够的抽样间隔，子序列法可以很好地去除相关性，得到合适的检验水平与功效，但这可能受到样本数大小的限制。

11 基于正交多项式逼近的任意趋势序列的单位根检验法

本章研究用正交多项式逼近非线性趋势，然后对残差进行单位根检验的方法。本章研究了用正交多项式进行趋势逼近的性质，推导了这种方法进行单位根检验时统计量的极限分布，并提出了正交多项式最高阶数的确定方法，仿真研究了残差相关与不相关时的检验功效。结果表明，检验方法是有效的。

11.1 引言

传统单位根检验方法常常假设带有确定性线性趋势，大多数实证研究文献都是这样设定的，常见计量软件包提供的标准 ADF 与 PP 检验也是这样假设的。但对经济时间序列而言，假设其确定性趋势为线性的可能并不恰当，需要考虑增加设定的灵活性。

确定性趋势部分的设定与数据生成过程不一致的话，将导致有偏估计，最终导致单位根检验的失败。众所周知的例子如 Perron（1989）使用 Nelson、Plosser（1982）同样的数据，因为引入非线性趋势后，得到的检验结果几乎完全不同。

作为线性趋势的自然拓展，时间项的多项式趋势是最容易想到的非线性趋势假设。Ouliaris、Park，Phillips（1989）推导了多项式趋势下单位根检验的极限分布。贝伦斯（Bierens，1997）与 Phillips（2002）等人用确定性的三角函数序列作回归元，研究了这种非线性假设下的单位根检验方法。这种思路有其合理性和可取之处，但也存在明显的不足。比如用三角函数近似确定性趋势，从参数估算的角度可能很不经济，就算最简单的线性趋势，可能就需要很多三角函数项才能得到可靠的近似精度，这种自由度的损失在样本数不是很多时是很可惜的。再如这种方法不是很方便确定三角函数序列回归元的个数，太少的话会残留较多的非线性，导致将平稳过程误判为单位根过程，太多的话将导致检验功效的大幅下降，容易将单位根过程误判为平稳过程。

本章提出用正交多项式逼近确定性的时间趋势，然后对残差进行单位根检验的方法。本章推导了正交多项式对趋势逼近的性质，研究了基于正交多项式逼近的单位根检验统计量的极限分布，并提出了正交多项式最高阶数的确定方法，仿真研究了残差相关与不相关时各种线性与非线性趋势下的检验功效。结果表明，这种检验方法是有效的。

使用正交多项式逼近确定性趋势比普通多项式明显要好：如果时间项幂次较高，普通多项式计算量迅速增加，并可能导致严重的共线性问题，影响估计精度和检验功效；而使用正交多项式进行逼近完全克服了这些问题。同时，用正交多项式逼近通常也好于三角函数逼近。前者的模型更节省，可以用较少的待估参数达到同样的估计精度，这种节省在样本数不是很大时是很有意义的；用正交多项式可以方便地确定需要使用的正交空间的维度，这对得到更为准确的检验结果也很有意义。

11.2 正交多项式的构造及其在 OLS 回归中的性质

11.2.1 正交多项式的定义

在区间 $[a,b]$，设有多项式函数序列 $f_i(x)$ 和函数 $W(x)$，定义内积：

$$\langle f_i(x), f_j(x) \rangle = \int_a^b f_i(x) f_j(x) W(x) dx \tag{11.1}$$

其中 $W(x)$ 在区间 $[a,b]$ 可积且满足 $W(x) \geq 0$，称为权函数。

若任意 $i \neq j$ 时，$\langle f_i(x), f_j(x) \rangle = 0$，则称这些多项式为正交多项式。若同时满足 $\langle f_i(x), f_i(x) \rangle = 1$，则称这些多项式为规范正交多项式。

11.2.2 勒让德多项式的构造及性质

在定义域区间 $[-1,1]$，定义递归多项式序列 $P_n(x)$：

$$P_0(x) = 1, \quad P_1(x) = x, \quad P_{n+1}(x) = \frac{2n+1}{n+1} x P_n(x) - \frac{n}{n+1} P_{n-1}(x)$$

这样就得到勒让德（Legendre）多项式，是勒让德于 1785 年首先提出的。根据递归式，很容易计算出前面几项勒让德多项式为：

$$P_0(x) = 1$$
$$P_1(x) = x$$
$$P_2(x) = \frac{3x^2 - 1}{2}$$

$$P_3(x) = \frac{5x^3 - 3x}{2}$$

$$P_4(x) = \frac{35x^4 - 30x^2 + 3}{8}$$

勒让德多项式满足正交性质，其中权为 1：

$$\int_{-1}^{1} P_n(x) P_m(x) dx = \begin{cases} 0, & n \neq m \\ \dfrac{2}{2n+1}, & n = m \end{cases}$$

若定义 $P_n^*(x) = \sqrt{\dfrac{2n+1}{2}} P_n(x)$，便得到规范正交多项式。本书以后都使用规范式的，并将 $P_n^*(x)$ 记为 $P_n(x)$。

显然 $P_n(x)$ 为 n 次多项式，很容易证明，对任意 n 次多项式，皆可以表示为 $P_0(x), P_1(x), \cdots, P_n(x)$ 的线性组合。先根据 n 次项确定 $P_n(x)$ 的系数，再依次确定 $P_{n-1}(x)$、$P_{n-2}(x)$ 等的系数，这是很容易理解和证明的。

11.2.3　时间序列的正交归一化多项式的构造

定义 $y = \dfrac{x+1}{2}$，先将定义域变换为 $[0, 1]$，假设样本数为 N，令 $y = \dfrac{t}{N}$，对 $t = 1, \cdots, N$，得到 $P_n(x)$ 离散化的归一化正交多项式 $P_n(\dfrac{t}{N})$，简记为 $P_n(t)$，满足离散化的正交归一条件：

$$\frac{1}{N} \sum_{t=1}^{N} P_k^2(t) = 1, \quad \frac{1}{N} \sum_{t=1}^{N} P_k(t) P_m(t) = 0, \quad (m \neq k) \tag{11.2}$$

上述正交条件实质上是将积分离散化为求和，在样本数较小时将存在一定的量化误差。

也可这样来求得正交归一化多项式序列 $P_n(t)$（$P_n(t/N)$ 的简记）：

令 $P_0(t) = 1$，对 $k = 1, 2, \cdots$，$P_k(t)$ 为 $(\dfrac{t}{N})^k$ 对 $P_0(t)$，$P_1(t)$，$\cdots$，$P_{k-1}(t)$ 进行 OLS 回归所得的残差，然后再做归一化处理，使得 $\dfrac{1}{N} \sum_{t=1}^{N} P_k^2(t) = 1$。因为 OLS 得到的残差必然与回归元正交，故 $P_n(t)$ 必严格满足正交归一化条件 (11.2) 式，而不管样本数大小。

令 $P = (P_0, P_1, \cdots, P_m) = \begin{pmatrix} P_0(1) & P_1(1) & \vdots & P_m(1) \\ P_0(2) & P_1(2) & \vdots & P_m(2) \\ \vdots & \vdots & \vdots & \vdots \\ P_0(N) & P_1(N) & \vdots & P_m(N) \end{pmatrix}$，为一 $N \times (m +$

1) 矩阵，则：

$$\frac{1}{N}P^T P = I$$

为 $(m+1) \times (m+1)$ 单位矩阵。

并且 $P_k(t)$ 有性质：

$$\sum_{t=1}^{N} P_0(t) = N, \quad \sum_{t=1}^{N} P_k(t) = 0, k > 0 \tag{11.3}$$

$$\text{当 } k > m \text{ 时}, \sum_{t=1}^{N} t^m P_k(t) = 0 \tag{11.4}$$

当 $k > 0$ 时，$P_k(t)$ 为回归残差，(11.3) 式是显然的。因为任意 m 次多项式可以表示为 $P_0(x), P_1(x), \cdots, P_m(x)$ 的线性组合，设 $t^m = \sum_{i=0}^{m} a_i P_i(t)$，根据正交性，(11.4) 式是显然的。

11.2.4 任意函数的正交归一化多项式逼近

设 y_t，$t = 1, 2, \cdots, N$，对下式进行 OLS 回归：

$$y_t = \sum_{i=0}^{m} \beta_i P_i(t) + \varepsilon_t \tag{11.5}$$

写成矩阵形式 $Y = P\beta + \varepsilon$，回归系数 β 的估计值为 $\hat{\beta}$，则 $\hat{\beta} = (P^T P)^{-1}(P^T Y) = \frac{1}{N} P^T Y = (<P_0, Y>, <P_1, Y>, \cdots, <P_m, Y>)^T$，即：

$$\hat{\beta}_i = \frac{1}{N} \sum_{t=1}^{N} P_i(t) y_t \tag{11.6}$$

$$\text{var}(\hat{\beta}) = (P^T P)^{-1} \sigma^2 = \frac{\sigma^2}{N} I \tag{11.7}$$

回归残差为：

$$e_t = y_t - \sum_{i=0}^{m} P_i(t) \left[\frac{1}{N} \sum_{t=1}^{N} P_i(t) y_t \right] \tag{11.8}$$

实际上为 y_t 在空间 $P_0(t), P_1(t), \cdots, P_m(t)$ 投影的剩余，有时将 y_t 在正交空间上投影的剩余（即回归残差）记为 y_t^R。

定理 11.1：如果 y_t 为 K 次多项式，只要 $m \geq K$，(11.8) 式中的回归残差将为 0，即：

$$y_t^R = e_t = 0 \tag{11.9}$$

证明：如果 y_t 为 K 次多项式，且 $m \geq K$，y_t 必可表示为 $P_0(t), P_1(t), \cdots, P_m(t)$ 的线性组合，设为 $y_t = \sum_{i=0}^{m} a_i P_i(t)$，代入 (11.8) 式，有：

$$e_t = y_t - \sum_{i=0}^{m} P_i(t) \left[\frac{1}{N} \sum_{s=1}^{N} P_i(s) \sum_{j=0}^{m} a_j P_j(s) \right]$$

$$= y_t - \sum_{i=0}^{m} P_i(t) \left[\sum_{j=0}^{m} a_j \frac{1}{N} \sum_{s=1}^{N} P_i(s) P_j(s) \right]$$

$$= y_t - \sum_{i=0}^{m} a_i P_i(t) = 0 \text{（正交归一化条件）}$$

普通多项式回归具有明显的缺点：自变量幂次较高时，计算量迅速增加，并可能导致严重的共线性问题，回归系数间存在着相关性。而使用正交多项式进行逼近完全解决了这些问题。由于回归系数之间不存在相关性，如果某项不显著，只要将它剔除即可，并将其影响并入残差平方和，自由度也同时并入，而不必对整个回归方程重新计算。如果对回归方程精度不满意，可以增加高次项，而已经计算出的结果不必重新计算。

11.3 确定性趋势为多项式时的单位根检验方法

11.3.1 数据模型

假设时间序列 y_t 由趋势项 s_t 与干扰项 ξ_t 构成：$y_t = s_t + \xi_t$，其中 ξ_t 为随机干扰项，假设为一阶自回归模型：$\xi_t = \rho \xi_{t-1} + u_t$，其中 u_t 满足假设 11.1，如果 $|\rho| < 1$，y_t 是趋势平稳的；若 $\rho = 1$，则为带趋势单位根过程，存在单位根。

假设 11.1：设 u_t 为平稳可逆 ARMA 过程，可以表示为 $u_t = \sum_{j=1}^{\infty} \varphi_j u_{t-j} + \varepsilon_t$，$\varepsilon_t$ 是均值为 0，标准方差为 σ_ε 且四阶矩有限的独立同分布过程。

假如确定性时间趋势项 s_t 为时间的多项式形式，$s_t = \sum_{i=0}^{p} a_i t^i$，则：

$$y_t = \sum_{i=0}^{p} a_i t^i + \xi_t \tag{11.10}$$

（11.10）式可变形为 $y_t = s_t - \rho s_{t-1} + \rho y_{t-1} + u_t$，或：

$$y_t = \sum_{i=0}^{p} b_i t^i + \rho y_{t-1} + u_t \tag{11.11}$$

如果为单位根过程，时间趋势项 s_t 差分将消去最高次，此时有 $b_p = 0$。

将 s_t 表示为 $P_0(t), P_1(t), \cdots, P_m(t)$ 的线性组合，检验回归式为：

$$y_t = \rho y_{t-1} + \sum_{k=0}^{m} \beta_k P_k(t) + u_t \tag{11.12}$$

按照 Frisch-Waugh 定理，对（11.12）式中 ρ 的 OLS 估计可分两步进行，先对（11.13）式进行估计：

$$y_t = \sum_{k=0}^{m} \beta_k P_k(t) + R_t \tag{11.13}$$

得到残差 y_t^R，再对（11.14）式进行估计：
$$y_t^R = \rho y_{t-1}^R + u_t \tag{11.14}$$

对 $y_t = s_t + \xi_t$，分别做回归 $s_t = \sum_{k=0}^{m} \beta_{1k} P_k(t) + R_{1t}$ 与 $\xi_t = \sum_{k=0}^{m} \beta_{2k} P_k(t) + R_{2t}$，对应的回归残差分别为 Rs_s、Rs_ξ，因为 OLS 回归为线性的，必有 $y_t^R = Rs_s + Rs_\xi$。如果多项式趋势 s_t 的最高次数不大于 m，则有 $Rs_s = 0$。于是得到定理 11.2。

定理 11.2：如果确定性趋势部分 s_t 能够在（11.13）式的回归中得到完全的去除，使得 $Rs_s = 0$，则（11.14）式的单位根检验与确定性趋势项的值无关。

11.3.2 单位根检验方法及其极限分布

在假设 11.1 中，将 $u_t = \sum_{j=1}^{p} \varphi_j u_{t-j} + \varepsilon_t$ 表示为 $\varphi(L) u_t = \varepsilon_t$，则 $u_t = \varphi(L)^{-1} \varepsilon_t$

$= \varphi(1)^{-1} \varepsilon_t + [\varphi(L)^{-1} - \varphi(1)^{-1}] \varepsilon_t = \varphi(1)^{-1} \varepsilon_t + [\varphi(L)^{-1} - \varphi(1)^{-1}] \dfrac{\varepsilon_t - \varepsilon_{t-1}}{1-L}$

$= \varphi(1)^{-1} \varepsilon_t + v_t - v_{t-1}$，其中 $v_t = \dfrac{[\varphi(L)^{-1} - \varphi(1)^{-1}]}{1-L} \varepsilon_t$。

令 $S_N(r) = 0$（当 $0 \leq r < \dfrac{1}{N}$），$S_N(r) = \sum_{t=1}^{[Nr]} u_t$（当 $\dfrac{1}{N} \leq r \leq 1$）。

则 $S_N(\dfrac{t}{N}) = \varphi(1)^{-1} \sum_{i=1}^{t} \varepsilon_i + v_t - v_0$，显然 $\dfrac{S_N(r)}{\sqrt{N}} \Rightarrow \varphi(1)^{-1} \sigma_\varepsilon W(r)$，其中 $W(r)$ 为标准维纳过程。

令 u_t 的（短时）方差为 $\sigma_u^2 = \dfrac{1}{N} \sum_{t=1}^{N} u_t^2$，长时方差（Long Run Variance）为：

$$\omega^2 = \lim_{n \to \infty} \dfrac{1}{n} E(S_n^2) = \lim_{n \to \infty} \dfrac{1}{n} E((u_1 + u_2 + \cdots u_n)^2) = \sigma_u^2 + 2\lambda = \left(\dfrac{\sigma_\varepsilon}{\varphi(1)}\right)^2 \tag{11.15}$$

其中 $\lambda = \sum_{j=2}^{\infty} E(u_1 u_j) = \gamma_1 + \gamma_2 + \cdots$。

令 S_t^R 表示 S_t 在空间 $P_0(r), P_1(r), \cdots, P_m(r)$ 投影的剩余，则：

$$S_t^R = S_t - \sum_{i=0}^{m} \hat{\beta}_i P_i(\dfrac{t}{N}) = S_t - \sum_{i=0}^{m} \left[\dfrac{1}{N} \sum_{t=1}^{N} P_i(\dfrac{t}{N}) S_t\right] P_i(\dfrac{t}{N})$$

因为 $\dfrac{S_{[Nr]}}{\sqrt{N}} \Rightarrow \omega W(r)$，$\dfrac{S_{[Nr]}^R}{\sqrt{N}}$ 的极限分布为：

$$\dfrac{S_{[Nr]}^R}{\sqrt{N}} \Rightarrow \omega \left[W(r) - \sum_{i=0}^{m} P_i(r) \int_0^1 P_i(r) W(r) dr \right] = \omega W^R(r) \tag{11.16}$$

其中，$W^R(r)$ 为 $W(r)$ 在空间 $P_0(r), P_1(r), \cdots, P_m(r)$ 投影的剩余。

$$W^R(r) = W(r) - \sum_{i=0}^{m} P_i(r) \int_0^1 P_i(r) W(r) dr \qquad (11.17)$$

根据定理 11.2，（11.14）式的极限分布与确定性趋势无关，如果其满足回归残差为 0 的话，此时可在无趋势情况下讨论极限分布。在零假设下，令（11.11）式中 $b_k = 0$，$\rho = 1$，有 $y_t = y_0 + \sum_{i=1}^{t} u_t = S_t$（令 $y_0 = 0$）。于是有：

定理 11.3：

$$\frac{1}{N} \sum_{t=1}^{N} y_{t-1}^R u_t \Rightarrow \frac{1}{2} \omega^2 (W^R(1))^2 - \frac{1}{2} \sigma_u^2 \qquad (11.18)$$

$$\frac{1}{N} \sum_{t=1}^{N} y_{t-1}^R \varepsilon_t \Rightarrow \frac{1}{2} \frac{\sigma_\varepsilon^2}{\varphi(1)} [(W^R(1))^2 - 1] \qquad (11.19)$$

$$\frac{1}{N^2} \sum_{t=1}^{N} (y_{t-1}^R)^2 \Rightarrow \omega^2 \int_0^1 (W^R(r))^2 dr \qquad (11.20)$$

证明如下：

单位根原假设下，有 $y_t^R = y_{t-1}^R + u_t$，两边平方再累加得到：$(y_N^R)^2 = (y_0^R)^2 + 2\sum_{t=1}^{N} y_{t-1}^R u_t + \sum_{t=1}^{N} u_t^2$。假设 $y_0 = 0$，有 $y_0^R = 0$，则 $\frac{1}{N} \sum_{t=1}^{N} y_{t-1}^R u_t = \frac{1}{2} [\frac{1}{N} (y_N^R)^2 - \frac{1}{N} \sum_{t=1}^{N} u_t^2] \Rightarrow \frac{1}{2} \omega^2 (W^R(1))^2 - \frac{1}{2} \sigma_u^2$，得到（11.18）式。

将 $u_t = \varphi(1)^{-1} \varepsilon_t + v_t - v_{t-1}$ 代入 $y_t^R = y_{t-1}^R + u_t$，整理得到：$y_t^R - v_t = y_{t-1}^R - v_{t-1} + \varphi(1)^{-1} \varepsilon_t$，两边平方累加，得到：$(y_N^R)^2 + v_N^2 = (y_0^R)^2 + v_0^2 + \varphi(1)^{-2} \sum_{t=1}^{N} \varepsilon_t^2 + 2\varphi(1)^{-1} \sum_{t=1}^{N} y_{t-1}^R \varepsilon_t + 2\varphi(1)^{-1} \sum_{t=1}^{N} v_{t-1} \varepsilon_t + 2(y_N^R v_N - y_0^R v_0)$，同样假设 $y_0 = 0$，此时有 $y_0^R = 0$，上式两边同除以 N，考虑到 $v_N^2/N \Rightarrow 0$，$\frac{1}{N} \sum_{t=1}^{N} v_{t-1} \varepsilon_t \Rightarrow 0$，$\frac{1}{N} y_N^R v_N = \frac{1}{\sqrt{N}} y_N^R \frac{1}{\sqrt{N}} v_N \Rightarrow 0$，上式变为：$\omega^2 (W^R(1))^2 = \varphi(1)^{-2} \sigma_\varepsilon^2 + 2\varphi(1)^{-1} \sum_{t=1}^{N} y_{t-1}^R \varepsilon_t$，因 $\omega^2 = (\frac{\sigma_\varepsilon}{\varphi(1)})^2$，整理得到（11.19）式。

$\frac{1}{N^2} \sum_{t=1}^{N} (y_{t-1}^R)^2 = \frac{1}{N} \sum_{t=1}^{N} (y_{t-1}^R / \sqrt{N})^2 \Rightarrow \omega^2 \int_0^1 (W^R(r))^2 dr$，得到（11.20）式。

于是统计量 $N(\hat{\rho} - 1)$ 的极限分布很容易求出：

$$N(\hat{\rho} - 1) = \frac{\frac{1}{N} \sum_{t=1}^{N} y_{t-1}^R u_t}{\frac{1}{N^2} \sum_{t=1}^{N} (y_{t-1}^R)^2} \Rightarrow \frac{\frac{1}{2} \omega^2 (W^R(1))^2 - \frac{1}{2} \sigma_u^2}{\omega^2 \int_0^1 (W^R(r))^2 dr}$$

同样，t 统计量的极限分布为：

$$t_{\hat{\rho}} = \frac{\hat{\rho}-1}{\hat{\sigma}_{\rho}} = \frac{\frac{1}{N}\sum_{t=1}^{N} y_{t-1}^R u_t}{\hat{\sigma}_u[\frac{1}{N^2}\sum_{t=1}^{N}(y_{t-1}^R)^2]^{1/2}} \Rightarrow \frac{\frac{1}{2}\omega^2(W^R(1))^2 - \frac{1}{2}\sigma_u^2}{\sigma_u[\omega^2\int_0^1 (W^R(r))^2 dr]^{1/2}}$$

由于存在多余参数，需要按照 PP 检验类似的方式，进行统计量调整：

$$N(\hat{\rho}-1) - \frac{1}{2}\frac{\omega^2 - \sigma_u^2}{\frac{1}{N^2}\sum_{t=1}^{N}(y_{t-1}^R)^2} \Rightarrow \frac{\frac{1}{2}(W^R(1))^2 - \frac{1}{2}}{\int_0^1 (W^R(r))^2 dr} \tag{11.21}$$

$$\frac{\hat{\sigma}_u}{\omega} t_{\hat{\rho}} - \frac{1}{2}\frac{\omega^2 - \sigma_u^2}{\omega[\frac{1}{N^2}\sum_{t=1}^{N}(y_{t-1}^R)^2]^{1/2}} \Rightarrow \frac{\frac{1}{2}[(W^R(1))^2 - 1]}{[\int_0^1 (W^R(r))^2 dr]^{1/2}} \tag{11.22}$$

这样就消去了多余参数。我们也可以通过调整回归估计式来消除多余参数，调整的回归估计式为：

$$y_t^R = \rho y_{t-1}^R + \sum_{j=1}^{p} \varphi_j u_{t-j} + \varepsilon_t$$

进行 OLS 估计，得到估计式：

$$y_t^R = \hat{\rho} y_{t-1}^R + \sum_{j=1}^{p} \hat{\varphi}_j u_{t-j} + e_t$$

两式相减得到：

$$\varepsilon_t - e_t = (\hat{\rho} - \rho) y_{t-1}^R + \sum_{j=1}^{p} (\hat{\varphi}_j - \varphi_j) u_{t-j}$$

注意最小平方估计必然满足 $\sum_{t=1}^{N} e_t u_{t-j} = 0$，$\sum_{t=1}^{N} e_t y_{t-1}^R = 0$，于是有：

$$\frac{1}{N}\sum_{t=1}^{N}\varepsilon_t y_{t-1}^R = N(\hat{\rho}-\rho)\frac{1}{N^2}\sum_{t=1}^{N}(y_{t-1}^R)^2 + \sum_{j=1}^{p}[(\hat{\varphi}_j - \varphi_j)\frac{1}{N}\sum_{t=1}^{N} y_{t-1}^R u_{t-j}]$$

$$\frac{1}{\sqrt{N}}\sum_{t=1}^{N}\varepsilon_t u_{t-j} = N(\hat{\rho}-\rho)\frac{1}{N\sqrt{N}}\sum_{t=1}^{N} y_{t-1}^R u_{t-j} + \sum_{j=1}^{p}[(\hat{\varphi}_j - \varphi_j)\frac{1}{\sqrt{N}}\sum_{t=1}^{N} u_{t-j} u_{t-j}]$$

由于 OLS 估计必然有 $(\hat{\varphi}_j - \varphi_j) \Rightarrow 0$，于是：

$$N(\hat{\rho}-1) = \frac{\frac{1}{N}\sum_{t=1}^{N}\varepsilon_t y_{t-1}^R}{\frac{1}{N^2}\sum_{t=1}^{N}(y_{t-1}^R)^2} \Rightarrow \frac{\frac{1}{2}\frac{\sigma_\varepsilon^2}{\varphi(1)}[(W^R(1))^2 - 1]}{(\frac{\sigma_\varepsilon}{\varphi(1)})^2 \int_0^1 [W^R(r)]^2 dr}$$

$$= \frac{\varphi(1)\frac{1}{2}[(W^R(1))^2 - 1]}{\int_0^1 [W^R(r)]^2 dr}$$

于是统计量 $\dfrac{N(\hat{\rho}-1)}{\varphi(1)}$ 消去了多余参数。

我们也可以直接按照汉密尔顿《时间序列分析》一书中 627 页开始的方法进行类似的计算讨论极限分布，注意此处无常数项，得到：

$$\frac{N(\hat{\rho}-1)}{\varphi(1)} = \frac{\frac{1}{2}[(W^R(1))^2 - 1]}{\int_0^1 [W^R(r)]^2 dr} \tag{11.23}$$

$$t_T = \frac{(\hat{\rho}-1)}{\hat{\sigma}_\rho} = \frac{\frac{1}{2}[(W^R(1))^2 - 1]}{(\int_0^1 [W^R(r)]^2 dr)^{1/2}} \tag{11.24}$$

11.3.3 检验临界值

非线性趋势单位根检验可采取这样的策略：先对待检序列进行差分，差分后序列用正交多项式逼近法去除确定性趋势，得到残差的求和序列，最后用递归均值调整法（RMA，算法介绍见 2.1.2 节及 11.2.3 节）进行单位根检验，得到不同样本长度和显著水平下的临界值如表 11.1 所示，其中 m 为正交多项式的最高次数。

表 11.1　不同样本数和显著水平下的 RMA 单位根检验临界值

m	显著水平	200	400	600	800	1 000
1	0.01	-3.41	-3.36	-3.36	-3.35	-3.35
1	0.05	-2.79	-2.78	-2.78	-2.78	-2.77
1	0.1	-2.47	-2.47	-2.47	-2.47	-2.47
2	0.01	-3.82	-3.82	-3.82	-3.81	-3.8
2	0.05	-3.27	-3.27	-3.27	-3.26	-3.26
2	0.1	-2.97	-2.97	-2.97	-2.96	-2.96
3	0.01	-4.25	-4.24	-4.24	-4.24	-4.23
3	0.05	-3.69	-3.69	-3.68	-3.68	-3.66
3	0.1	-3.4	-3.4	-3.4	-3.38	-3.36
4	0.01	-4.63	-4.63	-4.63	-4.62	-4.6
4	0.05	-4.08	-4.05	-4.04	-4.03	-4.03
4	0.1	-3.76	-3.76	-3.76	-3.75	-3.75
5	0.01	-4.95	-4.92	-4.92	-4.92	-4.9
5	0.05	-4.39	-4.37	-4.36	-4.35	-4.35
5	0.1	-4.1	-4.07	-4.07	-4.06	-4.06

表11.1(续)

m	显著水平	200	400	600	800	1 000
6	0.01	-5.28	-5.23	-5.22	-5.22	-5.22
6	0.05	-4.68	-4.66	-4.65	-4.65	-4.65
6	0.1	-4.41	-4.37	-4.36	-4.36	-4.36
7	0.01	-5.57	-5.53	-5.52	-5.5	-5.48
7	0.05	-5.00	-4.95	-4.94	-4.92	-4.92
7	0.1	-4.69	-4.66	-4.65	-4.64	-4.64
8	0.01	-5.88	-5.75	-5.73	-5.73	-5.72
8	0.05	-5.29	-5.23	-5.18	-5.18	-5.18
8	0.1	-4.98	-4.93	-4.91	-4.89	-4.88
9	0.01	-6.14	-6.01	-5.99	-5.99	-5.94
9	0.05	-5.55	-5.47	-5.42	-5.42	-5.42
9	0.1	-5.23	-5.18	-5.15	-5.15	-5.15
10	0.01	-6.32	-6.23	-6.2	-6.19	-6.19
10	0.05	-5.81	-5.65	-5.64	-5.64	-5.63
10	0.1	-5.51	-5.40	-5.38	-5.36	-5.33

可以看出，同一样本长度和显著水平下，随着 m 的增加，临界值迅速降低，向负轴的左边偏移。

11.4 确定性趋势为多项式时单位根检验的蒙特卡罗仿真

11.4.1 数据生成过程

考虑多项式时间趋势序列 $Y_t = S_t + \mu_t$，其中 S_t 为时间的多项式函数，μ_t 为随机干扰项，假设为 AR（1）过程：$\mu_t = \beta\mu_{t-1} + e_t$，其中 e_t 是独立同分布的标准正态分布，$\mu_0 = 0$。仿真研究了 $\beta = 1$（存在单位根）以及 $\beta = 0.9, 0.8, 0.7, 0.6$（趋势平稳）的各种情况。

仿真研究的各种趋势包括：

0 次（无趋势）趋势，$S_t = 0$；

1 次（线性）趋势，$S_t = 0.35(t + 100)$；

2 次趋势，$S_t = 0.002t^2 + 0.08t - 4$；

3 次趋势，$S_t = 0.00002t^3 - 0.01t^2 + 5t - 4$。

其中 $t = 1, 2, 3, \cdots, n$，n 为序列长度，取 200、400、600、800、1 000 进

行了仿真研究。

检验中先对原始序列进行差分，再用正交多项式逼近法去除趋势，再对残差序列求和，最后对求和得到的序列进行 RMA 单位根检验。差分的目的是降低一次时间多项式的次数，当然不差分也是可以的。

11.4.2　残差项无序列相关时的检验水平与功效

假设 e_t 是独立同分布的标准正态分布，我们分别对 0 次无趋势、1 次线性趋势、2 次平方趋势、3 次立方趋势进行仿真，每个检验重复 2 000 次实验，获得各种情况下的检验功效如表 11.2、表 11.3 所示，其中选取的检验水平为 5%，m 为正交多项式的最高次数，β 为相关系数，为 1 时是单位根情形，小于 1 时为平稳情形，所用的样本长度分别为 200、400、600、800、1 000。

表 11.2　无趋势与线性趋势下不同 m 逼近时的检验功效（5%显著水平）

		0 次趋势					1 次趋势				
m	β	200	400	600	800	1 000	200	400	600	800	1 000
1	1	0.04	0.06	0.05	0.04	0.04	0.06	0.06	0.05	0.06	0.05
1	0.9	0.58	0.99	1.00	1.00	1.00	0.59	0.99	1.00	1.00	1.00
1	0.8	0.98	1.00	1.00	1.00	1.00	0.98	1.00	1.00	1.00	1.00
2	1	0.05	0.05	0.05	0.05	0.06	0.05	0.04	0.05	0.05	0.04
2	0.9	0.38	0.97	1.00	1.00	1.00	0.41	0.97	1.00	1.00	1.00
2	0.8	0.97	1.00	1.00	1.00	1.00	0.97	1.00	1.00	1.00	1.00
3	1	0.04	0.05	0.04	0.04	0.06	0.06	0.05	0.06	0.05	0.05
3	0.9	0.29	0.92	1.00	1.00	1.00	0.31	0.90	1.00	1.00	1.00
3	0.8	0.91	1.00	1.00	1.00	1.00	0.91	1.00	1.00	1.00	1.00
4	1	0.04	0.06	0.05	0.05	0.05	0.05	0.05	0.05	0.05	0.06
4	0.9	0.26	0.84	1.00	1.00	1.00	0.25	0.85	1.00	1.00	1.00
4	0.8	0.86	1.00	1.00	1.00	1.00	0.85	1.00	1.00	1.00	1.00
5	1	0.05	0.06	0.06	0.05	0.05	0.05	0.06	0.04	0.04	0.06
5	0.9	0.20	0.75	0.99	1.00	1.00	0.20	0.75	0.99	1.00	1.00
5	0.8	0.79	1.00	1.00	1.00	1.00	0.78	1.00	1.00	1.00	1.00
6	1	0.05	0.05	0.05	0.06	0.06	0.05	0.05	0.06	0.06	0.04
6	0.9	0.20	0.69	0.98	1.00	1.00	0.16	0.71	0.98	1.00	1.00
6	0.8	0.66	1.00	1.00	1.00	1.00	0.68	1.00	1.00	1.00	1.00

表 11.3　　　2 次与 3 次趋势下不同 m 逼近时的检验功效

m	β	2 次趋势 200	400	600	800	1 000	3 次趋势 200	400	600	800	1 000
1	1	0.05	0.06	0.05	0.04	0.05	0.00	0.00	0.00	0.00	0.00
1	0.9	0.57	0.98	1.00	1.00	1.00	0.00	0.00	0.00	0.00	0.00
1	0.8	0.98	1.00	1.00	1.00	1.00	0.00	0.00	0.00	0.00	0.00
2	1	0.04	0.06	0.04	0.05	0.06	0.05	0.04	0.04	0.05	0.05
2	0.9	0.44	0.96	1.00	1.00	1.00	0.42	0.97	1.00	1.00	1.00
2	0.8	0.96	1.00	1.00	1.00	1.00	0.96	1.00	1.00	1.00	1.00
3	1	0.07	0.04	0.06	0.05	0.05	0.05	0.05	0.05	0.05	0.05
3	0.9	0.32	0.92	1.00	1.00	1.00	0.32	0.90	1.00	1.00	1.00
3	0.8	0.91	1.00	1.00	1.00	1.00	0.92	1.00	1.00	1.00	1.00
4	1	0.06	0.05	0.06	0.06	0.05	0.05	0.05	0.05	0.05	0.05
4	0.9	0.26	0.87	1.00	1.00	1.00	0.24	0.85	0.99	1.00	1.00
4	0.8	0.85	1.00	1.00	1.00	1.00	0.86	1.00	1.00	1.00	1.00
5	1	0.07	0.05	0.06	0.05	0.05	0.05	0.05	0.06	0.04	0.05
5	0.9	0.20	0.75	0.99	1.00	1.00	0.22	0.76	1.00	1.00	1.00
5	0.8	0.80	1.00	1.00	1.00	1.00	0.79	1.00	1.00	1.00	1.00
6	1	0.04	0.06	0.05	0.06	0.04	0.05	0.04	0.06	0.05	0.05
6	0.9	0.16	0.69	0.97	1.00	1.00	0.17	0.69	0.97	1.00	1.00
6	0.8	0.69	1.00	1.00	1.00	1.00	0.67	1.00	1.00	1.00	1.00

从表 11.2、表 11.3 中可以看出，用 1 次多项式（m=1）逼近 3 次多项式（差分后实际为 2 次）将导致检验失败，检验将把平稳与单位根过程均判断为单位根过程，而不管样本数为多大。其他情况，只要满足逼近多项式的最高次数等于或高于趋势的最高次数（注意检验中先对趋势进行差分，相当于降低了一次趋势的最高次数），将得到较好的检验结果。

在存在单位根的情况下，对不同的样本大小，各种逼近方法（只要满足逼近多项式的最高次数等于或高于趋势的最高次数加 1）的检验功效都接近于设定的显著水平 5%，这说明不存在明显的尺度扭曲，不同 β 值下的检验功效的比较是有意义的。

对同一个趋势和正交逼近多项式，在同样的样本大小下，随着 β 从 1 逐步下降，检验功效迅速增加，这是符合预期的；而如果 β 保持不变时，随着样本数的增加，检验功效也逐步增加。

对确定的带趋势时间序列，逼近多项式的最高次数与多项式趋势的最高次数相同时，将获得最佳检验结果。逼近多项式的次数过低，将导致检验完全失败。而如果逼近多项式过高的话，虽然检验水平不会有太多变化，但检验功效也将逐步降低。如趋势多项式为2次、样本数为200且β为0.9时，如果m=1，检验功效为0.57；如果m=6，检验功效将降低到0.16，下降是非常显著的。可见，估计趋势项的"正确"次数，对检验成败非常重要。

11.5 阶数的确定方法

11.5.1 单位根过程通常的t检验失效

单位根假设下，(11.10)式、(11.11)式中各时间项系数显著性的t检验不是平稳假设下的t分布，而是维纳过程的复杂泛函，其显著性判断很困难。比如μ_t为标准正态分布，$Y_t = \mu_t$，按照式$Y_t = \sum_{i=0}^{p} a_i t^i + \mu_t$进行回归，其中$p = 7$。各时间项系数的估计值如下：

	估计值	标准方差	t检验值	Pr（>|t|）
截距项	-3.844e+00	1.012e+00	-3.799	0.000 169
t1	6.886e-01	9.098e-02	7.568	2.73e-13
t2	-2.158e-02	2.619e-03	-8.238	2.64e-15
t3	2.301e-04	3.362e-05	6.845	2.97e-11
t4	-1.246e-06	2.214e-07	-5.629	3.45e-08
t5	3.748e-09	7.783e-10	4.816	2.09e-06
t6	-5.984e-12	1.388e-12	-4.311	2.06e-05
t7	3.948e-15	9.865e-16	4.002	7.52e-05

可以看出，通常的t检验对所有的系数估计检验全部显著，但真实的情况应该全部不显著。

11.5.2 最高阶p的确定方法

对单位根过程而言，对式（11.10）进行差分，得到$\Delta y_t = \sum_{i=0}^{p-1} c_i t^i + e_t$。此时为平稳过程，我们可以用通常的t检验或者F检验对时间项系数c_i的显著性进行检验。由此可得到最高阶p的确定方法，设检验回归式为：

$$\Delta y_t = \sum_{i=0}^{p-1} c_i P_i(t) + e_t \tag{11.25}$$

我们先选择尽量大的阶数p对式（11.25）进行回归，然后用t检验法检验最高阶系数的显著性，如果显著，就得到所求的p；如果不显著，去掉最高次时间项，然后对式（11.25）重新进行回归，检验回归式中最高阶的显著性，如果显著，就得到所求的 p；重复，直到显著为止，如果所有的系数都不显著，则原序列不带趋势，$p = 0$。

11.6 任意非线性趋势的检验仿真

考虑任意非线性趋势序列 $Y_t = S_t + \mu_t$，其中 S_t 为时间的非线性函数，μ_t 为随机干扰项，同样假设为 AR（1）过程：$\mu_t = \beta\mu_{t-1} + e_t$，其中 e_t 是独立同分布的标准正态分布，$\mu_0 = 0$。仿真研究 $\beta = 1$ 的单位根情形与 $\beta = 0.9$，0.8，0.7，0.6 等各种趋势平稳情形。

仿真研究的非线性趋势包括：平方根趋势，$S_t = 10(t+100)^{0.5}$；对数趋势，$S_t = 150\log(t+300)$；结构突变分段线性趋势，当 $t \in [1, n/2]$ 时，$S_t = 150 - 0.1n + 0.45t$，$t \in [n/2, n]$ 时，$S_t = 150 + 0.25t$，在中间突变并保持连续。其中 $t = 1, 2, 3, \cdots, n$，n 为样本长度，取 200、400、600、800、1 000 进行仿真研究。

检验中先对原始序列进行差分，再用正交多项式逼近法去除趋势，再对剩下的残差做序列求和，最后对求和得到的序列进行 RMA 单位根检验。检验功效如表 11.4、表 11.5 所示。

表 11.4　　平方根与对数趋势下不同次数逼近的检验功效

		平方根趋势					对数趋势				
m	β	200	400	600	800	1 000	200	400	600	800	1 000
1	1	0.04	0.05	0.04	0.04	0.03	0.06	0.04	0.04	0.03	0.03
1	0.9	0.55	0.89	0.89	0.79	0.51	0.57	0.94	0.93	0.75	0.23
1	0.8	0.97	1.00	1.00	0.98	0.84	0.98	1.00	1.00	0.97	0.49
2	1	0.05	0.04	0.05	0.06	0.04	0.05	0.04	0.04	0.05	0.04
2	0.9	0.40	0.94	1.00	1.00	1.00	0.41	0.96	1.00	1.00	1.00
2	0.8	0.96	1.00	1.00	1.00	1.00	0.96	1.00	1.00	1.00	1.00
3	1	0.04	0.05	0.06	0.05	0.05	0.05	0.05	0.04	0.06	0.05
3	0.9	0.30	0.92	1.00	1.00	1.00	0.30	0.91	1.00	1.00	1.00
3	0.8	0.89	1.00	1.00	1.00	1.00	0.91	1.00	1.00	1.00	1.00
4	1	0.06	0.05	0.05	0.05	0.05	0.07	0.05	0.04	0.05	0.05
4	0.9	0.25	0.85	0.99	1.00	1.00	0.26	0.84	1.00	1.00	1.00
4	0.8	0.87	1.00	1.00	1.00	1.00	0.85	1.00	1.00	1.00	1.00
5	1	0.04	0.04	0.04	0.05	0.05	0.06	0.06	0.05	0.05	0.04
5	0.9	0.21	0.75	0.98	1.00	1.00	0.21	0.74	0.99	1.00	1.00
5	0.8	0.78	1.00	1.00	1.00	1.00	0.78	1.00	1.00	1.00	1.00
6	1	0.04	0.05	0.04	0.04	0.05	0.05	0.06	0.06	0.04	0.03
6	0.9	0.18	0.68	0.98	1.00	1.00	0.16	0.70	0.99	1.00	1.00
6	0.8	0.69	1.00	1.00	1.00	1.00	0.71	1.00	1.00	1.00	1.00

表 11.5　　结构变化趋势下不同次数回归的检验功效

结构变化趋势

m	β	200	400	600	800	1 000
1	1	0.05	0.04	0.03	0.02	0.03
1	0.9	0.38	0.72	0.78	0.72	0.46
1	0.8	0.90	0.99	0.99	0.97	0.91
2	1	0.04	0.03	0.03	0.02	0.01
2	0.9	0.25	0.45	0.45	0.22	0.08
2	0.8	0.75	0.92	0.89	0.68	0.26
3	1	0.06	0.05	0.04	0.04	0.03
3	0.9	0.28	0.76	0.95	0.99	1.00
3	0.8	0.87	1.00	1.00	1.00	1.00
4	1	0.05	0.04	0.03	0.03	0.04
4	0.9	0.24	0.69	0.91	0.96	0.98
4	0.8	0.77	1.00	1.00	1.00	1.00
5	1	0.06	0.03	0.04	0.04	0.04
5	0.9	0.20	0.68	0.95	0.99	1.00
5	0.8	0.74	1.00	1.00	1.00	1.00
6	1	0.04	0.04	0.03	0.04	0.03
6	0.9	0.15	0.57	0.89	0.99	1.00
6	0.8	0.64	1.00	1.00	1.00	1.00

从表11.4、表11.5中可以看出，非多项式趋势与多项式趋势显示出不同的特征。如不同样本长度的最佳逼近次数可能不同，如样本长度为200时，平方根、对数与结构变化的最佳逼近次数都是2次；而对样本长度为400而言，平方根与对数趋势的最佳逼近次数为3次，而结构变化为4次。多项式趋势的最佳逼近次数是唯一的，而非多项式趋势可能有多个最佳逼近次数。如样本数为600或800时，平方根、对数的最佳逼近次数可能为3、4或5，而结构变化的最佳逼近次数为4或6。

对结构变化而言，3次多项式逼近的效果则很差。

对同一个趋势和正交逼近多项式，在同样的样本大小下，随着β从1逐步下降，检验功效迅速增加，这是符合预期的；而如果β保持不变时，随着样本数的增加，检验功效也逐步增加。

11.7 残差存在序列相关的检验水平与功效仿真

设 $\mu_t = \beta\mu_{t-1} + e_t$，$e_t = \rho e_{t-1} + \varepsilon_t$，其中 ε_t 为标准正态分布，样本数为200。在5%的显著水平下，分别对无趋势、线性趋势、平方根趋势、二次趋势、对数趋势、结构突变趋势以及波动趋势进行仿真，每个检验重复2 000次实验，获得各种情况下的检验功效（即不存在单位根的概率）如表11.6所示。

表11.6 残差为AR1时的检验水平与功效（N=200，检验水平为5%）

m	β	ρ	无趋势	线性	平方根	对数	平方	结构变化	波动
1	1	0.6	0.05	0.05	0.05	0.05	0.05	0.05	0.05
2	1	0.6	0.05	0.05	0.05	0.05	0.05	0.05	0.06
3	1	0.6	0.06	0.06	0.06	0.06	0.06	0.06	0.06
4	1	0.6	0.05	0.05	0.05	0.05	0.05	0.05	0.05
1	0.9	0.6	0.44	0.44	0.44	0.44	0.44	0.38	0.45
2	0.9	0.6	0.29	0.29	0.29	0.29	0.29	0.29	0.30
3	0.9	0.6	0.23	0.23	0.23	0.23	0.23	0.22	0.22
4	0.9	0.6	0.19	0.19	0.19	0.19	0.19	0.17	0.18
1	1	0.4	0.05	0.05	0.05	0.05	0.05	0.05	0.05
2	1	0.4	0.05	0.05	0.05	0.05	0.04	0.04	0.05
3	1	0.4	0.06	0.06	0.06	0.06	0.06	0.06	0.06
4	1	0.4	0.05	0.05	0.05	0.05	0.05	0.04	0.04
1	0.9	0.4	0.46	0.46	0.44	0.45	0.46	0.32	0.45
2	0.9	0.4	0.35	0.35	0.35	0.35	0.35	0.32	0.33
3	0.9	0.4	0.25	0.25	0.25	0.25	0.25	0.24	0.23
4	0.9	0.4	0.20	0.20	0.20	0.20	0.20	0.20	0.16
1	1	-0.4	0.04	0.04	0.04	0.04	0.04	0.03	0.03
2	1	-0.4	0.05	0.05	0.05	0.05	0.05	0.04	0.02
3	1	-0.4	0.05	0.05	0.05	0.05	0.05	0.03	0.01
4	1	-0.4	0.05	0.05	0.03	0.03	0.05	0.04	0.01
1	0.9	-0.4	0.52	0.52	0.49	0.51	0.52	0.08	0.32
2	0.9	-0.4	0.35	0.35	0.35	0.35	0.35	0.28	0.17
3	0.9	-0.4	0.30	0.30	0.30	0.30	0.30	0.23	0.10
4	0.9	-0.4	0.19	0.19	0.19	0.19	0.19	0.16	0.05
1	1	-0.6	0.05	0.05	0.04	0.04	0.05	0.02	0.02

表11.6(续)

m	β	ρ	无趋势	线性	平方根	对数	平方	结构变化	波动
2	1	-0.6	0.04	0.04	0.04	0.04	0.04	0.04	0.00
3	1	-0.6	0.05	0.05	0.05	0.05	0.05	0.04	0.01
4	1	-0.6	0.04	0.04	0.04	0.04	0.04	0.03	0.00
1	0.9	-0.6	0.49	0.49	0.46	0.48	0.49	0.05	0.25
2	0.9	-0.6	0.34	0.34	0.34	0.34	0.34	0.24	0.13
3	0.9	-0.6	0.30	0.30	0.30	0.30	0.30	0.20	0.06
4	0.9	-0.6	0.20	0.20	0.20	0.20	0.20	0.15	0.03

仿真研究的各种趋势包括：无趋势，$S_t = 0$；线性趋势，$S_t = 0.35(t + 100)$；平方根趋势，$S_t = 10(t + 100)^{0.5}$；二次趋势，$S_t = 0.0007(t + 100)^2$；对数趋势，$S_t = 150\log(t + 300)$；结构突变分段线性趋势，当 $t \in [1, n/2]$ 时，$S_t = 150 - 0.1n + 0.45t$，$t \in [n/2, n]$ 时，$S_t = 150 + 0.25t$，在中间突变并保持连续；波动趋势，$S_t = 0.35t + \sin(0.2t)$。

设 $\mu_t = \beta\mu_{t-1} + e_t$，残差项为 MA(1) 过程：$e_t = \varepsilon_t + \rho\varepsilon_{t-1}$，其中 ε_t 为标准正态分布，样本数为 200。在 5% 的显著水平下，我们分别对各种趋势进行仿真，每个检验重复 2 000 次实验，获得各种情况下的检验功效如表 11.7 所示。

表 11.7 残差为 MA1 时的检验水平与功效（N=200，检验水平为 5%）

m	β	ρ	无趋势	线性	平方根	对数	平方	结构变化	波动
1	1	0.6	0.02	0.02	0.03	0.02	0.02	0.03	0.03
2	1	0.6	0.03	0.03	0.03	0.03	0.03	0.02	0.03
3	1	0.6	0.03	0.03	0.03	0.03	0.03	0.03	0.03
4	1	0.6	0.03	0.03	0.03	0.03	0.03	0.03	0.04
1	0.9	0.6	0.17	0.17	0.16	0.17	0.17	0.10	0.21
2	0.9	0.6	0.11	0.11	0.10	0.11	0.11	0.09	0.16
3	0.9	0.6	0.08	0.08	0.08	0.08	0.08	0.07	0.12
4	0.9	0.6	0.06	0.06	0.06	0.06	0.06	0.05	0.09
1	1	0.4	0.03	0.03	0.02	0.02	0.03	0.02	0.04
2	1	0.4	0.04	0.04	0.04	0.04	0.04	0.04	0.05
3	1	0.4	0.02	0.02	0.02	0.02	0.02	0.03	0.05
4	1	0.4	0.03	0.03	0.03	0.03	0.03	0.03	0.04
1	0.9	0.4	0.15	0.15	0.16	0.16	0.15	0.09	0.23
2	0.9	0.4	0.10	0.10	0.10	0.10	0.10	0.10	0.17
3	0.9	0.4	0.07	0.07	0.07	0.07	0.07	0.07	0.11
4	0.9	0.4	0.04	0.04	0.04	0.04	0.04	0.03	0.09

表11.7(续)

m	β	ρ	无趋势	线性	平方根	对数	平方	结构变化	波动
1	1	−0.4	0.03	0.03	0.03	0.03	0.03	0.01	0.12
2	1	−0.4	0.03	0.03	0.03	0.03	0.03	0.03	0.15
3	1	−0.4	0.02	0.02	0.02	0.02	0.02	0.02	0.15
4	1	−0.4	0.03	0.03	0.03	0.03	0.03	0.02	0.16
1	0.9	−0.4	0.15	0.15	0.12	0.14	0.15	0.01	0.44
2	0.9	−0.4	0.11	0.11	0.12	0.11	0.11	0.08	0.40
3	0.9	−0.4	0.08	0.08	0.08	0.08	0.08	0.05	0.34
4	0.9	−0.4	0.05	0.05	0.05	0.05	0.05	0.04	0.27
1	1	−0.6	0.02	0.02	0.02	0.02	0.02	0.01	0.27
2	1	−0.6	0.03	0.03	0.03	0.03	0.03	0.02	0.28
3	1	−0.6	0.03	0.03	0.03	0.03	0.03	0.01	0.29
4	1	−0.6	0.03	0.03	0.03	0.03	0.03	0.02	0.28
1	0.9	−0.6	0.13	0.13	0.10	0.12	0.13	0.00	0.60
2	0.9	−0.6	0.08	0.08	0.09	0.09	0.08	0.02	0.55
3	0.9	−0.6	0.05	0.05	0.05	0.05	0.05	0.03	0.47
4	0.9	−0.6	0.04	0.04	0.04	0.04	0.04	0.03	0.44

仿真结果表明，在残差项存在 MA（1）模式的相关时，就检验水平而言，波动趋势在 ρ 为负值时，将存在一定的水平扭曲，其他情况下检验水平没有扭曲。

11.8 小结

单位根检验分为无趋势、线性趋势与非线性趋势三种情形。无趋势相当于无漂移的随机漫步过程，线性趋势相当于漂移速度不变的随机漫步过程，而非线性趋势相当于漂移速度是变化的。统计软件中标准的 ADF 或 PP 单位根检验法对漂移速度变化的单位根过程检验无能为力。

本章提出用正交多项式逼近任意线性、非线性的确定性时间趋势，然后对残差进行单位根检验的方法，推导了正交多项式的逼近性质，研究了这种单位根检验统计量的极限分布，并提出了正交多项式最高阶数的确定方法，仿真研究了残差相关与不相关时的检验功效。结果表明，检验方法是有效的。只要选择合适的正交多项式阶数，对多项式趋势的逼近将是无误差的，而对非多项式趋势逼近的误差也可以很小，从而得到正确的单位根检验结果。

12 基于奇异值分解去势的非特定趋势序列单位根检验法

本章提出 SVD-RMA 含趋势单位根检验法，基于奇异值分解将时间序列的趋势项与干扰项分离，然后用递归均值调整法对干扰项进行单位根检验。仿真实验表明，SVD-RMA 法对无趋势、线性与非线性趋势甚至包含结构突变过程的检验功效都不错，对残差项存在序列相关时的检验水平和功效也是令人满意的。

本章第一部分为引言，第二部分详细介绍 SVD-RMA 算法的具体实现，第三部分提供了 SVD-RMA 检验的不同样本长度和检验水平的临界值，第四部分提供了详细的仿真结果，第五部分为小结。

12.1 引言

在时间序列的计量分析中，不管是多变量的回归分析，还是用 ARMA 模型来描述单个时间序列，平稳性要求都是一个基本前提。当然，经济数据时间序列常常有一个随时间不断增长的确定性趋势，显示出非平稳性。但如果去掉趋势项后的剩余项是平稳的，则称为趋势平稳过程；否则称为差分平稳过程，也就是所谓的单位根过程。

平稳性的检验非常重要，但到目前还是没有完全解决。大部分文献在实证分析中都使用 ADF 方法做单位根检验，但 ADF 恰当的适用范围较窄，通常只对大样本线性趋势适用，其检验功效也较低；PP 检验的检验功效较高，但对非线性趋势基本上也无能为力。ADF 与 PP 检验对数据生成过程敏感，应用于非线性趋势情形的检验，结果可能存在疑问，甚至得出完全错误的结论。众所周知的例子如 Nelson 与 Plosser 在 1982 年用 ADF 方法检验 14 个美国宏观经济数据，发现存在 13 个单位根过程；但 Perron 在 1989 年引入结构变点这种非线性模型后，发现真正的单位根过程只有 3 个。

实际经济数据很难令人信服地假设为是线性趋势的。当然，我们可以假设趋势是平方根的、多项式的、对数的、分段线性的等各种非线性模型，然后分别用 ADF 或者 PP 检验针对每种情况进行单位根检验的研究，但由于事前并不知道趋势形式，这种方法无疑是繁杂而缺少针对性的。

本章提出一种新的单位根检验算法（SVD-RMA 法），可以一致地处理线性与各种非线性趋势的单位根检验。算法通过奇异值分解（SVD）估计趋势项，剩余项用递归均值调整（RMA）后的 DF 算法来进行单位根检验。因为对趋势的估计使用一种非参数的方法，不需要对趋势的线性或非线性的具体形式进行假设。

本章研究的数据模型，假设时间序列 Y_t 由趋势项 S_t 与干扰项 μ_t 构成：

$$Y_t = S_t + \mu_t \tag{12.1}$$

其中 S_t 为确定性时间趋势项，可能为时间的线性或者各种非线性形式，μ_t 为随机干扰项，假设为一阶自回归模型：$\mu_t - \mu = \rho(\mu_{t-1} - \mu) + e_t$，其中 e_t 是均值为 0 的平稳过程。则如果 $|\rho| < 1$，Y_t 是趋势平稳的；若 $\rho = 1$，则存在单位根。

蒙特卡罗仿真实验表明，这种单位根检验方法对线性趋势与各种非线性趋势都可以做出很好的检验，检验功效也比较理想。比如，在 250 个样本数，$\rho = 0.8$ 时，SVD-RMA 法对线性趋势、平方根趋势、二次趋势、对数趋势甚至结构突变的分段线性趋势等各种情况的检验功效都超过 93.8%，而传统的 ADF 与 PP 检验除了对线性趋势检验功效较高外，对其他非线性趋势检验功效最好时也没超过 40%。

12.2 SVD-RMA 单位根检验算法

对矩阵进行奇异值分解，可以将其分解到不同的正交空间上，很好地去除矩阵行、列两方向的相关性与共线性（张贤达，1995）。本算法利用奇异值分解的良好性质来处理时间序列，但需先将一维序列二维矩阵化。

12.2.1 一维时间序列的二维矩阵化

假如时间序列为 $x_1, x_2, \cdots, x_n$，令 $m = \left[\dfrac{n+1}{2}\right]$，$[\ ]$ 表示取整，$k = n - m + 1$。定义矩阵：

$$X = (x_{ij})_{m \times k} = \begin{pmatrix} x_1 & x_2 & \cdots & x_k \\ x_2 & x_3 & \cdots & x_{k+1} \\ \vdots & \vdots & \ddots & \vdots \\ x_m & x_{m+1} & \cdots & x_n \end{pmatrix} \tag{12.2}$$

其中 $x_{ij} = x_p$，满足 $p = i + j - 1$。

这样我们就把一维时间序列转换为了二维矩阵，从而可以利用 SVD 的良好性质对时间序列进行处理。反过来，将矩阵中对应的数值取出，也容易从二维矩阵中恢复一维时间序列。可以看出，从矩阵 X 中恢复时间序列 $x_1, x_2, \cdots, x_n$ 时，同一个 p 值可能对应不同的 (i,j) 对，此时可对不同 (i,j) 位置的 x_{ij} 求平均来恢复 x_p。

如果 n 为奇数，$m = k = (n+1)/2$，X 将为一个对称实矩阵；如果 n 为偶数，$m = n/2$，$k = m + 1$，除了多出最后一列外，X 剩余部分也是一个对称实矩阵。

12.2.2 奇异值分解

设 X 为 $m \times k$ 维实数矩阵，满足 $m \leq k$，行列相同时必为对称矩阵，则按照奇异值分解（Singular Value Decomposition）理论，分别存在一个 $m \times m$ 矩阵 U 和 $k \times k$ 矩阵 V，使得：

$$X = U \Lambda V^T \tag{12.3}$$

其中 U、V 为单位正交矩阵，满足 $UU^T = E_{m \times m}$，$VV^T = E_{k \times k}$，Λ 为 $m \times k$ 维对角矩阵，其主对角元素非负，并且按照下列顺序排列：$\lambda_{11} \geq \lambda_{22} \geq \cdots \geq \lambda_{mm} \geq 0$，其他元素全为 0。

在奇异值分解中，因矩阵 Λ 非对角元素全为 0，按对角展开，把非 0 元素乘出来，有：

$$X = \sum_{i=1}^{m} \lambda_{ii} u_i v_i^T \tag{12.4}$$

其中 u_i 为矩阵 U 的第 i 个列向量（$m \times 1$），v_i 为矩阵 V 的第 i 个列向量（$k \times 1$）。令 $X_i = \lambda_{ii} u_i v_i^T$，因 u_i 与 v_i 为单位向量，X_i 矩阵中每个元素的大小将主要由奇异值 λ_{ii} 决定。并且有：

$$X = \sum_{i=1}^{m} X_i \tag{12.5}$$

也就是说，原始序列 $m \times k$ 维矩阵 X 分解为了 m 个 $m \times k$ 维分量矩阵 X_i 之和。因为分量矩阵中每个元素的大小将主要由奇异值大小决定，显然大的奇异值对应的 X_i 分量矩阵决定了模型中趋势的主要成分，小的奇异值对应的 X_i 分量决定了统计上的随机成分。计算表明，对无趋势序列而言，奇异值序列 λ_{ii} 将缓慢下降；而对趋势序列而言，前面几个奇异值远大于后面的奇异值，奇异值序列陡降后缓慢下降。

我们可以取前面几个特征值对应的分量矩阵来估计序列的趋势部分。在本算法中，用前面最大的两个奇异值来估计趋势，即取 $X_1 + X_2$ 为趋势部分的估计值，则 $X - (X_1 + X_2)$ 为剩余项部分的估计值，即干扰项 μ_t 的估计值。

12.2.3 递归均值调整单位根检验原理

考虑 AR（1）时间序列模型 $y_t - \mu = \rho(y_{t-1} - \mu) + e_t$，$t=1,2,\cdots,n$。在 DF 检验中，用普通最小二乘法估计相关系数 ρ，但因为自变量与误差项是相关的，估计是有偏的，并且估计量的分布也存在严重的左偏，当其趋于 1（单位根情形）时，左偏变得更加严重，从而影响了 DF 单位根检验的功效。为了改善检验功效，申和索（Shin, So, 2001）等人提出使用递归均值调整（Recursive Mean Adjustment）的方法来改善回归系数的估计，从而改善了 ρ 的估计，进而改善了 DF 检验的功效。

RMA 检验法的检验统计量为：

$$\hat{\tau}_r = \frac{(\hat{\rho}_r - 1)}{se(\hat{\rho}_r)} = \frac{\hat{\rho}_r - 1}{\hat{\sigma}_r} \left[\sum_{t=2}^{n} (y_{t-1} - \overline{y_{t-1}})^2 \right]^{0.5} \quad (12.6)$$

其中相关系数 ρ 的估计值为：

$$\hat{\rho}_r = \frac{\sum_{t=2}^{n} (y_t - \overline{y_{t-1}})(y_{t-1} - \overline{y_{t-1}})}{\sum_{t=2}^{n} (y_{t-1} - \overline{y_{t-1}})^2} \quad (12.7)$$

误差项的方差估计为：

$$\hat{\sigma}_r^2 = \frac{1}{n-2} \sum_{t=2}^{n} \left[(y_t - \overline{y_{t-1}}) - \hat{\rho}_r (y_{t-1} - \overline{y_{t-1}}) \right]^2 \quad (12.8)$$

其中按时间递归调整的均值计算公式为：

$$\overline{y_{t-1}} = \frac{1}{t-1} \sum_{i=1}^{t-1} y_i \quad (12.9)$$

此方法与普通 DF 的唯一区别是用递归调整的均值取代所有样本的均值，从而获得相关系数估计和检验功效的改善。

12.2.4 SVD-RMA 单位根检验方法

本章提出的 SVD-RMA 单位根检验算法，先将一维时间序列按公式（12.2）转换为二维矩阵，然后进行奇异值分解（SVD），取前面最大的两个奇异值对应的分量矩阵来估计时间趋势项，剩余部分为无趋势剩余项 μ_t 的估计，然后对剩余部分应用 RMA 方法进行无趋势单位根检验。

12.3 SVD-RMA 单位根检验的临界值

12.3.1 不同趋势时单位根检验统计量分布几乎重叠

考虑时间趋势序列 $Y_t = S_t + \mu_t$，其中 S_t 分别包括无趋势、线性趋势、平方根趋势、二次趋势、对数趋势与结构突变分段线性趋势。μ_t 为随机干扰项，假设为单位根过程：$\mu_t = \mu_{t-1} + e_t$，e_t 是独立同分布的标准正态分布 $N(0,1)$。

在样本数为 400 的情况下，我们用 SVD 去除趋势，然后用 RMA 进行单位根检验，重复 2 000 次得到不同趋势检验统计量的概率分布，如图 12.1 所示。

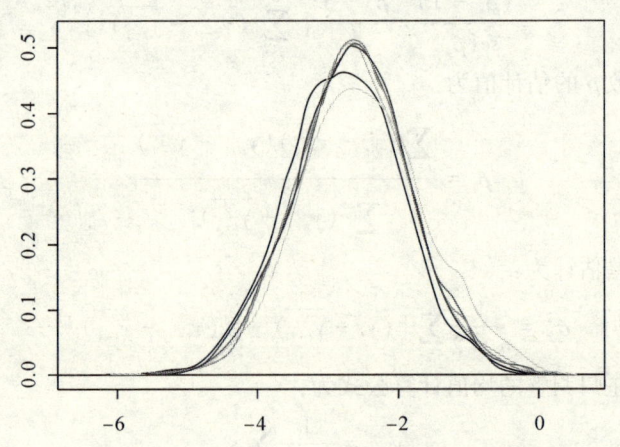

图 12.1 不同趋势下 SVD-RMA 单位根检验统计量的概率分布

可以看出，不同趋势下 SVD-RMA 单位根统计量的概率分布曲线大致是重叠的，特别是线性趋势、平方根趋势、二次趋势、对数趋势几乎完全重叠，结构突变趋势在左边也重叠得很好，说明它们在不同的显著水平下都有接近相同的临界值。当然无趋势序列的统计量概率分布曲线略微左偏，据此得出的临界值应用于其他趋势曲线时，将导致检验水平略低于设定的检验水平，检验功效也要略低于更理想的情况。但这个问题并不严重，首先，分布曲线虽然没完全重叠，但相隔并不远，得到的临界值差别不大；其次，临界值略为左偏只是导致检验水平降低，检验更加保守而已；最后，我们也可以直接对线性趋势仿真来获得带趋势时的临界值，这样可以对带趋势情形的检验获得更好的检验功效，但对无趋势时可能会有小小的检验水平扭曲。

12.3.2 SVD-RMA 的单位根检验临界值

利用数据生成过程：$\mu_t = \mu_{t-1} + e_t$，$e_t \in IIN(0,1)$，$\mu_0 = 0$，在不同的时间长

度下分别生成带单位根随机序列,然后按照 SVD-RMA 算法计算检验统计量,进行 10 000 次重复,得到了 SVD-RMA 的单位根检验在不同样本数和显著水平下的检验临界值,如表 12.1 所示。如在 5% 的显著水平下,样本数为 25,50,100,250 的临界值分别为 -4.56,-4.357,-4.229,-4.147。

表 12.1 不同样本数和显著水平下的 SVD-RMA 单位根检验临界值

显著水平	n=25	n=50	n=100	n=200	n=250	n=500	n=1 000
1%	-5.438	-5.010	-4.880	-4.700	-4.732	-4.681	-4.660
2%	-5.063	-4.748	-4.632	-4.497	-4.493	-4.464	-4.426
3%	-4.850	-4.579	-4.476	-4.372	-4.340	-4.317	-4.263
4%	-4.700	-4.452	-4.338	-4.256	-4.239	-4.211	-4.153
5%	-4.560	-4.357	-4.229	-4.165	-4.147	-4.122	-4.071
6%	-4.451	-4.257	-4.146	-4.095	-4.069	-4.044	-3.988
7%	-4.364	-4.176	-4.081	-4.030	-3.998	-3.982	-3.929
8%	-4.288	-4.104	-4.028	-3.968	-3.946	-3.932	-3.866
9%	-4.207	-4.045	-3.979	-3.918	-3.896	-3.883	-3.821
10%	-4.140	-3.970	-3.933	-3.869	-3.847	-3.840	-3.775

可以看出,随着样本数的增加,不同显著水平下的临界值先快速下降,然后保持缓慢下降趋势至极限值。

12.4 蒙特卡罗仿真

12.4.1 数据生成过程

考虑时间趋势序列 $Y_t = S_t + \mu_t$,其中 S_t 为线性或者各种非线性趋势函数,μ_t 为随机干扰项,考虑 AR(1) 过程,$\mu_t - \mu = \rho(\mu_{t-1} - \mu) + e_t$,其中 e_t 是独立同分布的正态分布 $N(0, \delta^2)$,$\mu = 0$。本章仿真研究了 $\rho = 1$(Y_t 存在单位根)以及 $\rho = 0.95, 0.9, 0.8, 0.7, 0.6, 0.5$(趋势平稳)的各种情况。

仿真研究的各种趋势包括:

线性趋势,$S_t = 0.35(t + 100)$;

平方根趋势,$S_t = 10(t + 100)^{0.5}$;

二次趋势,$S_t = 0.000\,7(t + 100)^2$;

对数趋势,$S_t = 150\log(t + 300)$;

结构突变分段线性趋势,当 $t \in [1, n/2]$ 时,$S_t = 150 - 0.1n + 0.45t$,$t \in$

$[n/2,n]$ 时，$S_t = 150 + 0.25t$，在中间突变并保持连续。

其中 $t = 1,2,3,\cdots,n$，n 为序列长度，我们取 25，50，100，250 进行了仿真研究。

12.4.2 残差项无相关时 SVD-RMA 单位根检验的检验水平及功效

取 e_t 为标准正态分布，我们分别对 $\rho = 1$，0.95，0.9，0.8，0.7，0.6，0.5，n 取 25，50，100，250 下的各种趋势进行了仿真研究。零假设为：$H_0: \rho = 1$，备择假设为：$H_1: \rho < 1$。在 5% 的显著水平下，各自的临界值分别取 −4.56，−4.357，−4.229，−4.147。我们分别对无趋势、线性趋势、平方根趋势、二次趋势、对数趋势以及结构突变趋势进行仿真，每个检验重复 1 000 次，获得各种情况下的检验功效（即不存在单位根的概率）如表 12.2、表 12.3 所示。

其中 ADF 与 PP 检验的结果是应用 R 统计软件获得的。

表 12.2　各种趋势下不同检验方法的检验功效（Power）（一）

n	ρ	线性趋势 ADF	PP	SVD-RMA	平方根趋势 ADF	PP	SVD-RMA	二次趋势 ADF	PP	SVD-RMA
25	1	4.6	3.3	4.2	5.2	2.9	2.9	4.8	3.6	4.2
25	0.95	4.5	4.1	3.4	4.7	3.5	3.4	3.7	3.4	4.8
25	0.9	6.7	5.2	3.9	4	6.1	3.8	4.4	4.9	3.7
25	0.8	5.6	7.9	5.9	5.9	7	4.9	5.4	7.3	5
25	0.7	7	10	7.1	6.3	10.1	5.8	7.8	12.1	6.2
25	0.6	9.6	19.1	11.2	8.7	18.6	8.2	9.5	20	8
25	0.5	10.7	29.7	13.9	12.1	28.7	13.4	11.1	30.8	13.1
50	1	4.5	5.6	3.8	4.5	5	3.8	4.1	4.6	3.3
50	0.95	5.1	6.7	4.5	6.1	7.3	4.5	5.7	7.4	4.2
50	0.9	6.2	10.2	5.8	6.1	9.5	6.3	6.9	9	4.8
50	0.8	8.8	23.5	12.3	9.5	25.4	12.7	10.3	26.5	14.2
50	0.7	18	49.9	26	16.4	50.3	25.3	16.4	51.3	27.1
50	0.6	22	77.5	48.8	23.9	76.8	44.1	19	76.7	51.5
50	0.5	28.1	93.4	67.5	28.8	90.8	69	27.2	92.2	68.7
100	1	4.6	5.3	4	5	6	3.7	3.4	5.6	3.6
100	0.95	5.5	10.2	5.7	6.1	10.6	5.7	6.7	11.3	5.6
100	0.9	11.8	25.7	10.9	11.6	23.5	13.2	9.3	23.9	13.1
100	0.8	31.7	75.1	39.1	21.5	60.7	38.6	20.7	62.4	45
100	0.7	48.4	99.3	76	32.1	89.7	76.5	30.6	88.2	81.3
100	0.6	62.1	100	96.1	34.2	97.7	96.6	32.8	97.1	97.2
100	0.5	76.1	100	99.8	39.5	99.9	99.7	36	99.8	99.8

表12.2(续)

n	ρ	线性趋势 ADF	PP	SVD-RMA	平方根趋势 ADF	PP	SVD-RMA	二次趋势 ADF	PP	SVD-RMA
250	1	4.4	5.8	3.9	5.1	5.6	2.7	2.7	2.4	4.3
250	0.95	19.3	38.2	13.6	8.1	10.3	13.1	1.5	1.2	12.6
250	0.9	54	90.6	46.6	12.4	22.4	45.5	0.2	0.2	47.8
250	0.8	90.6	100	99.5	5.9	38.5	99.2	0	0	99.4
250	0.7	98.3	100	100	1.8	51.6	100	0	0	100
250	0.6	99.9	100	100	0.8	65.7	100	0	0	100
250	0.5	100	100	100	0	76.2	100	0	0	100

表12.2对应线性趋势、平方根趋势与二次趋势的情形，表12.3对应对数趋势与结构突变趋势的情形。

表12.3 各种趋势下不同检验方法的检验功效（Power）（二）

n	ρ	对数趋势 ADF	PP	SVD-RMA	结构突变 ADF	PP	SVD-RMA
25	1	3.2	4.3	3.8	4.8	3.9	2.7
25	0.95	5.2	4	5.3	3.7	4.5	4.1
25	0.9	3.9	4.4	3.2	4.4	4.5	3.6
25	0.8	5.7	8.4	4.9	5.4	5.5	4.5
25	0.7	7.9	14.3	7.1	7.8	9.7	6.6
25	0.6	8.6	19.9	9.8	9.5	15.3	11.6
25	0.5	11.8	29.6	13.9	11.1	24.4	14.1
50	1	5.1	6.1	4.1	4.1	3.5	5.3
50	0.95	4.4	7.5	4.4	5.7	3.9	3.4
50	0.9	7.5	10.5	5.7	6.9	6.8	5.7
50	0.8	11.9	25.5	14.4	10.3	13.2	9.4
50	0.7	15.3	50	27.4	16.4	20.9	19.8
50	0.6	24.8	75.4	46	19	32.2	35.6
50	0.5	28.6	92.6	69	27.2	43.3	59.7
100	1	3.6	5.7	3.3	3.4	5.1	2.5
100	0.95	6.7	10.7	5.8	6.7	5.5	4.2
100	0.9	10.9	24	12.8	9.3	7.8	8.8
100	0.8	26.1	66.5	43.9	20.7	9.8	26.6
100	0.7	34.3	92.1	81	30.6	10.1	61.7
100	0.6	41	98.9	97.6	32.8	12.8	89.5
100	0.5	43.1	100	99.9	36	18.9	99.2
250	1	4	3.2	3.7	2.7	3.8	3.1

12 基于奇异值分解去势的非特定趋势序列单位根检验法

表12.3(续)

n	ρ	对数趋势			结构突变		
		ADF	PP	SVD-RMA	ADF	PP	SVD-RMA
250	0.95	8.5	9.8	14.1	1.5	0.8	8
250	0.9	7.2	16.5	50.9	0.2	0	31.6
250	0.8	3	25.4	99.7	0	0	93.8
250	0.7	0.4	31	100	0	0	99.9
250	0.6	0	38.9	100	0	0	100
250	0.5	0.2	52.6	100	0	0	100

从表 12.2 与表 12.3 中可以看出，在存在单位根（$\rho = 1$）的情况下，对不同的样本大小，各种检验方法对各种线性与非线性趋势的检验功效都接近于设定的显著水平 5%，即将单位根过程判断为不存在单位根的概率接近 5%，说明不存在明显的尺度扭曲，对不同 ρ 值下的检验功效的比较是有意义的。特别是对 SVD-RMA 检验法而言，仿真结果没有明显的尺度扭曲，表明不同趋势序列使用 SVD 去势后使用同样的临界值表进行 RMA 检验是合理的，这也间接说明 SVD 的去势效果良好。

在样本数为 25 时，如果 ρ 不低于 0.5，ADF、PP、SVD-RMA 检验的检验功效都不高。如果将检验功效低于 50% 认为不能正常使用的话（此时大部分平稳过程将被看作存在单位根），样本数为 25 时，几种检验都不能很好工作。在 $\rho \geq 0.95$ 时，即使样本数较大，也容易被判断为存在单位根。

对同一个趋势，在同样的样本大小下，随着 ρ 从 1 逐步下降，各种方法的检验功效都迅速增加，这是符合预期的（后面的仿真实验表明，这样的结论也不是绝对的，可能存在例外的情况）。

对同一个趋势，在 ρ 保持不变时，随着样本数的增加，检验功效按理应该保持增加趋势。线性趋势下各检验方法确实遵循这个规律，各种非线性趋势下的 SVD-RMA 检验法符合这样的规律，但对 ADF 与 PP 检验法而言，在非线性趋势情况下并没有这种规律，如对二次趋势而言，在 $\rho = 0.7$ 的情况下，ADF 与 PP 在 100 个样本数时的检验功效分别为 30.6%、88.2%，但在 250 个样本数的情况下，检验功效都降低为 0。这种情况的原因是干扰项方差对趋势项方差的相对大小影响到检验功效，事实上，ADF 与 PP 对非线性趋势序列的检验能力严重依赖于序列趋势部分与干扰部分方差的相对大小，后者相对越大，检验功效越大（刘田，2008）。在样本数增加时，趋势部分方差增加，但干扰部分方差保持不变，故而检验功效变小。

ADF 只对线性趋势可用，并且只在样本数较大和 ρ 较小时，才有好的检验功效。如样本数为 100，$\rho = 0.7$ 时，检验功效也只有 48.4%。ADF 检验对其他非线性趋势检验功效都低到没法应用的地步。

PP 检验对线性趋势效果良好，并对部分非线性趋势在一定条件下具有检验能力，但在多数情况下对非线性趋势检验结果糟糕。如对二次趋势与结构变化序列，即使在 250 个样本数，$\rho = 0.5$ 的情况下，其检验功效都是 0，将全部判断为存在单位根。

在样本数较大或相关系数稍小时，SVD-RMA 对各种线性与非线性趋势的检验功效都很好。比如在 250 个样本数，$\rho = 0.8$ 的情况下，SVD-RMA 法对线性趋势、平方根趋势、二次趋势、对数趋势甚至结构突变的分段线性趋势等各种情况的检验功效都超过 93.8%；在 100 个样本数，$\rho = 0.7$ 的情况下，SVD-RMA 法的检验功效最低也有 61.7%。

12.4.3 干扰项方差变化对检验功效的影响

仿真试验表明（刘田，2008），对非线性趋势序列的单位根检验而言，干扰项方差与趋势项方差的相对大小会显著影响检验结果和功效，如果干扰项相对方差很大，ADF 与 PP 检验也可对非线性趋势做出正确的检验。此时干扰项将趋势淹没，接近于无趋势序列，所以从直观上是容易理解的。

为了验证趋势项与干扰项方差相对大小对各种检验方法检验功效的影响，我们固定序列长度为 250，在 $\rho = 0.6$、0.8 两种情况下，让各趋势项保持不变，干扰项 $\mu_t = \rho \mu_{t-1} + e_t$ 中，误差项 e_t 是独立同分布的正态分布 $N(0, \delta^2)$，让 δ 从 0.1 增加到 3.5，每次增加 0.1，每个方差各做 1 000 次仿真实验，计算不同检验方法的检验功效，可以得到不同趋势下检验功效随 δ 的变化情况。检验结果如图 12.2 至图 12.6 所示。

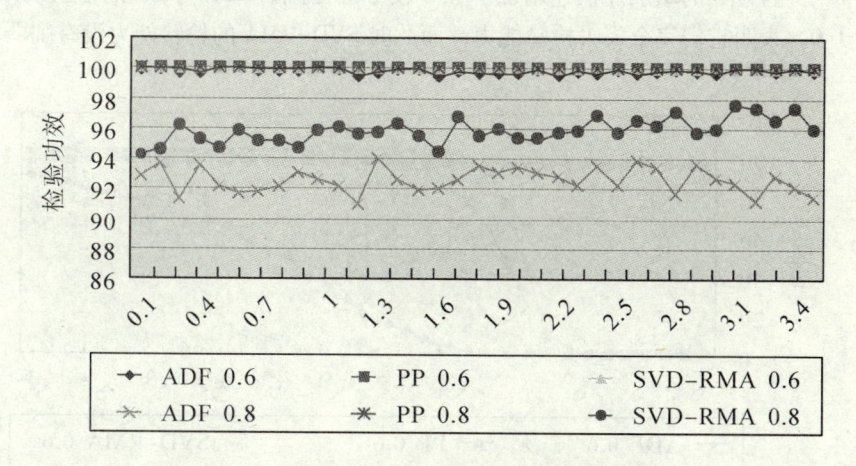

图 12.2 线性趋势下 δ 变化对检验功效的影响

线性趋势下，三种检验方法的检验功效都比较理想，并且不随干扰项方差的变化而变化。在干扰项相关性较小（$\rho = 0.6$）时，三种检验方法的检验功效均接近100%。在干扰项相关性较强（$\rho = 0.8$）时，三种检验方法的检验功效均比较理想，但 PP 检验的功效略好于 SVD-RMA 检验，而 SVD-RMA 的检验功效好于 ADF 检验。

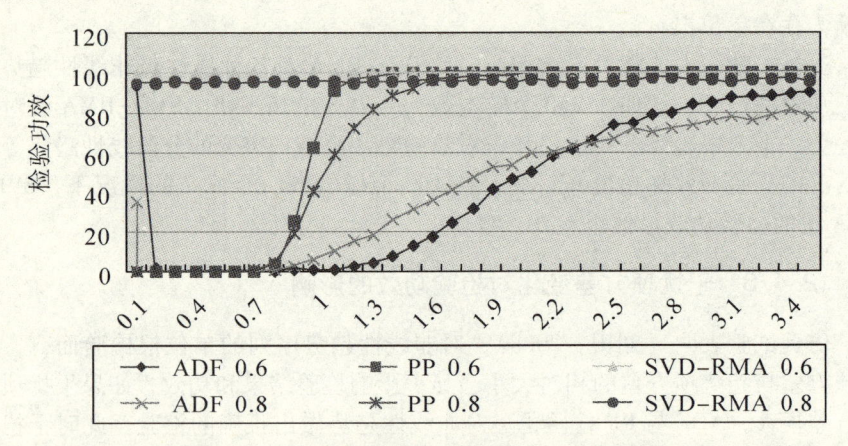

图 12.3　平方根趋势 δ 变化对检验功效的影响

平方根趋势下，趋势项的标准方差为 24.77。SVD-RMA 检验的检验功效理想，并且基本不随 δ 的变化而改变。ADF 在 $\delta > 2$ 时检验功效大于 50%，才勉强可用；有趣的是，在部分方差区间，相关系数较大时检验功效也比较大，其原因是此时干扰项方差也较大，这再次说明干扰项方差对检验功效的重大影响；当然在 $\delta \leq 0.1$ 时，其检验功效也比较高。PP 检验的功效在 $\delta > 1$ 时超过 50%，并且随 δ 的增加而快速增加。在 δ 较小的区间，ADF 与 PP 的检验功效接近于 0，表明它们完全失去检验能力，而此时 SVD-RMA 的检验能力没有削弱。

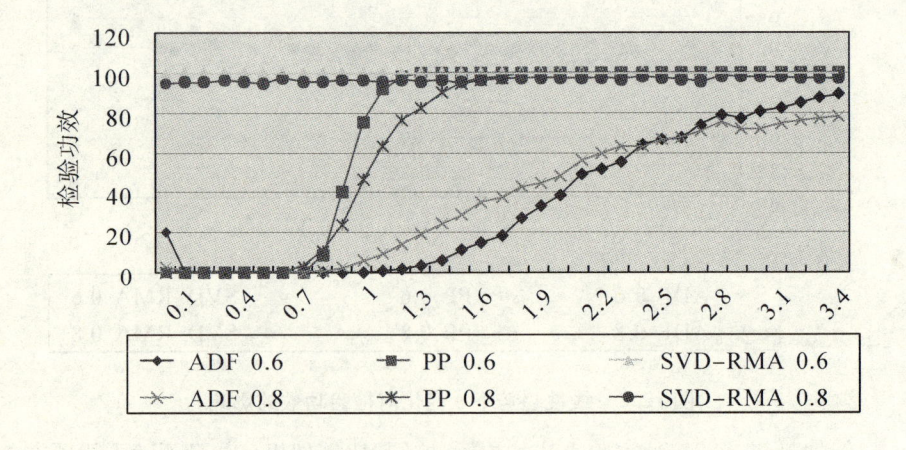

图 12.4　对数趋势下 δ 变化对检验功效的影响

对数趋势下，趋势项的标准方差为 26.03。SVD-RMA 检验的检验功效理想，并且基本不随 δ 的变化而改变。ADF 在 $\delta > 2.2$ 时检验功效大于 50%，才勉强可用，在部分方差区间，同样有相关系数较大时检验功效也较大的现象。PP 检验的功效在 $\delta > 1.1$ 时超过 50%，并且随 δ 的增加而快速增加。同样，在 δ 较小的区间，ADF 与 PP 检验完全失去检验能力，而 SVD-RMA 的检验能力没有削弱。

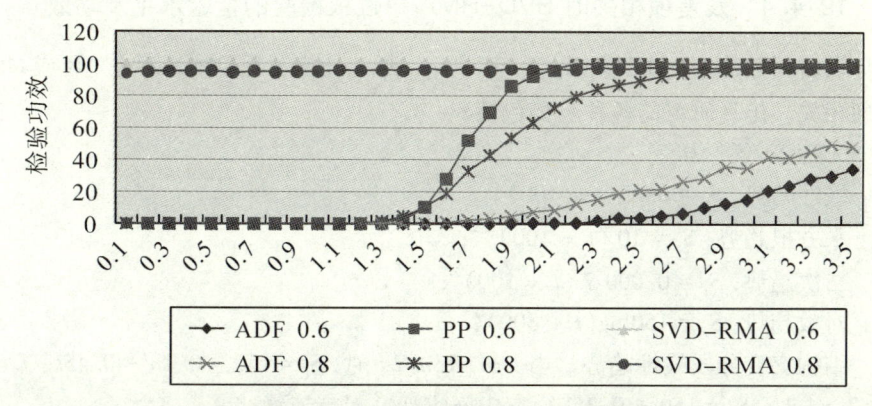

图 12.5 二次趋势下 δ 变化对检验功效的影响

二次趋势下，趋势项的标准方差为 23.06。SVD-RMA 检验的检验功效理想，并且基本不随 δ 的变化而改变。ADF 在 $\delta < 3.5$ 时检验功效低于 50%，相关系数较大时检验功效也比较大。PP 检验的功效在 $\delta > 1.8$ 时超过 50%，并且随 δ 的增加而增加。

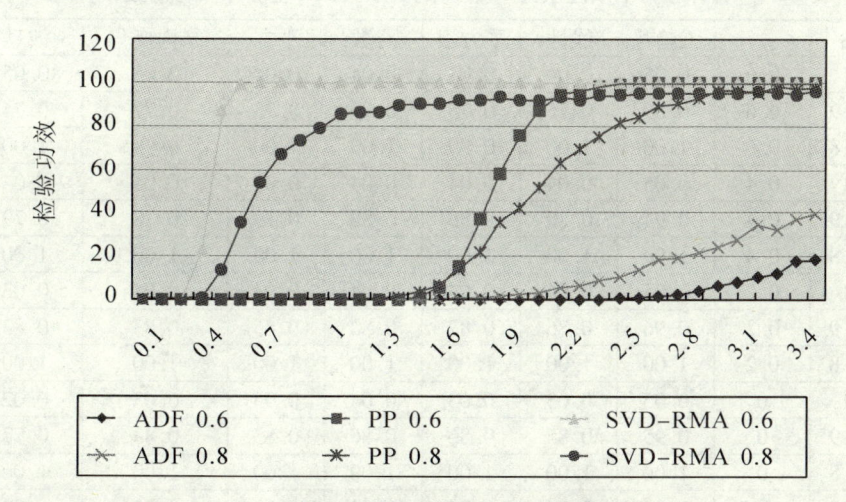

图 12.6 结构突变下 δ 变化对检验功效的影响

对结构突变模型而言，趋势项的标准方差为 25.52。在 $\delta > 0.4$（相关系数为 0.6）或者 $\delta > 0.6$（相关系数为 0.8）时，SVD-RMA 检验的检验功效理想，并且基本不随 δ 的变化而改变，方差很小时，SVD-RMA 的检验功效也较低。ADF 在 $\delta < 3.5$ 时检验功效都低于 40%，相关系数较大时检验功效也比较大。PP 检验的功效在 $\delta > 2$ 时超过 50%，并且随 δ 的增加而迅速增加。

12.4.4 残差项相关时 SVD-RMA 单位根检验的检验水平及功效

设时间趋势序列 $Y_t = S_t + \mu_t$，其中 $\mu_t = \beta\mu_{t-1} + e_t$。残差项 e_t 存在 AR 或 MA 序列相关。仿真研究的各种趋势包括：

无趋势，$S_t = 0$；

线性趋势，$S_t = 0.35(t + 100)$；

平方根趋势，$S_t = 10(t + 100)^{0.5}$；

二次趋势，$S_t = 0.0007(t + 100)^2$；

对数趋势，$S_t = 150\log(t + 300)$；

结构突变分段线性趋势，当 $t \in [1, n/2]$ 时，$S_t = 150 - 0.1n + 0.45t$，$t \in [n/2, n]$ 时，$S_t = 150 + 0.25t$，在中间突变并保持连续；

波动趋势，$S_t = 0.35t + \sin(0.2t)$。

若 $e_t = \rho e_{t-1} + \varepsilon_t$，其中 ε_t 为标准正态分布，样本数为 400。在 5% 的显著水平下，分别对各种趋势情形进行仿真，每个重复 1 000 次实验，获得各种情况下的检验功效如表 12.4 所示。

表 12.4 各种趋势下残差项为 AR(1) 的 SVD-RMA 检验水平与功效（样本数 400）

β	ρ	无趋势	线性	平方根	对数	平方	结构变化	波动
1	0.6	0.05	0.04	0.04	0.04	0.04	0.03	0.05
0.9	0.6	0.89	0.75	0.75	0.79	0.75	0.77	0.74
0.8	0.6	1.00	1.00	0.99	1.00	1.00	0.99	1.00
1	0.4	0.05	0.04	0.04	0.04	0.03	0.04	0.04
0.9	0.4	0.94	0.80	0.80	0.82	0.79	0.78	0.79
0.8	0.4	1.00	1.00	1.00	1.00	1.00	1.00	1.00
1	0.2	0.05	0.04	0.04	0.04	0.04	0.04	0.03
0.9	0.2	0.96	0.86	0.87	0.88	0.85	0.83	0.83
0.8	0.2	1.00	1.00	1.00	1.00	1.00	1.00	1.00
1	0	0.05	0.03	0.04	0.04	0.03	0.03	0.02
0.9	0	0.95	0.85	0.86	0.86	0.85	0.83	0.77
0.8	0	1.00	1.00	1.00	1.00	1.00	1.00	1.00
1	-0.2	0.05	0.04	0.04	0.04	0.03	0.05	0.02
0.9	-0.2	0.98	0.89	0.89	0.89	0.89	0.86	0.76

表12.4(续)

β	ρ	无趋势	线性	平方根	对数	平方	结构变化	波动
0.8	-0.2	1.00	1.00	1.00	1.00	1.00	1.00	1.00
1	-0.4	0.04	0.04	0.03	0.04	0.03	0.04	0.02
0.9	-0.4	0.98	0.88	0.89	0.89	0.87	0.82	0.69
0.8	-0.4	1.00	1.00	1.00	1.00	1.00	1.00	1.00
1	-0.6	0.05	0.04	0.04	0.04	0.04	0.03	0.01
0.9	-0.6	0.99	0.89	0.89	0.89	0.88	0.82	0.59
0.8	-0.6	1.00	1.00	1.00	1.00	1.00	1.00	1.00

仿真结果表明,在残差项存在 AR(1) 模式的相关时,SVD-RMA 检验依然有效而稳健,检验水平没有扭曲,检验功效也不错。对包括结构突变在内的各种趋势都可以做出很好的检验。对同一 ρ 值,随着 β 的下降,各种趋势的检验功效都增加。对同一 β 值,随着 ρ 从正到负的逐步下降,各种趋势下的检验功效基本上也增加;只有波动趋势例外,在 ρ 值为负时,ρ 的下降将导致功效的下降。

设 $\mu_t = \beta\mu_{t-1} + e_t$,残差项为 MA(1) 过程:$e_t = \varepsilon_t + \rho\varepsilon_{t-1}$,其中 ε_t 为标准正态分布,样本数为 400。在 5% 的显著水平下,分别对无趋势、线性趋势、平方根趋势、二次趋势、对数趋势、结构突变趋势以及波动趋势进行仿真,每个检验重复 1 000 次实验,获得各种情况下的检验功效如表 12.5 所示。

表 12.5 各种趋势下残差项为 MA(1) 的检验水平与功效(样本数 400)

β	ρ	无趋势	线性	平方根	对数	平方	结构变化	波动
1	0.6	0.03	0.02	0.02	0.02	0.02	0.02	0.04
0.9	0.6	0.53	0.40	0.40	0.41	0.39	0.40	0.53
0.8	0.6	0.78	0.80	0.80	0.80	0.79	0.75	0.89
1	0.4	0.03	0.02	0.03	0.02	0.02	0.02	0.05
0.9	0.4	0.53	0.40	0.41	0.41	0.38	0.39	0.56
0.8	0.4	0.80	0.83	0.83	0.84	0.82	0.79	0.93
1	0.2	0.05	0.03	0.03	0.03	0.03	0.02	0.07
0.9	0.2	0.54	0.41	0.41	0.42	0.38	0.39	0.60
0.8	0.2	0.83	0.80	0.81	0.81	0.80	0.75	0.95
1	0	0.04	0.03	0.02	0.02	0.03	0.02	0.08
0.9	0	0.58	0.44	0.43	0.43	0.43	0.39	0.72
0.8	0	0.84	0.83	0.83	0.83	0.82	0.72	0.97
1	-0.2	0.03	0.02	0.03	0.02	0.02	0.02	0.10
0.9	-0.2	0.60	0.45	0.45	0.46	0.43	0.38	0.80
0.8	-0.2	0.85	0.87	0.87	0.87	0.84	0.74	0.99
1	-0.4	0.03	0.02	0.02	0.02	0.02	0.02	0.21

表12.5(续)

β	ρ	无趋势	线性	平方根	对数	平方	结构变化	波动
0.9	−0.4	0.60	0.46	0.46	0.47	0.41	0.34	0.92
0.8	−0.4	0.91	0.91	0.91	0.91	0.88	0.67	1.00
1	−0.6	0.04	0.03	0.03	0.03	0.03	0.02	0.47
0.9	−0.6	0.70	0.55	0.55	0.56	0.50	0.30	0.99
0.8	−0.6	0.94	0.94	0.94	0.94	0.90	0.51	1.00

仿真结果表明，在残差项存在 MA（1）模式的相关时，就检验水平而言，波动趋势在 ρ 为负值时，SVD-RMA 检验法存在一定的水平扭曲，其他趋势的检验依然有效而稳健，检验水平没有扭曲，检验功效比 AR（1）时略差。

对同一 ρ 值，随着 β 的下降，各种趋势的检验功效都增加。对同一 β 值，随着 ρ 从正到负的逐步下降，各种趋势下的检验功效基本上也增加。

12.5 小结

本章通过蒙特卡罗实验表明，传统 ADF 检验与 PP 检验对线性趋势或无趋势平稳过程可以做出好的单位根检验判断。但因为它们通常都是线性趋势假设，对非线性趋势而言，如平方根趋势、二次趋势、对数趋势、分段线性的结构突变趋势等，ADF 检验与 PP 检验只在误差项方差相对很大时，才能得出正确的检验结果；通常情况下它们趋向于将平稳过程判断为存在单位根，得出错误的检验结论。

本章提出的 SVD-RMA 单位根检验算法，基于奇异值分解（SVD）将时间序列的趋势项与干扰项分离，然后用递归均值调整（RMA）法对干扰项进行单位根检验。这是一种非参数去势方法，可以用同样的方法对线性趋势与非线性趋势序列进行处理。仿真实验表明，SVD-RMA 法对线性趋势、平方根趋势、二次趋势、对数趋势的检验效果都很好，检验功效不随误差项方差变化而改变。对结构变化序列而言，只要误差项方差不是特别小，检验功效也很高。如果误差项方差相对于趋势项而言特别小，此时误差项的影响忽略不计，时间序列将基本上只有确定性趋势部分了。

对非线性趋势序列的单位根检验而言，干扰项方差的相对大小对检验功效有重要影响，随着误差项方差的增加，检验功效快速增长。如果认为检验功效高于50%的检验方法才可用的话，仿真实验表明，趋势项与误差项标准方差之比小于42倍时，非线性趋势过程可以使用 SVD-RMA 检验；小于12倍时，可以使用 PP 检验；小于4倍时，可以使用 ADF 检验。

13 基于局部多项式拟合去势的非特定趋势序列单位根检验法

本章提出用局部加权多项式回归的方法来去除确定性趋势，不用考虑趋势的具体形式及设定问题，然后对残差进行单位根检验的方法。本章介绍了局部多项式回归的性质，研究了基于 VR 检验的统计量的极限分布，仿真研究了窗宽的选择问题，以及残差相关与不相关时的检验水平与检验功效。结果表明，检验方法是有效的。

13.1 引言

本章继续研究包含确定性趋势序列，特别是非线性趋势序列单位根的检验问题。

带趋势序列单位根检验的核心是确定性趋势的分离和去除，去除趋势后的剩余部分用传统的无趋势单位根检验方法检验就可以了，如 RMA、差分序列的长短时方差比（VR）等检验方法。

本章研究的方法可以对无趋势、线性或非线性确定性趋势下的时间序列进行单位根检验，并且不用考虑趋势的具体形式及设定问题。本章利用局部多项式回归这种非参数方法来去除确定性趋势，然后对得到的残差进行单位根检验。本章对局部加权多项式回归的性质做了简要推导与分析，研究了对残差进行 VR 检验的统计量的极限分布，并用仿真的方法研究了在残差相关与不相关两种情况下的检验功效。仿真结果表明，检验方法是实用的，可以对非线性趋势序列得到有效的检验结果。

13.2 局部加权多项式拟合去势算法原理

13.2.1 Nadaraya-Watson 估计及其性质

假设 $t \in \{1,2,\cdots,n\}$，$x = \{1/n, 2/n, \cdots, 1\}$，有观测值 $\{y_1, y_2, \cdots, y_n\}$，现在用观测值 y_j 的线性组合来估计在 i 处的实际值 $m(i)$，估计式 $m(i) = \sum_{j=1}^{n} w_j(i) y_j$，不同的观测值赋予不同的加权系数。其中的权函数，或称核函数为：

$$w_j(i) = \frac{\frac{1}{h} K(\frac{j-i}{h})}{\sum_{j=1}^{n} \frac{1}{h} K(\frac{j-i}{h})} \tag{13.1}$$

这就是所谓的 Nadaraya-Watson 估计。其实质是用观测点前后的观测值的加权平均来作观测点的估计值，这种思路和方法在金融、证券等多个领域有广泛应用，如资本市场应用非常广泛的价格移动平均线。

一般采用在原点有单峰的概率密度函数作权函数，常用的权函数如表 13.1 所示。

表 13.1　　　　　　　　　　常用的权函数

名称	权函数
均匀核	$K(u) = \begin{cases} 0.5 & -1 \leq u \leq 1 \\ 0 & \text{其他} \end{cases}$
三角形核	$K(u) = (1 - |u|)_+$
Epanechikov 核	$K(u) = 0.75(1 - u^2)_+$
四次核	$K(u) = \frac{15}{16} ((1 - |u|^2)_+)^2$
六次方核	$K(u) = \frac{70}{81} ((1 - |u|^3)_+)^2$
高斯核	$K(u) = \frac{1}{\sqrt{2\pi}} e^{-\frac{u^2}{2}}$
余弦核	$K(u) = \begin{cases} \frac{1}{2} \cos(u) & \text{当} |u| \leq \frac{\pi}{2} \\ 0 & \text{其他} \end{cases}$

在式（13.1）中，对任意 i，权函数显然满足：$\sum_{j=1}^{n} w_j(i) = 1$。这是对权函数的基本要求，通常还要求权函数满足对称性、连续性及有界性。概率密度函数常常满足这些要求。

当窗宽 h 趋于 0 时，有 $w_j(i) = \begin{cases} 1, & i = j \\ 0, & i \neq j \end{cases}$，则 i 处的估计值 $m(i) = y_i$，为该点的观测值。当窗宽 h 趋于无穷时，$w_j(i) = \dfrac{1}{n}$，则每一点的估计值均为观测值的样本均值。

对均匀核而言，窗宽为 h（假设其为整数）时，i 处的估计值为：

$$m(i) = \frac{1}{2h+1} \sum_{j=i-h}^{i+h} y_j \tag{13.2}$$

有时也用 $m(i) = \dfrac{1}{2h} \sum_{j=i-h}^{i+h} y_j$ 来估计，当窗宽较大时，两者无显著差别。

13.2.2 局部加权多项式回归估计方法

假设 $t \in \{1, 2, \cdots, n\}$，$x = \{1/n, 2/n, \cdots, 1\}$，现在有观测值 $\{y_1, y_2, \cdots, y_n\}$，且 $y_t = m(x_t) + \varepsilon_t$，$1 \leq t \leq n$。其中 $m(x)$ 为 $[0,1]$ 上的平滑函数，在 x 处有 $p+1$ 阶导数且连续。现在的目标是基于观测值估计未知的平滑函数 $m(x)$ 及其各阶导数。我们使用非参数局部多项式加权估计法。设：

$$\psi = \sum_{t=1}^{n} \left[y_t - \sum_{j=0}^{p} \beta_j(x)(x_t - x)^j \right]^2 w_t \tag{13.3}$$

其中 $\beta_j(x) = \dfrac{m^{(j)}(x)}{j!}$，权 $w_t = \dfrac{1}{n} K_n(x_t - x)$，其中 $K_n(u) = \dfrac{1}{h_n} K\left(\dfrac{u}{h_n}\right)$。

求（13.3）式的最小值可以得到 $\beta_j(x)$ 的估计值 $\hat{\beta}_j(x)$，实质为加权最小二乘。写成矩阵形式：

$$Y = \begin{pmatrix} y_1 \\ \vdots \\ y_n \end{pmatrix}, \quad \beta(x) = \begin{pmatrix} \beta_0(x) \\ \vdots \\ \beta_p(x) \end{pmatrix}, \quad X_p = \begin{pmatrix} 1 & x_1 - x & \vdots & (x_1 - x)^p \\ 1 & x_2 - x & \vdots & (x_2 - x)^p \\ \vdots & \vdots & & \vdots \\ 1 & x_n - x & \vdots & (x_n - x)^p \end{pmatrix},$$

$$W = \begin{pmatrix} w_1 & \cdots & 0 \\ \vdots & \ddots & \vdots \\ 0 & \cdots & w_n \end{pmatrix}, \quad \text{则有：}$$

$$\hat{\beta}(x) = (X'_p W X_p)^{-1} X'_p W Y \tag{13.4}$$

则 $m(x)$ 及其 j 阶导数的估计值分别为：

$$\hat{m}(x) = \hat{\beta}_0(x), \quad \hat{m}^{(j)}(x) = (j!)\hat{\beta}_j(x) \tag{13.5}$$

当 $p=0$ 时，就是 N-W 估计；当 $p=1$ 时，为局部线性加权估计；一般 p 最大取 2 就可以了。

13.2.3 局部多项式回归估计的性质

假设 13.1：

核函数满足：$K(u)$ 是对称的，支集有界且 Lipschitz 连续；

窗宽 h_n 满足：$h_n > 0$，$\lim_{n \to \infty} h_n = 0$，$\lim_{n \to \infty} nh_n = \infty$。

$y_t = m(x_t) + \varepsilon_t$，$1 \leqslant t \leqslant n$，$m(x)$ 在 x 处有 $p+1$ 阶导数且连续；ε_t 为平稳或单位根随机过程，或者全为 0。

令 $M = (m(x_1), m(x_2), \cdots, m(x_n))^T$，在 x 邻域内对其做 $p+1$ 阶泰勒展开，得：

$$M = X_p \beta(x) + \frac{m^{(p+1)}(x)}{(p+1)!} \begin{pmatrix} (x_1-x)^{p+1} \\ \vdots \\ (x_n-x)^{p+1} \end{pmatrix} + o\begin{pmatrix} (x_1-x)^{p+1} \\ \vdots \\ (x_n-x)^{p+1} \end{pmatrix} \tag{13.6}$$

设 $E = (\varepsilon_1, \varepsilon_2, \cdots, \varepsilon_n)^T$，$Y = M + E$，代入（13.4）式，得：

$$\hat{\beta}(x) - \beta(x) = S^{-1}\left[X'_p W E + \frac{m^{(p+1)}(x)}{(p+1)!} \begin{pmatrix} s_{p+1} \\ \vdots \\ s_{2p+1} \end{pmatrix} + o\begin{pmatrix} h_n^{p+1} \\ \vdots \\ h_n^{2p+1} \end{pmatrix} \right] \tag{13.7}$$

其中 S 为 $(p+1) \times (p+1)$ 矩阵，其元素为 $s_{i,j} = s_{i+j-2}$，且：

$$s_j = \frac{1}{n} \sum_{t=1}^n (x_t - x)^j K_n(x_t - x) \tag{13.8}$$

将求和转换为积分，则 s_j 的极限分布为 $s_j = h_n^j \int u^j K(u) du$。显然，如果 $\lim_{n \to \infty} h_n = 0$，且 $m^{p+1}(x) = 0$，则 $\hat{\beta}(x) - \beta(x) = S^{-1} X'_p W E$，如果无干扰项，此时有 $\hat{\beta}(x) = \beta(x)$，得到完全精确的拟合；如果干扰项为零均值，有 $E[\hat{\beta}(x)] = \beta(x)$，估计是渐近无偏的。其他情况下，估计可能是有偏的。

可以证明 [参见费朗西斯科·费尔南德斯，维拉尔·费尔南德斯（Francisco-Fernandez, Vilar-Fernandez, 2001, 2004）]，如果 ε_t 为零均值平稳，其长时方差为 ω^2；或者 ε_t 全为 0 时，有：

$$Bias[\hat{m}^{(j)}(x)] = h_n^{p+1-j} \frac{m^{(p+1)}(x)}{(p+1)!} j! \int u^{p+1} K_{(j,p)}(u) du \tag{13.9}$$

$$Var[\hat{m}^{(j)}(x)] = \frac{\omega^2}{nh_n^{2j+1}} (j!)^2 \int K_{(j,p)}^2(u) du \tag{13.10}$$

对带趋势的单位根检验而言，$j=0$，$p=0$、1 或 2 即可。比如 $j=0$ 且 $p=0$ 时，估计偏差为 $h_n m'(x) \int u K_{(0,0)}(u) du$，估计方差为 $\frac{\omega^2}{nh_n} \int K_{(0,0)}^2(u) du$。可以看出，回归函数 m（x）估计的渐近偏差随着窗宽减小而减小，但渐近方差随着窗宽减小而增大。所以我们需要选择适当的窗宽，在估计的偏差和方差中寻求平衡。

13.2.4 基于局部多项式拟合去势的单位根检验法

假设时间序列 Y_t 由趋势项 S_t 与干扰项 μ_t 构成：

$$Y_t = S_t + \mu_t \tag{13.11}$$

其中 S_t 为确定性时间趋势项，可能为时间的线性或者各种非线性形式，μ_t 为随机干扰项，假设为一阶自回归模型：$\mu_t = \rho \mu_{t-1} + e_t$，其中 e_t 是均值为 0 的平稳过程。则如果 $|\rho|<1$，Y_t 是趋势平稳的；若 $\rho=1$，则存在单位根。

我们对 Y_t 进行局部多项式拟合得到趋势的估计值，去除趋势后对残差进行单位根检验。当然我们也可以先对时间序列进行差分，然后再做局部多项式拟合，求出所得残差的求和序列后再进行单位根检验。对多项式趋势而言，差分可以降低一次确定性趋势的阶次。

因为加权最小二乘是线性估计，残差应该为趋势项 S_t 与干扰项 μ_t 进行同样拟合后所得残差 R_s 与 R_u 之和。一定条件下，如果 R_s 为 0 或者影响可以忽略，我们就认为很好地去除了趋势，只需要对 R_u 进行单位根检验就可以了。比如窗宽较小时；或者 $m^{(p+1)}(x)$ 为常数时，如 $p=1$ 时 $m(x)$ 为 2 次多项式或者为 3 次多项式的差分等情况。

13.3 局部多项式去势单位根检验法的极限分布

设无趋势随机过程 $u_t = \beta u_{t-1} + e_t$。现在对 $p=0$ 且核函数为均匀核的局部多项式去势处理的情形，推导对残差进行长短时方差比（VR）单位根检验时的极限分布。窗宽为 $h_n = h/n$，要求 $\lim\limits_{n\to\infty} h/n = 0$，$\lim\limits_{n\to\infty} h = \infty$。此时去趋势后的残差为：

$$y_t = u_t - \frac{1}{2h}(u_{t-h} + u_{t-h+1} + \cdots + u_{t+h}) \tag{13.12}$$

y_t 的差分序列为：

$$v_t = y_t - y_{t-1} = u_t - u_{t-1} - \frac{1}{2h}(u_{t+h} - u_{t-h-1})$$

则：

$$S_n = \sum_{t=1}^{n} v_t = u_n - \frac{1}{2h}[(u_n + u_{n-1} + \cdots + u_{n-h}) - (u_1 + u_2 + \cdots + u_h)]$$

其中假设了 $u_i = 0$, $i \leq 0$ 且 $u_{n+i} = 0$, $i > 0$, 且有 $u_n = \beta^{n-1}e_1 + \beta^{n-2}e_2 + \cdots + e_n$。

我们先推导 e_t 独立同分布的简单情形,此时令 $\mathrm{var}(e_t) = \sigma^2$,当 $s \neq 0$ 时,有 $E(e_t e_{t-s}) = 0$。

当 $\beta = 1$ 时,对应单位根情形,此时有:
$$u_n = e_1 + e_2 + \cdots + e_n$$
$$u_1 + u_2 + \cdots + u_h = he_1 + (h-1)e_2 + \cdots + e_h$$
$$u_n + u_{n-1} + \cdots + u_{n-h} = (h+1)(e_1 + e_2 + \cdots + e_{n-h}) + [he_{n-h+1} + (h-1)e_{n-h+2} + \cdots + e_n]$$

则:
$$S_n = \frac{h-1}{2h}(e_1 + e_2 + \cdots + e_{n-h}) + \frac{1}{2h}[he_{n-h+1} + (h+1)e_{n-h+2} + \cdots + (2h-1)e_n]$$
$$+ \frac{1}{2h}[he_1 + (h-1)e_2 + \cdots + e_h]$$
$$= \frac{1}{2h}[(2h-1)e_1 + (2h-2)e_2 + \cdots + he_h] + \frac{h-1}{2h}(e_{h+1} + e_{h+2} + \cdots + e_{n-h})$$
$$+ \frac{1}{2h}[he_{n-h+1} + (h+1)e_{n-h+2} + \cdots + (2h-1)e_n]$$

则:
$$\frac{E(S_n^2)}{\sigma^2} = \left(\frac{h-1}{2h}\right)^2 n + \frac{8h^2 + 3h - 5}{12h} \tag{13.13}$$

当 $h \Rightarrow \infty$ 且 $h/n \Rightarrow 0$ 时,得到单位根情形时 VR 统计量的极限分布为:
$$\frac{E(S_n^2)}{n\sigma^2} \Rightarrow 0.25\left(1 - \frac{1}{h}\right)^2 + \frac{2h}{3n} \Rightarrow 0.25 \tag{13.14}$$

当 $\beta < 1$ 时,对应平稳情形,此时有:
$$u_n = \beta^{n-1}e_1 + \beta^{n-2}e_2 + \cdots + e_n$$
$$u_1 + u_2 + \cdots + u_h = \frac{1-\beta^h}{1-\beta}e_1 + \frac{1-\beta^{h-1}}{1-\beta}e_2 + \cdots + e_h$$
$$u_n + u_{n-1} + \cdots + u_{n-h} = \left[\frac{\beta^{n-h-1} - \beta^n}{1-\beta}e_1 + \frac{\beta^{n-h-2} - \beta^{n-1}}{1-\beta}e_2 + \cdots + \frac{\beta^0 - \beta^{h+1}}{1-\beta}e_{n-h}\right]$$
$$+ \left[\frac{1-\beta^h}{1-\beta}e_{n-h+1} + \frac{1-\beta^{h-1}}{1-\beta}e_{n-h+2} + \cdots + \frac{1-\beta}{1-\beta}e_n\right]$$

则:
$$S_n = (\beta^{n-1}e_1 + \beta^{n-2}e_2 + \cdots + e_n) + \frac{1}{2h}\left(\frac{1-\beta^h}{1-\beta}e_1 + \frac{1-\beta^{h-1}}{1-\beta}e_2 + \cdots + e_h\right)$$

$$-\frac{1}{2h}\left[\frac{\beta^{n-h-1}-\beta^n}{1-\beta}e_1+\frac{\beta^{n-h-2}-\beta^{n-1}}{1-\beta}e_2+\cdots+\frac{\beta^0-\beta^{h+1}}{1-\beta}e_{n-h}\right]$$

$$-\frac{1}{2h}\left[\frac{1-\beta^h}{1-\beta}e_{n-h+1}+\frac{1-\beta^{h-1}}{1-\beta}e_{n-h+2}+\cdots+\frac{1-\beta}{1-\beta}e_n\right]$$

在 e_t 独立同分布的情况下，考虑到 $\beta^h \Rightarrow 0$，$\beta^n \Rightarrow 0$，可得到：

$$\frac{E(S_n^2)}{\sigma^2}=\frac{1}{2h(1-\beta)^2}+\frac{1}{1-\beta^2}+\frac{1-4h(1-\beta)}{4h^2(1-\beta)^2(1-\beta^2)}-\frac{\beta(\beta+2)}{2h^2(1-\beta)^2(1-\beta^2)}$$

进一步简化，可得到 $\dfrac{E(S_n^2)}{\sigma^2}=\dfrac{1}{1-\beta^2}$，显然有：

$$\frac{E(S_n^2)}{n\sigma^2}\Rightarrow\frac{1}{n(1-\beta^2)}\Rightarrow 0 \tag{13.15}$$

现在推导 e_t 存在短时相关的情形。设 $\mathrm{var}(e_t)=\sigma^2$，当 s 较小时，$E(e_t e_{t-s})=\gamma_s$，相关系数为 $\rho_s=\dfrac{\gamma_s}{\gamma_0}$。如果 s 较大，$\rho_s=0$。

对单位根情形：$\dfrac{E(S_n^2)}{n\gamma_0}$ 中 ρ_1 项的系数为：

$$\frac{2}{n(2h)^2}\{[(2h-1)(2h-2)+(2h-2)(2h-3)+\cdots$$
$$+(h+1)h]+(h-1)^2(n-2h-1)+h(h+1)+(h+1)(h+2)+\cdots$$
$$+(2h-2)(2h-1)+h(h-1)+h(h-1)\}$$

在 $n\gg h\gg 1$ 的前提下，即 $\dfrac{h}{n}\Rightarrow 0$，$\dfrac{1}{h}\Rightarrow 0$，上式的极限为：

$$\frac{2}{n(2h)^2}\{nh^2[o(1)+1+o(1)]\}\Rightarrow\frac{1}{2}$$

同样，ρ_2 项的系数为：

$$\frac{2}{n(2h)^2}\{[(2h-1)(2h-3)+(2h-2)(2h-4)+\cdots$$
$$+(h+2)h]+(h-1)^2(n-2h-2)+h(h+2)+(h+1)(h+3)+\cdots$$
$$+(2h-3)(2h-1)+h(h-1)+(h+1)(h-1)+(h-1)(h+1)+h(h-1)\}$$

不难看出，在 $n\gg h\gg 1$ 的前提下，$\{\cdots\}$ 中所有各项将由 $(h-1)^2(n-2h-2)$ 主导，故极限情况下将趋近于 $\dfrac{2}{n(2h)^2}\{(h-1)^2(n-2h-2)\}\Rightarrow\dfrac{1}{2}$。

同样的方法，在 e_t 存在短时相关且 $n\gg h\gg 1$ 的前提下，ρ_s 项的系数均趋近于 0.5，于是得到单位根情形下的检验统计量：

$$\frac{E(S_n^2)}{n\sigma^2}\Rightarrow 0.25+0.5(\rho_1+\rho_2+\cdots)=0.25[1+2(\rho_1+\rho_2+\cdots)]$$

$$\tag{13.16}$$

同样的方法，不难证明，在平稳假设下统计量：
$$VR \Rightarrow 0 \tag{13.17}$$
这样就得到单位根情形与平稳情形下检验统计量的极限分布。

13.4 局部多项式去势单位根检验法的检验临界值

13.4.1 不同趋势时单位根检验统计量的概率分布曲线

考虑时间趋势序列 $Y_t = S_t + \mu_t$，其中 S_t 为线性或者各种非线性趋势函数，μ_t 为随机干扰项，假设为单位根过程：$\mu_t = \rho\mu_{t-1} + e_t$，其中 e_t 是独立同分布的标准正态分布 $N(0,1)$。

仿真研究的各种趋势包括：

无趋势，$S_t = 0$；
线性趋势，$S_t = 0.35(t + 100)$；
平方根趋势，$S_t = 10(t + 100)^{0.5}$；
二次趋势，$S_t = 0.0007(t + 100)^2$；
对数趋势，$S_t = 150\log(t + 300)$；
结构突变分段线性趋势，当 $t \in [1, n/2]$ 时，$S_t = 150 - 0.1n + 0.45t$，$t \in [n/2, n]$ 时，$S_t = 150 + 0.25t$，在中间突变并保持连续；
波动趋势，$S_t = 0.35t + \sin(0.2t)$。

在样本数为200的情况下，我们取窗宽为20，局部线性拟合去趋势后用VR方法进行单位根检验，重复2 000次得到不同趋势检验统计量的概率分布如图13.1所示。

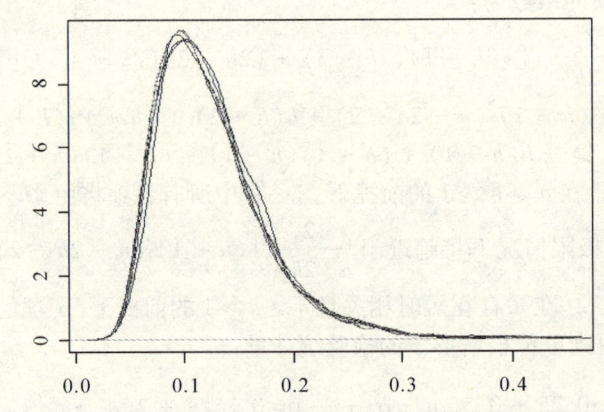

图13.1 各种趋势下VR单位根检验统计量的概率分布曲线

同样，在样本数为 200 的情况下，我们取窗宽为 20，局部线性拟合去趋势后用 RMA 方法进行单位根检验，重复 2 000 次得到不同趋势检验统计量的概率分布如图 13.2 所示。

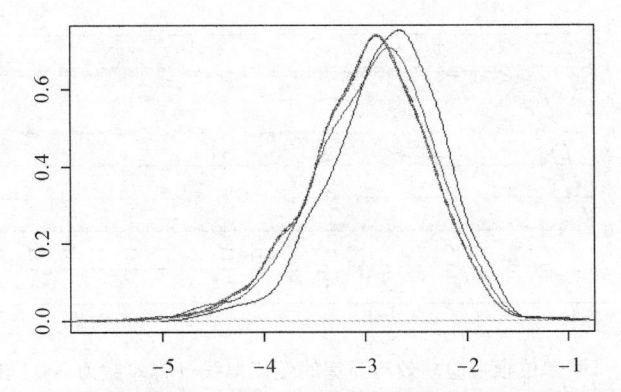

图 13.2 不同趋势下 RMA 单位根检验统计量的概率分布曲线

可以看出，不同趋势 VR 统计量的概率分布曲线几乎完全重叠；除了含结构变化与波动趋势的略有不同外，其他趋势与无趋势的 RMA 统计量的概率分布曲线也几乎完全重叠。说明它们在不同的显著水平下的临界值都几乎相同。保证了基于局部多项式回归去势后进行单位根检验的可靠性。

13.4.2 检验临界值、功效与窗宽的关系

对局部线性加权拟合而言，窗宽是一个重要的参数。不同的窗宽可能得到不同的临界值和检验功效。对样本数为 200 的无趋势单位根过程，用不同窗宽进行局部线性拟合后，对残差做 DF 单位根检验，分别重复 10 000 次得到 5% 显著水平下检验临界值与窗宽变化的曲线，如图 13.3 所示。

从图 13.3 可以看出，随着窗宽从 0 开始逐步增加，5% 显著水平下的检验临界值迅速增加，到一定程度后基本收敛，不再随窗宽的增加而有大的变化。

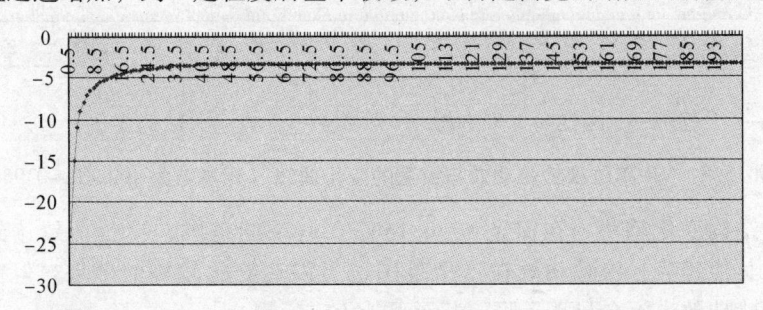

图 13.3 DF 单位根检验临界值与窗宽的变化曲线（样本数为 200）

对平稳过程 $\mu_t = \beta\mu_{t-1} + e_t$，$\beta = 0.8$，样本数为 200，重复 2 000 次得到不同趋势下 DF 单位根检验法的检验功效随窗宽变化的曲线如图 13.4 所示。显著水平为 5%，临界值为同样窗宽下图 13.3 对应的值。

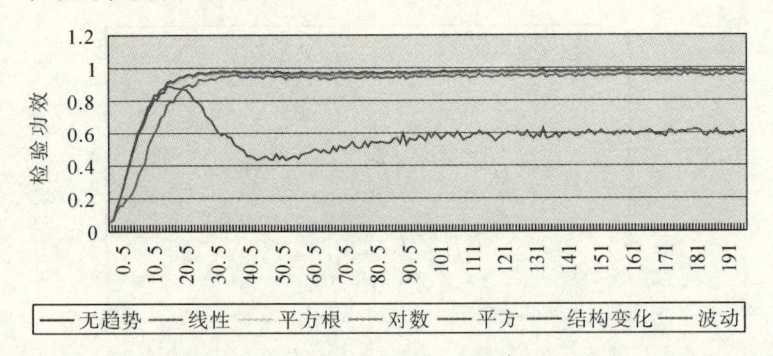

图 13.4 DF 单位根检验功效与窗宽的变化曲线（样本数为 200，$\beta = 0.8$）

对结构变化趋势而言，在窗宽 h = 0.1N - 0.125N 的范围，检验功效达到最大值；之后，检验功效会有显著的下降，然后又随着窗宽的增加而有所增加；对其他趋势，检验功效在 h = 0.1N 时已经获得比较好的结果，但窗宽增加，检验功效也不会显著下降。综合而言，窗宽可取为 N/8，可以对各种趋势达到综合较好的结果。

对样本数为 400，$\beta = 0.95$，在 5% 显著水平下，重复 2 000 次得到各种趋势下不同窗宽的 VR 检验功效如图 13.5 所示。

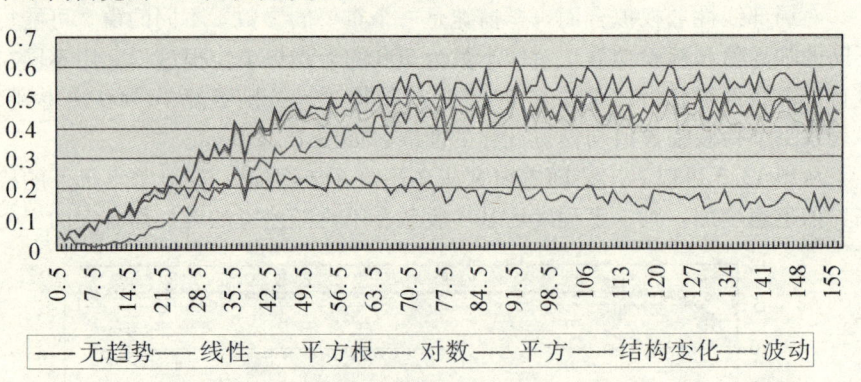

图 13.5 VR 单位根检验功效与窗宽的变化曲线（样本数为 400，$\beta = 0.95$）

对结构变化趋势，在窗宽 h = 0.15N - 0.16N 的范围，检验功效达到最大值；对其他趋势，检验功效在这个范围也可以达到比较好的结果，但窗宽增加，检验功效也不会显著下降，甚至可能上升。

对样本数为 200，$\beta = 0.8$，重复 2 000 次得到不同窗宽在 5% 显著水平下的 VR 检验功效如图 13.6 所示。

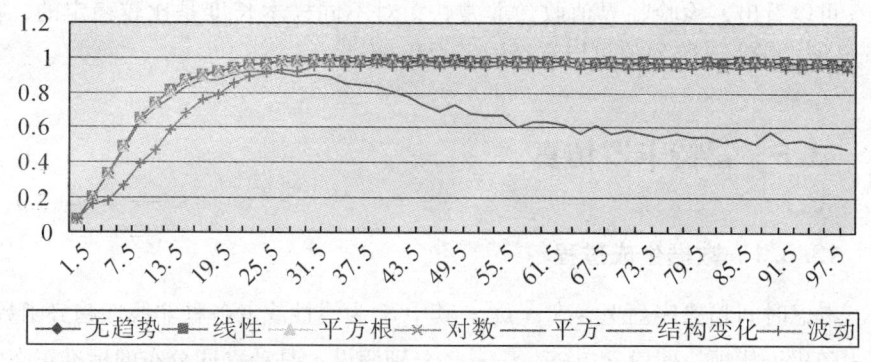

图 13.6　VR 单位根检验功效与窗宽的变化曲线（样本数为 200，β=0.8）

同样，结构变化趋势对窗宽最敏感，在 h = 0.1N - 0.16N 的范围，检验功效达到最大值；对其他趋势，检验功效在 h = 0.15N - 0.16N 的范围也可以达到比较好的结果，但窗宽增加的话，检验功效也不会显著下降。

综合而言，对 VR 检验来说，窗宽可取为 0.15 - 0.16N，对各种趋势达到综合较好的结果。

13.4.3　检验临界值

利用数据生成过程：$u_t = u_{t-1} + e_t$，$e_t \in IIN(0,1)$，$\mu_0 = 0$，在不同的时间长度下分别生成带单位根随机序列，然后做差分，再按照局部线性回归去趋势后，对残差按长短时方差比计算 VR 检验统计量。进行 10 000 次重复，得到了在不同样本数和显著水平下的检验临界值，如表 13.2 所示。窗宽 $h = 0.16N$，局部多项式次数为 1，即局部线性回归拟合。

表 13.2　不同样本和显著水平下局部线性去趋势后的 VR 单位根检验临界值

显著水平	25	50	75	100	150	200	250	500	750	1 000
0.01	0.077	0.071	0.068	0.067	0.065	0.063	0.063	0.063	0.063	0.063
0.02	0.083	0.077	0.074	0.073	0.071	0.071	0.071	0.070	0.070	0.070
0.03	0.089	0.082	0.079	0.078	0.076	0.076	0.076	0.075	0.075	0.075
0.04	0.092	0.086	0.082	0.082	0.081	0.080	0.080	0.079	0.079	0.079
0.05	0.096	0.090	0.086	0.085	0.084	0.083	0.081	0.081	0.081	0.081
0.06	0.099	0.092	0.088	0.088	0.087	0.086	0.086	0.085	0.085	0.085
0.07	0.101	0.095	0.091	0.091	0.090	0.089	0.089	0.088	0.088	0.088
0.08	0.104	0.098	0.093	0.093	0.093	0.092	0.092	0.091	0.091	0.091
0.09	0.106	0.100	0.096	0.096	0.095	0.094	0.094	0.094	0.094	0.094
0.1	0.108	0.102	0.098	0.098	0.098	0.096	0.096	0.096	0.096	0.096

可以看出，检验临界值收敛非常快，对不同样本长度是比较稳定的，在 5%显著水平下，临界值可以选择固定为 0.081。

13.5 蒙特卡罗仿真

13.5.1 数据生成过程

考虑时间趋势序列 $Y_t = S_t + \mu_t$，其中 S_t 为线性或者各种非线性趋势函数，μ_t 为随机干扰项，假设 $\mu_t = \beta\mu_{t-1} + e_t$，分别假设 e_t 是独立同分布的标准正态分布或者 AR（1）或 MA（1）过程。本节仿真研究 $\beta = 1$ 的单位根情形与 $\beta = 0.9$，0.8，0.7 等趋势平稳的各种情况。

仿真研究的各种趋势包括：

无趋势，$S_t = 0$；

线性趋势，$S_t = 0.35(t + 100)$；

平方根趋势，$S_t = 10(t + 100)^{0.5}$；

二次趋势，$S_t = 0.0007(t + 100)^2$；

对数趋势，$S_t = 150\log(t + 300)$；

结构突变分段线性趋势，当 $t \in [1, n/2]$ 时，$S_t = 150 - 0.1n + 0.45t$，$t \in [n/2, n]$ 时，$S_t = 150 + 0.25t$，在中间突变并保持连续；

波动趋势，$S_t = 0.35t + \sin(0.2t)$。

其中 $t = 1, 2, 3, \cdots, n$，n 为序列长度。

13.5.2 残差项不相关时的局部多项式去势 VR 单位根检验法的检验功效

取 e_t 为标准正态分布，我们分别对样本数 N 为 100，150，200，250，500，1 000 进行仿真研究。在 5%的显著水平下，我们分别对无趋势、线性趋势、平方根趋势、二次趋势、对数趋势、结构突变趋势以及波动趋势进行仿真，每个检验重复 2 000 次实验，获得各种情况下的检验功效（即不存在单位根的概率），如表 13.3 所示。

表 13.3　　各种趋势下不同样本大小的检验功效

N	β	无趋势	线性	平方根	对数	平方	结构变化	波动
100	1	0.07	0.07	0.07	0.07	0.07	0.06	0.03
100	0.9	0.20	0.20	0.21	0.21	0.20	0.19	0.10
100	0.8	0.59	0.59	0.59	0.59	0.59	0.52	0.29

表13.3(续)

N	β	无趋势	线性	平方根	对数	平方	结构变化	波动
100	0.7	0.90	0.90	0.90	0.90	0.90	0.83	0.53
150	1	0.07	0.07	0.07	0.07	0.07	0.06	0.03
150	0.9	0.42	0.42	0.41	0.42	0.42	0.33	0.22
150	0.8	0.91	0.91	0.91	0.92	0.91	0.83	0.66
150	0.7	0.99	0.99	0.99	0.99	0.99	0.98	0.93
200	1	0.08	0.08	0.07	0.07	0.08	0.06	0.05
200	0.9	0.62	0.62	0.61	0.61	0.62	0.45	0.49
200	0.8	1.00	1.00	0.99	0.99	1.00	0.96	0.98
200	0.7	1.00	1.00	1.00	1.00	1.00	1.00	1.00
250	1	0.08	0.08	0.08	0.08	0.08	0.06	0.07
250	0.9	0.82	0.82	0.81	0.82	0.82	0.57	0.80
250	0.8	1.00	1.00	1.00	1.00	1.00	0.98	1.00
250	0.7	1.00	1.00	1.00	1.00	1.00	1.00	1.00
500	1	0.09	0.09	0.08	0.08	0.09	0.06	0.08
500	0.9	1.00	1.00	1.00	1.00	1.00	0.92	1.00
500	0.8	1.00	1.00	1.00	1.00	1.00	1.00	1.00
500	0.7	1.00	1.00	1.00	1.00	1.00	1.00	1.00
1 000	1	0.09	0.09	0.06	0.05	0.09	0.06	0.08
1 000	0.9	1.00	1.00	1.00	1.00	1.00	1.00	1.00
1 000	0.8	1.00	1.00	1.00	1.00	1.00	1.00	1.00
1 000	0.7	1.00	1.00	1.00	1.00	1.00	1.00	1.00

从表13.3中可以看出,在存在单位根($\beta = 1$)的情况下,对不同的样本大小,各种线性与非线性趋势的检验功效都接近于设定的显著水平5%,即将单位根过程判断为不存在单位根的概率接近5%,说明不存在明显的尺度扭曲,同时也间接说明局部多项式去势方法的去势效果良好。

对同一个趋势,在同样的样本大小下,随着β从1逐步下降,检验功效迅速增加,这是符合预期的。对同一个趋势,在β保持不变时,随着样本数的增加,检验功效保持增加趋势。在样本数较大时,检验方法对各种线性与非线性趋势的检验功效都很好。

13.5.3 干扰项存在序列相关的检验水平与功效

设 $\mu_t = \beta\mu_{t-1} + e_t$,$e_t = \rho e_{t-1} + \varepsilon_t$,其中 ε_t 为标准正态分布,样本数为1 000。在5%的显著水平下,分别对无趋势、线性趋势、平方根趋势、二次趋势、对数趋势、结构突变趋势以及波动趋势进行仿真,每个检验重复2 000次实验,获得各种情况下的检验功效如表 13.4 所示。

表 13.4　　各种趋势下残差项为 AR（1）的检验水平与功效

β	ρ	无趋势	线性	平方根	对数	平方	结构变化	波动
1	0.6	0.00	0.00	0.00	0.00	0.00	0.00	0.00
0.9	0.6	0.67	0.67	0.23	0.19	0.67	0.33	0.67
0.8	0.6	1.00	1.00	0.99	0.97	1.00	0.99	1.00
1	0.4	0.00	0.00	0.00	0.00	0.00	0.00	0.00
0.9	0.4	1.00	1.00	0.92	0.87	1.00	0.95	1.00
0.8	0.4	1.00	1.00	1.00	1.00	1.00	1.00	1.00
1	0.2	0.01	0.01	0.01	0.01	0.01	0.01	0.01
0.9	0.2	1.00	1.00	1.00	0.99	1.00	1.00	1.00
0.8	0.2	1.00	1.00	1.00	1.00	1.00	1.00	1.00
1	0	0.07	0.07	0.05	0.04	0.07	0.05	0.08
0.9	0	1.00	1.00	1.00	1.00	1.00	1.00	1.00
0.8	0	1.00	1.00	1.00	1.00	1.00	1.00	1.00
1	−0.2	0.35	0.35	0.24	0.22	0.35	0.26	0.35
0.9	−0.2	1.00	1.00	1.00	1.00	1.00	1.00	1.00
0.8	−0.2	1.00	1.00	1.00	1.00	1.00	1.00	1.00
1	−0.4	0.75	0.75	0.52	0.50	0.75	0.55	0.75
0.9	−0.4	1.00	1.00	1.00	1.00	1.00	1.00	1.00
0.8	−0.4	1.00	1.00	1.00	1.00	1.00	1.00	1.00

仿真结果表明，在残差项存在正的相关时，检验水平小于设定的值，但同时将导致检验功效的降低；无相关时检验水平与设定的水平值接近；当残差项存在负的相关性时，检验水平将出现扭曲，并且扭曲程度随负相关的加重迅速增加，但同时检验功效将大大增加。作为对比，同样大小的样本和检验水平，PP 检验对无趋势序列的检验功效为：$\rho = -0.2$ 为 9.1%；$\rho = -0.4$ 为 16.4%。

设 $\mu_t = \beta\mu_{t-1} + e_t$，残差项为 MA（1）过程：$e_t = \varepsilon_t + \rho\varepsilon_{t-1}$，其中 ε_t 为标准正态分布，样本数为 1 000。在 5% 的显著水平下，我们分别对无趋势、线性趋势、平方根趋势、二次趋势、对数趋势、结构突变趋势以及波动趋势进行仿真，每个检验重复 2 000 次实验，获得各种情况下的检验功效如表 13.5 所示。

仿真结果与 AR（1）情形类似，在残差项存在正的相关时，检验水平小于设定的值；而无相关时检验水平与设定的水平值相同；但当残差项存在负的相关性时，检验水平将出现扭曲，并且扭曲程度随负相关的加重迅速增加，但同时检验功效将大大增加。作为对比，同样的样本和检验水平，PP 检验对无趋势序列的检验功效为：$\rho = -0.2$ 为 10.4%；$\rho = -0.4$ 为 27%。

表 13.5　　各种趋势下残差项为 MA（1）的检验水平与功效

β	ρ	无趋势	线性	平方根	对数	平方	结构变化	波动
1	0.6	0.00	0.00	0.00	0.00	0.00	0.00	0.00
0.9	0.6	1.00	1.00	0.99	0.98	1.00	1.00	1.00
0.8	0.6	1.00	1.00	1.00	1.00	1.00	1.00	1.00
1	0.4	0.00	0.00	0.00	0.00	0.00	0.00	0.00
0.9	0.4	1.00	1.00	0.99	0.99	1.00	1.00	1.00
0.8	0.4	1.00	1.00	1.00	1.00	1.00	1.00	1.00
1	0.2	0.01	0.01	0.02	0.02	0.01	0.01	0.01
0.9	0.2	1.00	1.00	1.00	0.99	1.00	1.00	1.00
0.8	0.2	1.00	1.00	1.00	1.00	1.00	1.00	1.00
1	0	0.07	0.07	0.05	0.04	0.07	0.05	0.08
0.9	0	1.00	1.00	1.00	1.00	1.00	1.00	1.00
0.8	0	1.00	1.00	1.00	1.00	1.00	1.00	1.00
1	−0.2	0.43	0.43	0.29	0.28	0.43	0.31	0.44
0.9	−0.2	1.00	1.00	1.00	1.00	1.00	1.00	1.00
0.8	−0.2	1.00	1.00	1.00	1.00	1.00	1.00	1.00
1	−0.4	0.90	0.90	0.68	0.65	0.90	0.73	0.90
0.9	−0.4	1.00	1.00	1.00	1.00	1.00	1.00	1.00
0.8	−0.4	1.00	1.00	1.00	1.00	1.00	1.00	1.00

仿真表明，如果残差存在序列相关，将影响检验功效。正的相关将导致检验水平与功效的下降，负的相关将导致检验水平与功效的升高，也就出现了水平扭曲。但这种影响将随着样本数的增加而减少，同时，窗宽的增加将可以减少 VR 检验的水平扭曲。

13.6　三种非线性趋势单位根检验法的比较

本章提出了三种非线性趋势的单位根检验方法，都可以用统一的步骤和过程对无趋势序列、线性趋势序列或非线性趋势序列进行单位根检验，检验中不需要对趋势的类型进行设定、区分或检验。三种方法本质上是对任意确定性趋势的估计方法，去除确定性趋势后的残差，三种方法都可以使用 RMA、VR 等无趋势单位根检验方法进行检验。

第一种确定性趋势估计方法是正交多项式逼近法，第二种估计方法是基于奇异值分解的方法，第三种方法是局部多项式加权回归估计法。

本章对每种方法都在干扰项无相关或 AR（1）与 MA（1）干扰情况下进行了仿真试验，并且使用了同样的非线性趋势生成过程，以便于对仿真结果进行对比。仿真结果表明，三种检验方法都是有效的，在样本数较大、干扰项无相关或弱相关情况下都可以得到很好的检验结果。但三种方法在具体应用过程中也有所差别，各有优劣。

正交多项式逼近法收敛到极限分布的速度比较快，在中等样本情况下就可以得到可以接受的检验结果。但其需要确定正交多项式的最高次数，不同次数的临界值还不同。检验结果对次数也比较敏感，最高次数的正确确定显得比较重要。

奇异值分解法的优势在于检验方法和步骤简洁，在检验过程中没有需要人为确定的因素，对残差项存在较强相关时都能得到很好的检验结果。但其检验统计量在有趋势与无趋势时并没有完全重叠，临界值虽然很接近，但还是略有不同。当然这也没什么太大问题，只是使检验结果略微保守。

局部多项式加权回归估计法的检验方法和步骤也比较简洁，但检验过程中需要按照一定的规则确定窗宽，窗宽对检验结果也有比较大的影响。并且检验过程中需要样本数规模较大，否则容易导致检验水平一定程度的扭曲。

13.7 小结

带趋势序列单位根检验的核心是趋势的分离和去除，去除确定性趋势后的残差部分用传统的无趋势单位根检验方法检验就可以了，如 RMA、长短程方差比（VR）等检验方法。

本章研究用局部多项式回归的方法来去除确定性趋势，不用考虑趋势的具体形式及设定问题，然后对残差进行单位根检验的方法。介绍了局部多项式回归的性质，研究了基于 VR 检验统计量的极限分布，仿真研究了窗宽的选择问题，以及残差相关与不相关时的检验水平与检验功效。结果表明，检验方法是有效的。

如果残差存在较强的序列相关，将影响检验功效和水平。正的相关可能导致检验水平与功效的下降，负的相关将导致检验水平与功效的升高。但这种影响将随着样本数的增加而减少，同时，窗宽的增加将可以减少 VR 检验的水平扭曲。

14 STAR 非线性平稳性检验中误设定的伪检验研究

本章通过理论分析和蒙特卡罗仿真，研究平稳性检验中选用的统计量与数据生成过程不一致时，非线性 ESTAR、LSTAR 与线性 DF 检验法能否得出正确的结论。研究表明，二阶 LSTAR 与 ESTAR 模型可用相同的检验方法，但前者的非线性特征更强。当数据生成过程为线性 AR 或非线性 ESTAR、二阶 LSTAR 模型时，使用 DF 或 ESTAR 检验法可得出大致正确的结论，但 LSTAR 检验法完全失败。数据生成过程的非线性特征越强，ESTAR 较 DF 检验方法的功效增益越高；线性特征越强，DF 的功效增益越高。当转移函数 $F(\theta,c,z_t)$ 中 θ 较大导致一阶泰勒近似误差较大或 c 非 0 时，标准 ESTAR 与 LSTAR 非线性检验法失去应用条件。θ 较大或 c 偏离 0 较远时，数据生成过程中线性成分增强，用线性 DF 检验可获得更好检验结果。

14.1 引言

近年来，众多研究发现大量经济变量表现出非线性特征，很多时候用非线性模型来描述经济理论更为合适。实践中用得较多的非线性模型包括 Tong (1983) 提出的门限自回归模型（TAR），Chan 和 Tong (1986) 提出的平滑转移自回归模型（STAR）。

随着非线性模型理论和应用的发展，非线性模型的平稳性检验也得到大量研究和应用。线性时间序列的平稳性概念非常明确，一般根据其一、二阶矩是否保持不变来定义，也可以根据时间序列相关的持续性来理解，即如果时间序列只存在短时相关性，则认为是平稳的，如果相关性一直持续下去，则认为是非平稳序列。但非线性时间序列平稳性问题的理解和判断则要复杂得多，特威迪（Tweedie, 1975）提出根据时间序列的几何遍历性来理解平稳性，但对一个非线性模型来说，什么参数组合下是平稳的有时是没有分析解的，仿真可以

在一定程度上解决这个问题。比如对选定的参数组合,通过蒙特卡罗方法生成时间序列 y_t,如果 t 很大(比如 $t>1\,000\,000$)时,有 $|y_t|>\sigma t$,其中 σ 为扰动项的标准方差,则可以认为 y_t 是非平稳的。

Balke 和 Fomby(1997)首先在门限自回归模型对非平稳和非线性的联合分析中,通过蒙特卡罗方法发现,如果不考虑非线性问题,直接使用线性 DF 检验方法会使得检验功效大幅下降。Kapetanios 等提出了一定条件下 ESTAR 模型非线性平稳性的 KSS 检验法(2003)。之后非线性平稳性检验法得到了广泛研究和应用。因为 TAR 模型可看作 STAR 模型的特殊情形,STAR 模型在非线性时间序列分析中应用得更为广泛。

假设 y_t($t=1,2,\cdots,T$)为 0 均值非线性随机过程,考虑一阶平滑转移自回归 STAR(1)模型:

$$y_t = \beta y_{t-1} + \gamma y_{t-1} F(\theta,c,z_t) + \varepsilon_t \tag{14.1}$$

其中 $\varepsilon_t \sim iid(0,\sigma^2)$,$\beta$、$\gamma$ 为参数,$F(\theta,c,z_t)$ 为转移函数,用来描述 y_t 中的非线性特征。转移函数为在两个极端状态间连续变化的平滑函数,其中 z_t 为状态转换变量,是导致 y_t 从一种状态转换为另一种状态的变量,通常取为 $z_t=y_{t-d}$,即 y_t 延后 d($d\geq 1$)期的值,有时也取 $z_t=\Delta y_{t-d}$(差分滞后值)或者 $z_t=t$(时间)为转换变量;c 为转换位置参数,表示转换发生的位置;参数 θ 描述状态转换的速度。

转换函数有各种形式,用得最多的是指数平滑转移函数 $F(\theta,c,z_t)=1-e^{-\theta(z_t-c)^2}$,得到 ESTAR 模型。其中转换参数 $\theta\geq 0$,决定了均值回复的速度;显然转移函数的取值范围为 $[0,1]$。当 $\theta=0$ 时,$F(\theta,c,z_t)=0$,y_t 为某个线性模型;当 θ 较大时,$F(\theta,c,z_t)$ 趋近于 1,y_t 变为另外一个线性模型。可见,门限自回归(TAR)为 STAR 的特殊情形。

转移函数有时也取为 Logistic 平滑转移函数,比如沿转换点左右非对称的一阶 Logistic 函数 $F(\theta,c,z_t)=\dfrac{2}{1+e^{-\theta(z_t-c)}}-1$,其取值变化范围为 $[-1,1]$;或者对称的二阶 Logistic 函数 $F(\theta,c,z_t)=\dfrac{2}{1+e^{-\theta(z_t-c)^2}}-1$,其取值变化范围为 $[0,1]$。

对 ESTAR 模型,假设转换变量 $z_t=y_{t-d}$,得到:

$$y_t = \beta y_{t-1} + \gamma y_{t-1}\left[1-e^{-\theta(y_{t-d}-c)^2}\right] + \varepsilon_t \tag{14.2}$$

差分后($\varphi=\beta-1$)可得到:

$$\Delta y_t = \varphi y_{t-1} + \gamma y_{t-1}\left[1-e^{-\theta(y_{t-d}-c)^2}\right] + \varepsilon_t \tag{14.3}$$

Kapetanios 等讨论过其平稳性条件为 $|\beta+\gamma|<1$ 或 $-2<\varphi+\gamma<0$,注意这是一个充分条件而非必要条件,也就是说还可能存在其他条件,使得 y_t 也是平稳的。

应用中有时假设 $\varphi = 0$，此时在转换点（$y_{t-d} = c$）附近，有 $\Delta y_t = \varepsilon_t$，暗示 y_t 在中间区域为一单位根过程。如果此条件下有 $\theta = 0$，则 $\Delta y_t = \varepsilon_t$，表明 y_t 为一线性单位根过程；如果 $\theta > 0$，并认为条件 $-2 < \gamma < 0$ 是满足的，则 y_t 为全局平稳的非线性过程。这样可得到检验原假设为 $\varphi = 0$，$\theta = 0$，序列为线性单位根过程；备择假设为 $\varphi = 0$，$\theta > 0$，并认为条件 $-2 < \gamma < 0$ 满足，序列为非线性全局平稳过程。

对延迟参数，实际应用中可以在 $d = \{1, 2, \cdots, d_{\max}\}$ 中选择最佳拟合结果所对应的值，分析中通常取 1 进行讨论。

对式（14.3）平稳性检验的理论研究中，Kapetanios 等人提出的 KSS 方法强加 $\varphi = 0$，$d = 1$，$c = 0$ 的限制条件，得到 ESTAR 模型（3）平稳性检验的简化形式：

$$\Delta y_t = \gamma y_{t-1}\left[1 - e^{-\theta y_{t-1}^2}\right] + \varepsilon_t \qquad (14.4)$$

检验零假设为 $H_0: \theta = 0$，备择假设为 $H_1: \theta > 0$。零假设下 γ 参数是不可识别的，并且回归方程是参数非线性的，对转移函数做一阶泰勒展开，得到方程（4）的辅助回归方程：

$$\Delta y_t = \delta y_{t-1}^3 + error \qquad (14.5)$$

其中 $\delta = \theta \gamma$，检验假设变为 $H_0: \delta = 0$；$H_1: \delta < 0$。可构建 t 统计量，用左边检验来实现该检验：

$$t_1 = \frac{\hat{\delta}}{s.e.(\hat{\delta})} \qquad (14.6)$$

零假设下，t 统计量的极限分布为 $t_1 \Rightarrow \dfrac{\frac{1}{4}W(1)^4 - \frac{3}{2}\int_0^1 W(r)^2 dr}{\sqrt{\int_0^1 W(r)^6 dr}}$；备择假设下，$t_1 = O_p(\sqrt{T})$，t 统计量发散到无穷。

对一阶 LSTAR 模型，同样假设转换变量 $z_t = y_{t-d}$，得到：

$$\Delta y_t = \varphi y_{t-1} + \gamma y_{t-1}\left[\frac{2}{1 + e^{-\theta(y_{t-d}-c)}} - 1\right] + \varepsilon_t \qquad (14.7)$$

同样强加 $\varphi = 0$，$d = 1$，$c = 0$ 的限制条件，刘雪燕、张晓峒（2009）研究了一阶 LSTAR 简化模型的平稳性检验问题：

$$\Delta y_t = \gamma y_{t-1}\left[\frac{2}{1 + e^{-\theta y_{t-1}}} - 1\right] + \varepsilon_t \qquad (14.8)$$

跟 KSS 方法思路类似，我们对（14.8）式做一阶泰勒展开，得到平稳性检验的辅助回归式：

$$\Delta y_t = \lambda y_{t-1}^2 + error \qquad (14.9)$$

检验假设变为 $H_0: \lambda = 0$；$H_1: \lambda < 0$。可构建 t 统计量，用左边检验来实

现该检验:

$$t_2 = \frac{\hat{\lambda}}{s.e.(\hat{\lambda})} \tag{14.10}$$

统计量的渐近分布为 $t_2 \Rightarrow \dfrac{\frac{1}{3}W(r)^3 - 1}{\sqrt{\int_0^1 W(r)^4 dr}}$，为非标准的 t 分布。

对二阶 LSTAR 模型，同样假设转换变量 $z_t = y_{t-d}$，得到:

$$\Delta y_t = \varphi y_{t-1} + \gamma y_{t-1}\left[\frac{2}{1+e^{-\theta(y_{t-d}-c)^2}} - 1\right] + \varepsilon_t \tag{14.11}$$

如果同样强加 $\varphi = 0$，$d = 1$，$c = 0$ 的限制条件，我们可得到二阶 LSTAR 平稳性检验的简化模型:

$$\Delta y_t = \gamma y_{t-1}\left[\frac{2}{1+e^{-\theta y_{t-1}^2}} - 1\right] + \varepsilon_t \tag{14.12}$$

同样用一阶泰勒展开近似非线性转换函数，得到检验的辅助回归式:

$$\Delta y_t = \eta y_{t-1}^3 + error \tag{14.13}$$

检验假设变为 $H_0: \eta = 0$; $H_1: \eta < 0$。我们发现，检验辅助回归式（14.13）与 ESTAR 模型得到的辅助回归式（14.5）相同，故可用（14.6）式的检验统计量来检验式（14.12）的平稳性问题。显然，统计量的极限分布与临界值也应该相同。

作为对比，我们知道用于线性 AR 模型平稳性检验的 DF 检验法的检验回归式为:

$$\Delta y_t = \varphi y_{t-1} + \varepsilon_t \tag{14.14}$$

其检验假设为 $H_0: \varphi = 0$; $H_1: \varphi < 0$。同样构建 t 统计量，用左边检验来实现该检验:

$$t_3 = \frac{\hat{\varphi}}{s.e.(\hat{\varphi})} \tag{14.15}$$

这样就得到式（14.6）、式（14.10）、式（14.15）三种平稳性检验的统计量，后文中分别简称 ESTAR、LSTAR、DF 检验方法。线性模型使用 DF 法进行检验，一阶 LSTAR 模型使用 LSTAR 方法进行检验，而二阶 LSTAR 与 ESTAR 模型都使用 ESTAR 方法进行检验。

当扰动项存在序列相关时，DF 检验的解决方法是在检验回归式中增加 $\sum_{j=1}^{p}\rho_j\Delta y_{t-j}$，即增加被解释变量的差分滞后项作为解释变量，对 ESTAR 与 LSTAR 两种非线性检验方法，可以同样通过增加差分滞后项的方法解决扰动项的相关性问题。并且可以证明，增加差分滞后项后，检验统计量的极限分布保持不变。

在实际应用过程中,由于并不清楚数据生成过程,如果选用的检验统计量与数据生成过程不一致,是否可以得到正确的结果呢?具体地说,如果数据生成过程为 ESTAR 或二阶 LSTAR 模式,DF 与 LSTAR 检验方法能否得出正确的结果?如果数据生成过程为一阶 LSTAR 模式,DF 与 ESTAR 检验方法能否得出正确的结果?对线性 AR 数据生成过程,ESTAR、LSTAR 两种非线性检验方法是否具有检验能力?

由于 ESTAR、LSTAR 检验法的检验回归式(14.5)、式(14.9)、式(14.13)是 ESTAR 模型、一阶与二阶 LSTAR 模型在 $\varphi=0$,$d=1$,$c=0$ 的限制条件下通过一阶泰勒展开得到的,并且一阶展开只有在变量较小时才能较好地近似非线性函数。如果应用过程中这些假设条件被违背,基于这些假设前提得出的检验方法还能使用吗?它们还能在多大程度上保证结果的可靠性呢?

本章通过蒙特卡罗仿真和理论分析来研究和回答这些问题。

14.2 数据生成过程为线性 AR 时不同检验法的仿真结果

如果数据生成过程为线性自回归(AR)模型,当然最好是用 DF 方法进行单位根检验,但如果使用 ESTAR 或 LSTAR 对应的(14.5)式或(14.9)式进行回归检验,是否可以得到正确的结果?

仿真研究数据按照式(14.14)生成,即:$\Delta y_t = \varphi y_{t-1} + \varepsilon_t$,其中 φ 为参数。数据生成过程中,ε_t 取独立同分布的标准正态分布,$y_0 = 0$,$t = 1,2,\cdots,200$,即样本长度为 200,这是一个中等规模的样本大小,也是实证分析中经常遇到的情况。样本太小的话检验存在小样本问题,正确设定的检验方法结果都不理想,不便于对不同检验结果的优劣进行对比分析。

我们知道式(14.14)中 φ 的取值范围为 $[-2, 0]$,其他取值将使 y_t 成为爆炸性增长过程,实践中通常不会遇到这种情况。如果 φ 等于 0,则 y_t 为非平稳的单位根过程;如果小于 0,则为平稳过程。我们分别对 $\varphi = 0$,-2×0.02^2,-2×0.04^2,$\cdots$,-2×0.98^2,-2×1 共 51 个不同的 φ 按式(14.14)生成样本长度为 200 的仿真数据进行蒙特卡罗模拟。研究中发现检验结果在 φ 靠近 0 的区域变化更敏感,故没有等间隔划分 φ 的变化区间 $[-2, 0]$,而是在 φ 绝对值较小时区间更紧密,较大时区间划分则更为稀疏。

每个 φ 值重复 2 000 次进行仿真计算,可以得到 5% 显著水平下 ESTAR、LSTAR、DF 三种检验方法的检验功效,其随 φ 变化的曲线如图 14.1 所示。

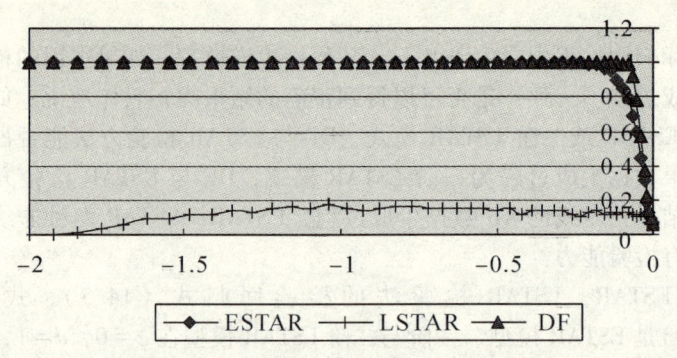

图 14.1　AR 数据生成过程不同检验方法检验功效随参数 φ 的变化曲线

仿真结果表明，当 φ 取 0 或非常接近 0 时，此时 y_t 为线性单位根或近单位根过程，三种检验方法的检验功效大致都为 0.05，与选定的检验水平接近，表明三种检验方法都无检验水平的扭曲。

随着 φ 绝对值的增加，DF 检验方法的功效从选定的检验水平 0.05 迅速增加到 1。

ESTAR 检验法的功效也随着 φ 绝对值的增加而快速增长到 1。同时我们也可以看到，当 φ 的绝对值较小时，ESTAR 的检验结果劣于 DF 检验方法，比如在 φ 为 -0.08 时，ESTAR 检验法的功效为 0.79，差于 DF 检验法的 0.99。总体而言，ESTAR 检验对线性 AR 数据生成过程，基本上能得出正确的检验判断。

但不管 φ 如何取值，LSTAR 检验方法的功效都低于 0.18，表明在大多数时候，该检验方法会将平稳过程误判为非平稳过程，得到错误的检验结果，即使继续增大样本容量，这种情况也不会改善，表明了 LSTAR 检验方法对线性数据生成过程平稳性检验的失败。

为什么 ESTAR 法基本上能对 AR 数据生成过程得出正确的检验结果，而 LSTAR 法不行呢？这是因为 ESTAR 法的检验回归式设定 $\Delta y_t = \delta y_{t-1}^3 + error$，虽然与线性 AR 的数据生成过程 $\Delta y_t = \varphi y_{t-1} + \varepsilon_t$ 不一致，但因为 y_{t-1}^3 与 y_{t-1} 变化的方向是一致的（同正同负），故估计出来的 δ 符号应该与 φ 一致，基于估计值构建的 t 统计量大致能够得出正确的判断结果。而 LSTAR 检验回归式为 $\Delta y_t = \lambda y_{t-1}^2 + error$，其回归解释变量 y_{t-1}^2 与数据生成过程中 y_{t-1} 的变化模式大不相同（后者正负变化的过程中前者始终为正），估计出来的 λ 不能反映 φ 符号变化的特征，导致 LSTAR 检验法不能用于线性数据生成过程的检验。

14.3　数据生成过程为 ESTAR 时不同检验法的仿真结果

仿真研究中数据按照如下 ESTAR 模型生成：$\Delta y_t = \varphi y_{t-1} + \gamma y_{t-1}[1 -$

$e^{(-\theta(y_{t-1}-c)^2)}] + \varepsilon_t$,其中$\varphi$、$\theta$、$\gamma$、$c$为参数,我们的目的就是研究不同参数在各种取值情况下,ESTAR、LSTAR、DF 三种检验方法能否得出正确的判断。在数据生成过程中,ε_t取独立同分布的标准正态分布,$y_0 = 0$,$t = 1,2,\cdots,200$,同样取中等样本大小 200,避免小样本问题对检验结果对比分析的影响。

14.3.1 θ 变化时不同检验统计量的检验功效

固定$\varphi = 0$,$\gamma = -0.1$,$c = 0$,即按照$\Delta y_t = -0.1 y_{t-1}[1 - e^{-\theta y_{t-1}^2}] + \varepsilon_t$生成样本长度为 200 的仿真数据,分别对$\theta = 0, 0.02^2, 0.04^2, \cdots, 0.98^2, 1$共 51 个不同的$\theta$进行蒙特卡罗模拟。如果$\theta$等于 0,则$y_t$为线性非平稳过程;如果大于 0,则为非线性平稳过程;小于 0 的话为爆炸增长过程,仿真中不考虑这种情况。研究中发现检验结果在θ较小的区域变化更敏感,故没有等间隔划分θ的变化区间,而是在θ较小时区间更紧密,较大时区间划分则更为稀疏。

每个θ值重复 2 000 次进行仿真计算,可以得到 5% 显著水平下 ESTAR、LSTAR、DF 三种检验方法的检验功效,其随θ变化的曲线如图 14.2 所示。

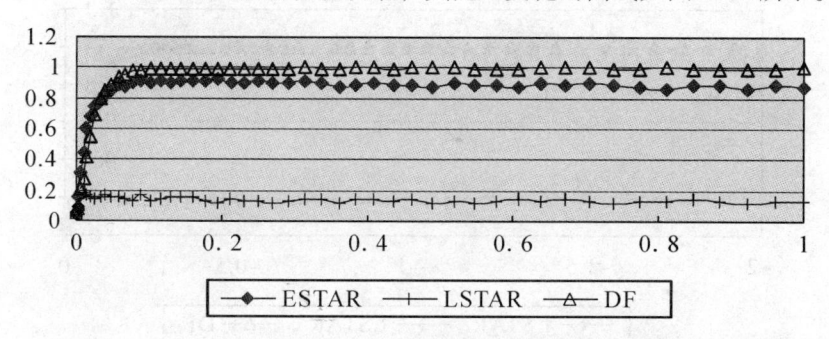

图 14.2 ESTAR 数据生成过程不同检验法检验功效随θ的变化曲线

仿真结果表明,当θ取 0 或非常接近 0(0.000 4)时,三种检验方法的检验功效大致都为 0.05,与选定的检验水平接近,此时y_t相当于线性单位根过程,表明三种单位根检验方法都无检验水平的扭曲。

随着θ取值的增加,DF 检验方法的功效从选定的检验水平 0.05 增加到 1,保持持续的增长趋势。

ESTAR 检验功效随θ的增加快速增长,在 [0.1,0.2] 区域达到最大值,之后会随着θ的增加而有所下降。当θ在 [0,0.03] 的区域取值时,ESTAR 的检验结果优于 DF 检验方法,但θ取值超过该范围后,DF 的检验功效一致地优于 ESTAR 方法。这表明,θ较大时,θy_{t-1}^2较大,对(14.4)式做一阶泰勒近似进行分析误差较大;同时,θ越大,$e^{-\theta y_{t-1}^2}$越趋近于 0,(14.4)式越接近线性过程,此时用线性 DF 检验可比 ESTAR 检验获得更好结果。

不管θ如何取值,LSTAR 检验方法的功效都低于 0.18,这表明在大多数时候，该检验方法会将非线性平稳过程误判为非平稳过程，得到错误的检验结果，即使继续增大样本容量，这种情况也不会改善，表明了该检验方法的失败。

14.3.2 γ 变化时不同检验统计量的检验功效

固定 $\varphi=0$，$\theta=0.03$，$c=0$，即按照 $\Delta y_t = \gamma y_{t-1}[1-e^{-0.03y_{t-1}^2}] + \varepsilon_t$ 生成样本长度为 200 的仿真数据，分别对 $\gamma=0$，-2×0.02^2，-2×0.04^2，…，-2×0.98^2，-2×1 共 51 个不同的 γ 进行蒙特卡罗模拟。如果 γ 等于 0，则 y_t 为线性非平稳过程；如果在 $[-2,0)$ 范围内取值，y_t 为非线性平稳过程。研究中同样发现检验结果在 γ 绝对值较小的区域变化更敏感，故同样没有等间隔划分 γ 的变化区间。考虑到 θ 较小时非线性特征更为明显，故选择了 $\theta=0.03$。

每个 γ 值重复 2 000 次进行仿真计算，可以得到 5% 显著水平下 ESTAR、LSTAR、DF 三种检验方法的检验功效，其随 γ 变化的曲线如图 14.3 所示。

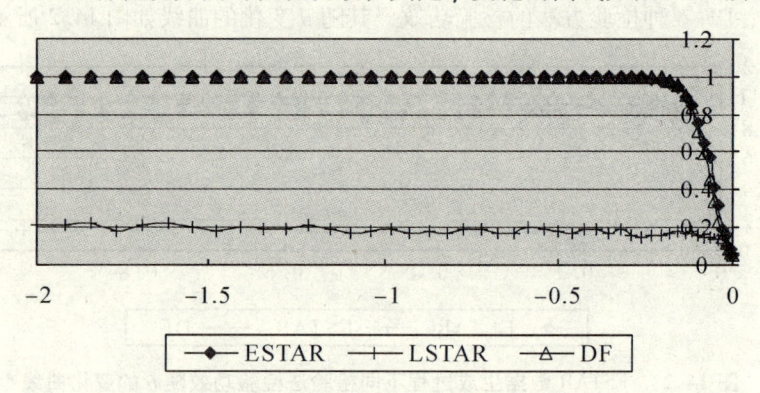

图 14.3 ESTAR 数据生成过程不同检验法检验功效随 γ 的变化曲线

仿真结果表明，当 γ 取 0 或非常接近 0（$[-0.004,0]$）时，此时 y_t 相当于线性单位根过程，三种检验方法的检验功效大致都为 0.05，与选定的检验水平接近，表明三种单位根检验方法都无检验水平的扭曲。

随着 γ 绝对值的增加，DF 和 ESTAR 检验方法的功效都从选定的检验水平 0.05 快速增加到 1。

随着 γ 绝对值的增加，在 $(-0.13,0)$ 的区域取值时，ESTAR 的检验结果优于 DF 检验方法，但超过该范围后，DF 的检验功效一致地优于 ESTAR 方法。

不管 γ 如何取值，LSTAR 检验方法的功效都低于 0.23，表明在大多数时候，该检验方法会将非线性平稳过程误判为非平稳过程，得到错误的检验结果，即使继续增大样本容易，这种情况也不会改善，表明了该检验方法的失败。

14.3.3 φ 变化时不同检验统计量的检验功效

固定 $\theta = 0.03$，$\gamma = -0.1$，$c = 0$，即按照 $\Delta y_t = \varphi y_{t-1} - 0.1 y_{t-1}[1 - e^{-0.03 y_{t-1}^2}]$ $+ \varepsilon_t$ 生成样本长度为 200 的数据进行蒙特卡罗仿真，当 $-2 < \varphi - 0.1 < 0$ 时 y_t 为非线性平稳序列，故分别对 $\varphi = 0.1 + 0, 0.1 - 2 \times 0.02^2, 0.1 - 2 \times 0.04^2, \cdots$，$0.1 - 2 \times 0.98^2, 0.1 - 2 \times 1$ 共 51 个不同的 φ 进行模拟。研究中同样没有等间隔划分 φ 的变化区间。统计量（14.6）式是在 φ 为 0 的假设前提下得到的，现在通过实验研究该假设不成立时对检验结果的影响。

每个 φ 值重复 2 000 次进行仿真计算，可以得到 5% 显著水平下 ESTAR、LSTAR、DF 三种检验方法的检验功效，其随 φ 变化的曲线如图 14.4 所示。

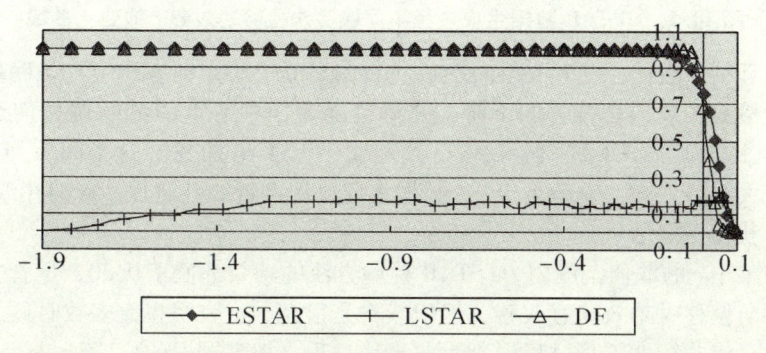

图 14.4 ESTAR 数据生成过程不同检验法检验功效随 φ 的变化曲线

仿真结果表明，当 φ 取值在 0.1 附近时，此时为或近似为单位根过程，三种检验方法的检验功效都接近 0，即基本上都能把单位根识别出来。

随着 φ 从正到负取值的降低，DF 和 ESTAR 检验方法的功效都快速增加到 1。同时可以发现，当 φ 向负半轴远离原点时，DF 的检验功效一致地优于 ESTAR 方法。这是因为此时检验回归式中线性部分起越来越大的作用，此时用线性 DF 检验可获得更好结果。

不管 φ 如何取值，LSTAR 检验方法的功效都低于 0.22，表明了该检验方法的失败。

14.3.4 c 变化时不同检验统计量的检验功效

固定 $\varphi = 0$，$\gamma = -0.1$，$\theta = 0.03$，即按照 $\Delta y_t = -0.1 y_{t-1}[1 - e^{-0.03(y_{t-1}-c)^2}] + \varepsilon_t$ 生成样本长度为 200 的仿真数据，分别对 $c = -25, -24, \cdots, 0, 1, \cdots, 24, 25$ 共 51 个不同的 c 进行蒙特卡罗模拟。统计量（14.6）是在 c 为 0 的假设前提下进行分析得到的，现在通过实验研究该假设不成立时对检验结果的影响。

每个 c 值重复 2 000 次进行仿真计算，可以得到 5% 显著水平下 ESTAR、

LSTAR、DF 三种检验方法的检验功效，其随 c 变化的曲线如图 14.5 所示。

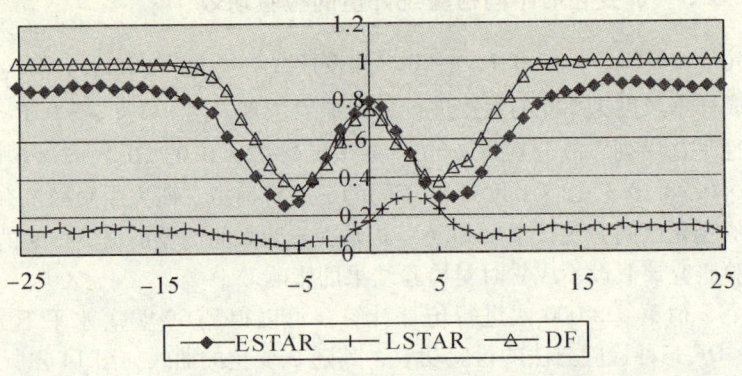

图 14.5　ESTAR 数据生成过程不同检验法检验功效随 c 的变化曲线

仿真结果表明，当 c 取值向左或向右偏离 0 中心点时，DF 与 ESTAR 检验方法的检验功效均有显著的下降，之后会随着向中心点的继续偏移而逐步回升，回升过程中，DF 的检验功效一致地优于 ESTAR 方法。这是因为当偏离 0 中心较大时，$e^{-0.03(y_{t-1}-c)^2}$ 趋近于 0，数据生成过程接近线性过程，此时用线性 DF 检验可获得更好结果。

在整个 c 的取值范围内，LSTAR 检验方法的功效都低于 0.30，尽管在有较小的正向偏移时功效略有改善，但依然不是很高。这表明在大多数时候，该检验方法会将非线性平稳过程误判为非平稳过程，得到错误的检验结果，表明了该检验方法的失败。

14.4　数据生成过程为二阶 LSTAR 的仿真检验结果

仿真数据按照如下二阶 LSTAR 模型生成：$\Delta y_t = \varphi y_{t-1} + \gamma y_{t-1} \left[\dfrac{2}{1+e^{-\theta(y_{t-1}-c)^2}} - 1 \right] + \varepsilon_t$，其中 φ、θ、γ、c 为参数。其一阶泰勒展开式与 ESTAR 模型相同，故检验回归式与检验统计量也与 ESTAR 模型一样。我们现在研究不同参数在各种取值情况下，ESTAR、LSTAR、DF 三种检验方法检验结果的好坏。数据生成过程中，ε_t 取独立同分布的标准正态分布，$y_0 = 0$，$t = 1, 2, \cdots, 200$，取一个中等规模的样本长度。

14.4.1　θ 变化时不同检验统计量的检验功效

固定 $\varphi = 0$，$\gamma = -0.1$，$c = 0$，即按照 $\Delta y_t = -0.1 y_{t-1} \left[\dfrac{2}{1+e^{-\theta(y_{t-1})^2}} - 1 \right] + \varepsilon_t$

生成样本长度为 200 的仿真数据，分别对 $\theta = 0, 0.02^2, 0.04^2, \cdots, 0.98^2, 1$ 共 51 个不同的 θ 进行蒙特卡罗模拟。如果 θ 等于 0，则 y_t 为线性非平稳过程；如果大于 0，则为非线性平稳过程。同样没有等间隔划分 θ 的变化区间，而是在 θ 较小时区间更紧密，较大时区间划分则更为稀疏。

每个 θ 值重复 2 000 次进行仿真计算，得到 5% 显著水平下 ESTAR、LSTAR、DF 三种检验方法的检验功效，其随 θ 变化的曲线如图 14.6 所示。

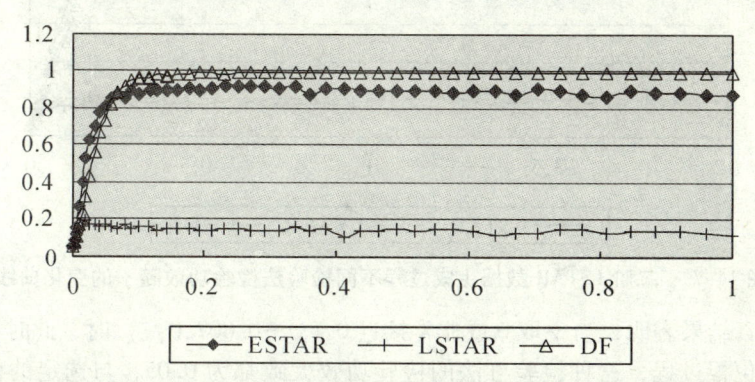

图 14.6　二阶 LSTAR 数据生成过程不同检验法检验功效随 θ 的变化曲线

仿真结果表明，当 θ 取 0 或非常接近 0（0.001）时，三种检验方法的检验功效大致都为 0.05，与选定的检验水平接近，此时相当于线性单位根过程，这表明三种单位根检验方法都无检验水平的扭曲。

随着 θ 取值的增加，DF 检验方法的功效从选定的检验水平 0.05 增加到 1，保持持续的增长趋势。

ESTAR 检验功效随 θ 的增加快速增长，在 [0.2,0.4] 区域达到最大值，之后会随着 θ 的增加而有所下降。当 θ 在 [0,0.06] 的区域取值时，ESTAR 的检验结果优于 DF 检验方法，但 θ 取值超过该范围后，DF 的检验功效一致地优于 ESTAR 方法。这是两个原因造成的，一是 θ 较大时，对转换函数做一阶泰勒近似误差较大；二是 θ 越大，转换函数的非线性成分越少，此时用线性 DF 检验可获得更好结果。

但不管 θ 如何取值，LSTAR 检验方法的功效都低于 0.19，表明了该检验方法的失败。

14.4.2　γ 变化时不同检验统计量的检验功效

固定 $\varphi = 0$，$\theta = 0.03$，$c = 0$，即按照 $\Delta y_t = \gamma y_{t-1} \left[\dfrac{2}{1 + e^{-0.03(y_{t-1})^2}} - 1 \right] + \varepsilon_t$ 生成样本长度为 200 的仿真数据，分别对 $\gamma = 0, -2 \times 0.02^2, -2 \times 0.04^2, \cdots, -2 \times 0.98^2, -2 \times 1$ 共 51 个不同的 γ 进行蒙特卡罗模拟。如果 γ 等于 0，则 y_t 为线

性非平稳过程；其他取值对应非线性平稳过程。

每个 γ 值重复 2 000 次进行仿真计算，得到 5% 显著水平下 ESTAR、LSTAR、DF 三种检验方法的检验功效，其随 γ 变化的曲线如图 14.7 所示。

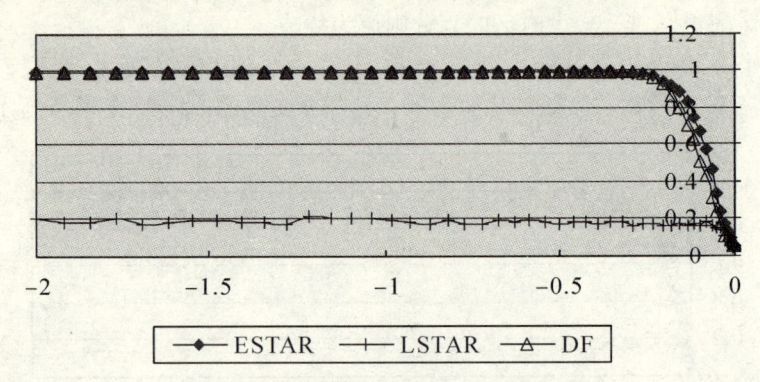

图 14.7　二阶 LSTAR 数据生成过程不同检验法检验功效随 γ 的变化曲线

仿真结果表明，当 γ 取 0 或非常接近 0（[-0.007,0]）时，此时相当于线性单位根过程，三种检验方法的检验功效大致都为 0.05，与选定的检验水平接近。

随着 γ 绝对值的增加，DF 和 ESTAR 检验方法的功效都从选定的检验水平 0.05 快速增加到 1。

随着 γ 绝对值的增加，在 (-0.26,0) 的区域取值时，ESTAR 的检验结果优于 DF 检验方法，但超过该范围后，DF 的检验功效一致地优于 ESTAR 方法。

不管 γ 如何取值，LSTAR 检验方法的功效都低于 0.21，即使继续增大样本容量也不会改善，表明了该检验方法的失败。

14.4.3　φ 变化时不同检验统计量的检验功效

固定 $\theta = 0.03$，$\gamma = -0.1$，$c = 0$，即按照 $\Delta y_t = \varphi y_{t-1} - 0.1 y_{t-1}[\frac{2}{1+e^{-0.03(y_{t-1})^2}} - 1] + \varepsilon_t$ 生成样本长度为 200 的数据进行蒙特卡罗仿真，当 $-2 < \varphi - 0.1 < 0$ 时为非线性平稳序列，故分别对 $\varphi = 0.1 + 0, 0.1 - 2 \times 0.02^2, 0.1 - 2 \times 0.04^2$，…，$0.1 - 2 \times 0.98^2, 0.1 - 2 \times 1$ 共 51 个不同的 φ 进行模拟。

每个 φ 值重复 2 000 次进行仿真计算，得到 5% 显著水平下 ESTAR、LSTAR、DF 三种检验方法的检验功效，其随 φ 变化的曲线如图 14.8 所示。

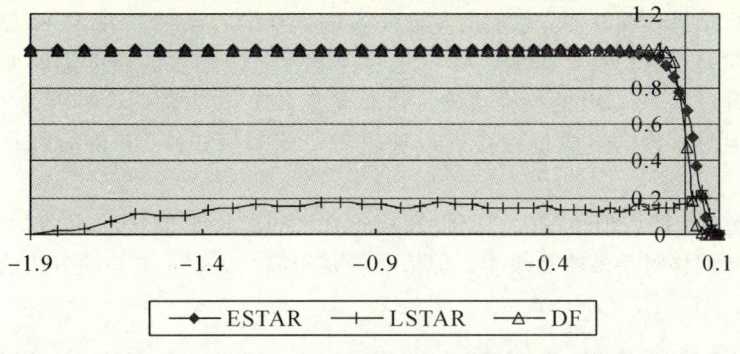

图 14.8 二阶 LSTAR 数据生成过程不同检验法检验功效随 φ 的变化曲线

仿真结果表明，当 φ 取值在 0.1 附近时，此时为或近似为单位根过程，三种检验方法的检验功效都接近 0，即基本上都能把单位根识别出来。

随着 φ 从正到负取值的降低，DF 和 ESTAR 检验方法的功效都快速增加到 1。我们同时可以发现，当 φ 向负半轴远离原点时，DF 的检验功效一致地优于 ESTAR 方法。这是因为此时数据生成过程中线性部分起越来越大的作用，此时用线性 DF 检验可获得更好结果。

不管 φ 如何取值，LSTAR 检验方法的功效都低于 0.24，表明了该检验方法的失败。

14.4.4　c 的非线性曲线拟合

固定 $\varphi = 0$，$\gamma = -0.1$，$\theta = 0.03$，即按照 $\Delta y_t = -0.1 y_{t-1} \left[\dfrac{2}{1 + e^{-0.03(y_{t-1}-c)^2}} - 1 \right] + \varepsilon_t$ 生成样本长度为 200 的仿真数据，分别对 $c = -25, -24, \cdots, 0, 1, \cdots, 24, 25$ 共 51 个不同的 c 进行蒙特卡罗模拟。

每个 c 值重复 2 000 次进行仿真计算，可以得到 5% 显著水平下 ESTAR、LSTAR、DF 三种检验方法的检验功效，其随 c 变化的曲线如图 14.9 所示。

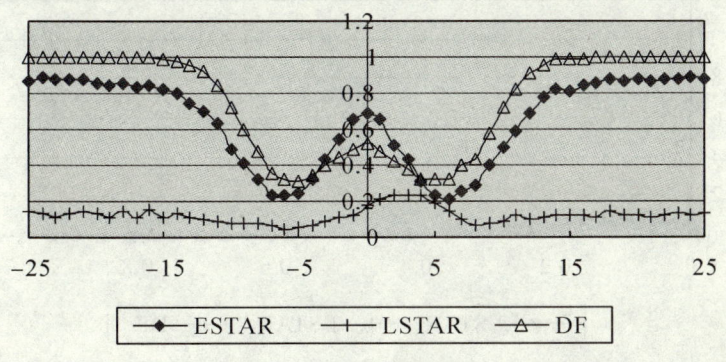

图 14.9 二阶 LSTAR 数据生成过程不同检验法检验功效随 c 的变化曲线

仿真结果表明，当 c 取值向左或向右偏离 0 中心点时，DF 与 ESTAR 检验方法的检验功效均有显著的下降，之后会随着向中心点的继续偏移而逐步回升，回升过程中，DF 的检验功效一致地优于 ESTAR 方法。这是因为当偏离 0 中心较大时，数据生成过程接近线性过程，此时用线性 DF 检验可获得更好结果。

在整个 c 的取值范围内，LSTAR 检验方法的功效都低于 0.24，尽管在有较小的正向偏移时功效略有改善，但依然不是很高，表明了该检验方法的失败。

14.5 数据生成过程为一阶 LSTAR 的仿真检验结果

仿真数据按照一阶 LSTAR 模型生成：$\Delta y_t = \varphi y_{t-1} + \gamma y_{t-1} \left[\dfrac{2}{1+e^{-\theta(y_{t-1}-c)}} - 1 \right] + \varepsilon_t$，其中 φ、θ、γ、c 为参数，我们的目的就是研究不同参数在各种取值情况下，ESTAR、LSTAR、DF 三种检验方法检验出 y_t 为平稳序列的概率随参数变化的规律。数据生成过程中，ε_t 取独立同分布的标准正态分布，$y_0 = 0$，$t = 1, 2, \cdots, 200$，即样本长度为 200。

14.5.1 θ 变化时不同检验统计量的检验功效

固定 $\varphi = 0$，$\gamma = -0.1$，$c = 0$，即按照 $\Delta y_t = -0.1 y_{t-1} \left[\dfrac{2}{1+e^{-\theta y_{t-1}}} - 1 \right] + \varepsilon_t$ 生成样本长度为 200 的仿真数据，分别对 $\theta = 0, 0.02^2, 0.04^2, \cdots, 0.98^2, 1$ 共 51 个不同的 θ 进行蒙特卡罗模拟。每个 θ 值重复 2 000 次进行仿真计算，得到 5% 显著水平下 ESTAR、LSTAR、DF 三种检验方法判断 y_t 为平稳序列的概率随 θ 变化的曲线如图 14.10 所示。

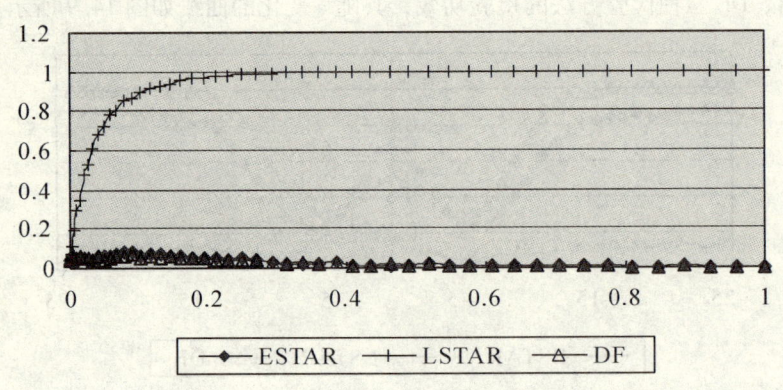

图 14.10　一阶 LSTAR 数据生成过程不同检验法检验功效随 θ 的变化曲线

仿真结果表明，当 θ 取 0 或非常接近 0（0.001）时，三种检验方法的检验功效大致都为 0.05，与选定的检验水平接近。

随着 θ 取值的增加，LSTAR 检验方法判断 y_t 为平稳过程的概率从选定的检验水平 0.05 增加到 1，保持持续的增长趋势。

不管 θ 如何取值，ESTAR 与 DF 检验方法的功效都很低，这表明在大多数时候，两种检验方法均会认为 y_t 为非平稳过程。事实上，在 $\Delta y_t = -0.1 y_{t-1} \left[\dfrac{2}{1+e^{-\theta y_{t-1}}} - 1 \right] + \varepsilon_t$ 的数据生成过程中，如果 $y_{t-1} < 0$，当 θ 为正且较大时，$\left[\dfrac{2}{1+e^{-\theta y_{t-1}}} - 1 \right]$ 小于 0，得到 $y_t = a y_{t-1} + \varepsilon_t$，其中 $a > 1$，这样 y_t 很可能成为一个爆炸性增长过程，这时再说 y_t 是平稳过程可能已没多少意义了。

14.5.2 γ 变化时不同检验统计量的检验功效

固定 $\varphi = 0$，$\theta = 0.03$，$c = 0$，即按照 $\Delta y_t = \gamma y_{t-1} \left[\dfrac{2}{1+e^{-0.03 y_{t-1}}} - 1 \right] + \varepsilon_t$ 生成样本长度为 200 的仿真数据，分别对 $\gamma = 0, -2 \times 0.02^2, -2 \times 0.04^2, \cdots, -2 \times 0.98^2, -2 \times 1$ 共 51 个不同的 γ 进行蒙特卡罗模拟。

每个 γ 值重复 2 000 次进行仿真计算，可以得到 5% 显著水平下 ESTAR、LSTAR、DF 三种检验方法的检验功效，其随 γ 变化的曲线如图 14.11 所示。

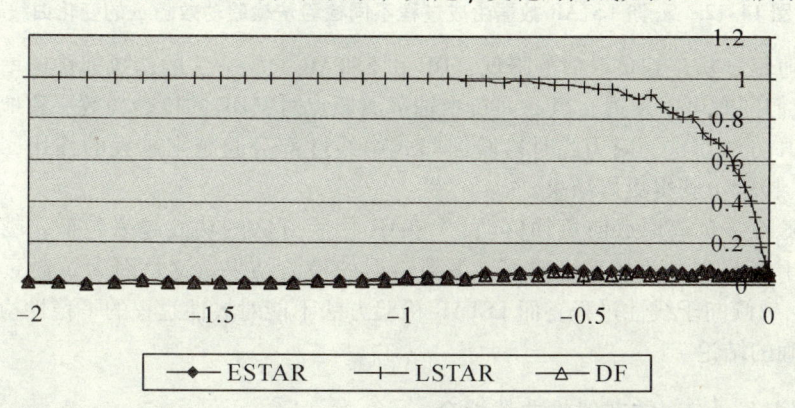

图 14.11 一阶 LSTAR 数据生成过程不同检验法检验功效随 γ 的变化曲线

仿真结果表明，当 γ 取 0 或非常接近 0 时，此时相当于线性单位根过程，三种检验方法的检验功效大致都为 0.05，与选定的检验水平接近。

随着 γ 绝对值的增加，LSTAR 检验方法的功效从选定的检验水平 0.05 增加到 1，保持持续的增长趋势。

不管 γ 如何取值，ESTAR 与 DF 检验方法的功效都很低，这表明在大多数时候，两种检验方法均会认为 y_t 为非平稳过程。

14.5.3 φ 变化时不同检验统计量的检验功效

固定 $\theta = 0.03$，$\gamma = -0.1$，$c = 0$，即按照 $\Delta y_t = \varphi y_{t-1} - 0.1 y_{t-1} \left[\dfrac{2}{1 + e^{-0.03 y_{t-1}}} - 1 \right] + \varepsilon_t$ 生成仿真数据，分别对 $\varphi = 0.1 + 0, 0.1 - 2 \times 0.02^2, 0.1 - 2 \times 0.04^2, \cdots, 0.1 - 2 \times 0.98^2, 0.1 - 2 \times 1$ 共 51 个不同的 φ 进行模拟，样本长度为 200。

每个 φ 值重复 2 000 次进行仿真计算，可以得到 5% 显著水平下 ESTAR、LSTAR、DF 三种检验方法的检验功效，其随 φ 变化的曲线如图 14.12 所示。

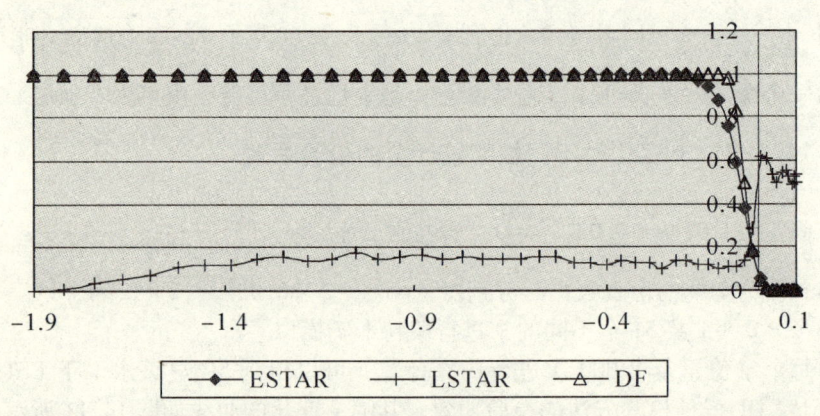

图 14.12 一阶 LSTAR 数据生成过程不同检验法检验功效随 φ 的变化曲线

随着 φ 从正到负取值的降低，DF 和 ESTAR 检验方法的功效都快速增加到 1。我们同时可以发现，当 φ 向负半轴远离原点时，DF 的检验功效一致地优于 ESTAR 方法。这是因为此时检验回归式中线性部分起越来越大的作用，用线性 DF 检验可获得更好结果。

随着 φ 远离原点向负轴移动，LSTAR 检验方法的功效越来越低，越来越倾向于将 y_t 误判为非平稳过程，得到错误的检验结果。这是因为 φ 越远离原点，y_t 越倾向于线性过程，而 LSTAR 检验方法不能对线性过程的平稳性检验得出正确的结论。

14.5.4 c 的非线性曲线拟合

固定 $\varphi = 0$，$\gamma = -0.1$，$\theta = 0.03$，即按照 $\Delta y_t = -0.1 y_{t-1} \left[\dfrac{2}{1 + e^{-0.03(y_{t-1} - c)}} - 1 \right] + \varepsilon_t$ 生成样本长度为 200 的仿真数据，分别对 $c = -25, -24, \cdots, 0, 1, \cdots, 24, 25$ 共 51 个不同的 c 进行蒙特卡罗模拟。

每个 c 值重复 2 000 次进行仿真计算，可以得到 5% 显著水平下 ESTAR、LSTAR、DF 三种检验方法的检验功效，其随 c 变化的曲线如图 14.13 所示。

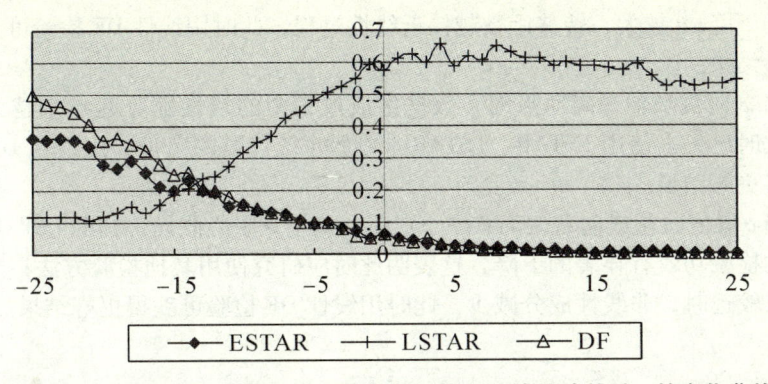

图 14.13　一阶 LSTAR 数据生成过程不同检验法检验功效随 c 的变化曲线

仿真结果表明，当 c 为负且离原点较远时，DF 与 ESTAR 检验方法有一定的概率认为 y_t 为平稳过程，但在 c 从负到正的变化过程中，DF 与 ESTAR 检验方法越来越倾向认为 y_t 为非平稳过程。

而 LSTAR 方法则相反，在 c 为负且离原点较远时，倾向认为 y_t 为非平稳过程；在原点及右半轴区域，倾向认为 y_t 为平稳过程。

14.6　结论

本章通过蒙特卡罗仿真和理论分析，研究选用的检验统计量与统计量基于的数据生成过程不一致时，非线性 ESTAR、LSTAR 检验方法与线性 DF 检验法能否得出正确的检验结论。

研究表明，二阶 LSTAR 与 ESTAR 模型由于一阶泰勒展开形式相同，可以使用相同的检验回归式和检验统计量，检验可靠性随参数变化的规律也大致相同。比较而言，在相同的参数设置下，二阶 LSTAR 模型的非线性特征比 ESTAR 模型更强。

当数据生成过程为线性 AR 模型或者为非线性的 ESTAR 与二阶 LSTAR 模型时，我们可以使用 DF 或 ESTAR 检验方法，得出大致正确的检验结论，但 LSTAR 检验方法完全失败。数据生成过程的非线性特征越强，ESTAR 较 DF 检验方法的功效增益越高；线性特征越强，DF 的功效增益越高。如果数据生成过程为标准一阶 LSTAR 模型，则 DF 与 ESTAR 检验方法通常不能得到好的检验结果。

ESTAR 或一、二阶 LSTAR 非线性模型的转换函数 $F(\theta,c,z_t)$ 中的 θ 较大时，一阶泰勒近似分析的误差较大，转换函数的系数 γ 的绝对值增加会放大近似误差，此时再使用基于一阶近似得到的 ESTAR、LSTAR 统计量会导致检验功效的下降；θ 越大，转移函数越接近线性过程，此时用线性 DF 检验可获得更好检验结果。

当 φ 向负半轴远离原点时，数据生成过程中的线性部分起越来越大的作用，此时已失去使用 ESTAR、LSTAR 非线性 t 统计量的条件，用线性 DF 检验可获得更好结果。

当 c 取值向左或向右偏离 0 中心点时，基于 0 中心假设得到的 ESTAR 检验方法的检验功效有显著的下降，这表明此时应研究使用其他检验方法；当偏离中心点较远时，非线性成分减少，此时用线性 DF 检验可获得更好结果。

15 基于序列与逆序列最小 Wald 统计量的通用 STAR 模型平稳性检验法

本章提出一种通用非线性单位根检验方法，使用待检序列及其逆序列的 Wald 统计量的最小值作为检验统计量，将 Kapetanios 等人提出的受限条件下 ESTAR 模型非线性单位根检验法推广到非 0 位置参数的情形，也可应用于一阶、二阶 LSTAR 或其他可能的平滑转移自回归模型，还可应用于门限自回归 (TAR) 模型或传统的线性 AR 模型的平稳性检验。推导了检验统计量的极限分布，并通过蒙特卡罗仿真，比较了该方法与传统 ESTAR、LSTAR、DF 等方法的检验功效。结果表明，其他方法通常都只对特定的数据生成过程有比较好的检验功效，而本章提出的检验方法对数据生成过程有广泛的适应性，并且在大多数时候都能获得较其他方法更佳的检验功效。

15.1 引言

在经济、金融领域，很多理论和假设（如资本市场有效假设、汇率购买力平价理论、政府跨代预算约束等）可以直接得出研究对象为平稳或单位根过程的结论，因而可以直接用平稳性检验方法对众多经济理论和假设进行检验和验证。自 Tong（1983）提出门限自回归模型（TAR）、Chan 和 Tong（1986）提出平滑转移自回归模型（STAR）以来，非线性模型在实证分析中得到广泛研究和应用［索莉斯（Sollis, 2005）；Taylor, 2006；库什曼（Cushman, 2008）；刘田，2011，2012］。TAR 模型可看作 STAR 模型一定条件下的近似，STAR 模型在非线性分析中更为流行。Balke 和 Fomby（1997）通过仿真研究发现，传统线性 DF 单位根检验方法会导致非线性情况下的检验功效大幅下降。Kapetanios 等（2003）提出特殊限定条件下 ESTAR 模型的非线性平稳性检验方法，国内刘雪燕、张晓峒（2009）研究了同样限定条件下 LSTAR 模型的非线性平稳性检验方法。

一阶平滑转移自回归 STAR（1）模型的一般形式为：
$$y_t = \beta y_{t-1} + \gamma y_{t-1} F(\theta, c, z_t) + \varepsilon_t \tag{15.1}$$

$F(\theta, c, z_t)$ 为转移函数，在两个极端状态间连续变化，用来描述序列 y_t 中的非线性特征。其中 z_t 为状态转换变量，通常取为 $z_t = y_{t-1}$；参数 c 表示转换位置；参数 θ 描述从一个状态转换为另一个状态的速度，如果转换速度非常快，则 STAR 模型变为门限自回归（TAR）模型，转换速度非常慢，则变为普通自回归（AR）线性模型。转换函数有各种形式，用得最多的是指数平滑转移函数 $F(\theta, c, z_t) = 1 - e^{-\theta(y_{t-1}-c)^2}$，得到 ESTAR 模型。有时也取为 Logistic 平滑转移函数，得到 LSTAR 模型。一阶 Logistic 函数 $F(\theta, c, z_t) = \dfrac{2}{1 + e^{-\theta(y_{t-1}-c)}} - 1$，沿转换点左右是非对称的；而二阶 Logistic 函数 $F(\theta, c, z_t) = \dfrac{2}{1 + e^{-\theta(y_{t-1}-c)^2}} - 1$，沿转换点左右是对称的。

对 ESTAR 模型，差分后可得到（令 $\varphi = \beta - 1$）：
$$\Delta y_t = \varphi y_{t-1} + \gamma y_{t-1} [1 - e^{-\theta(y_{t-1}-c)^2}] + \varepsilon_t \tag{15.2}$$

Kapetanios 等（2003）讨论过其平稳的充分条件为 $-2 < \varphi + \gamma < 0$。强加 $\varphi = 0$，$c = 0$ 的限制条件，此时 ESTAR 模型变为：
$$\Delta y_t = \gamma y_{t-1} [1 - e^{-\theta y_{t-1}^2}] + \varepsilon_t \tag{15.3}$$

Kapetanios 等人（2003）提出了该限制条件下 ESTAR 简化模型平稳性检验的 KSS 方法。对转移函数做一阶泰勒展开，得到平稳性检验的辅助回归方程：
$$\Delta y_t = \delta y_{t-1}^3 + error \tag{15.4}$$

检验假设为 $H_0: \delta = 0$；$H_1: \delta < 0$。可构建 t 统计量，用左边检验来实现该检验：
$$t_1 = \frac{\hat{\delta}}{s.e.(\hat{\delta})} \tag{15.5}$$

后文简称该检验方法为 ESTAR 法。

同样强加 $\varphi = 0$，$c = 0$ 的限制条件，可得到一阶 LSTAR 模型的简化形式：
$$\Delta y_t = \gamma y_{t-1} \left[\frac{2}{1 + e^{-\theta y_{t-1}}} - 1 \right] + \varepsilon_t \tag{15.6}$$

刘雪燕、张晓峒（2008）研究了其平稳性检验方法。跟 KSS 方法思路类似，对（15.6）式做一阶泰勒展开，得到检验的辅助回归式：
$$\Delta y_t = \lambda y_{t-1}^2 + error \tag{15.7}$$

检验假设为 $H_0: \lambda = 0$；$H_1: \lambda < 0$①。同样构建 t 统计量，用左边检验来实现该检验：

$$t_2 = \frac{\hat{\lambda}}{s.e.(\hat{\lambda})} \tag{15.8}$$

后文简称该检验方法为 LSTAR 法。

对二阶 LSTAR 模型，如果同样强加 $\varphi = 0$，$c = 0$ 的限制条件，可得到简化模型：

$$\Delta y_t = \gamma y_{t-1} \left[\frac{2}{1 + e^{-\theta y_{t-1}^2}} - 1 \right] + \varepsilon_t \tag{15.9}$$

同样用一阶泰勒展开近似非线性转换函数，得到平稳性检验的辅助回归式：

$$\Delta y_t = \eta y_{t-1}^3 + error \tag{15.10}$$

检验假设为 $H_0: \eta = 0$；$H_1: \eta < 0$。检验辅助回归式（15.10）与 ESTAR 模型得到的检验辅助回归式（15.4）相同，故可使用 ESTAR 检验法同样的检验统计量与临界值进行平稳性检验。

当式（15.3）、式（15.6）、式（15.9）中扰动项存在序列相关时，可在对应的检验回归式（15.4）、式（15.7）、式（15.10）中增加 $\sum_{j=1}^{p} \rho_j \Delta y_{t-j}$，即增加被解释变量的差分滞后项作为解释变量，以解决扰动项的相关性问题。并且我们可以证明，增加差分滞后项后，检验统计量的极限分布保持不变［汉密尔顿（Hamilton，1994）；Kapetanios, et al, 2003；刘雪燕，张晓峒，2008；克鲁斯（Kruse，2011）］。事实上这是一个一般性的结论，Hamilton（1994）的研究表明，各种单位根检验方法统计量的极限分布都与检验式中是否包含差分滞后变量无关，也就是说随机误差项是否存在自相关不会影响统计量的极限分布。

式（15.3）、式（15.6）、式（15.9）假设 $\{y_t\}$ 为 0 均值非线性随机过程，如果序列 $\{y_t\}$ 非 0 均值或存在线性趋势，可以考虑先去除均值或时间趋势，即首先做回归 $y_t = w_1 + v_t$ 或 $y_t = w_1 + w_2 t + v_t$，再对残差 $\hat{v}_t$ 进行上述检验。统计量的极限分布形式不会改变，只是从布朗运动的泛函变为布朗运动去均值或去趋势后的泛函。后文分别将直接对原始数据进行平稳性检验、去均值后进行检验与去趋势后进行检验称为情形 1、情形 2 与情形 3。

但上述 ESTAR 与 LSTAR 检验法均是在强加 $\varphi = 0$，$c = 0$ 的条件下得到的，

---

① 备择假设条件下 $y_t = y_{t-1}(1 + \lambda y_{t-1}^2) + error = a y_{t-1} + error$，因为 $\lambda < 0$，如果 $y_{t-1} < 0$，则 $a = (1 + \lambda y_{t-1}^2) > 1$，导致 $\{y_t\}$ 可能为负的爆炸性增长过程，好在实际经济数据不可能为爆炸增长模式。

大量实证研究表明，很多时候 c 是显著非 0 的 [Taylor, et al, 2001；拉帕奇，维哈（Rapach, Wohar, 2006）]，始终假设 $\varphi = 0$ 也并非总是合理的。如果这些条件不满足，ESTAR 与 LSTAR 检验法能否得到好的检验结果呢？我们下面做一个蒙特卡罗仿真试验。

按照 (15.3) 式生成仿真数据，样本长度取为 300，$\gamma = -1$，$\theta = 0.01$，ε_t 取独立同分布的标准正态分布，$y_0 = 0$，c 从 $[-12, -11, \cdots, 11, 12]$ 中取值进行逐点仿真试验，每个点仿真 2 000 次。得到的检验功效随 c 变化的曲线如图 15.1 所示。

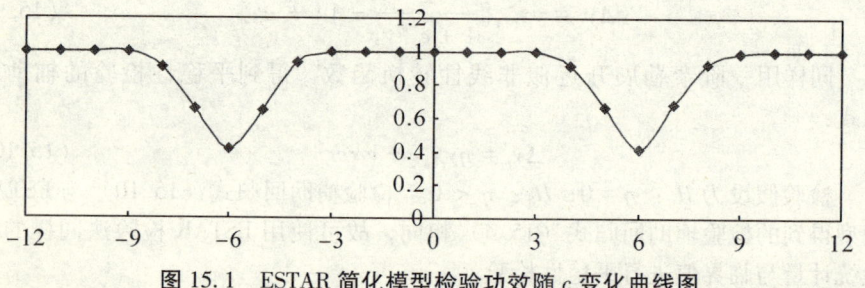

图 15.1 ESTAR 简化模型检验功效随 c 变化曲线图

可以看出，当 c 从正负方向偏离 0 中心时，检验功效会有一显著下降的过程，最多可能从 1 下降到 0.4 左右。

Kruse（2011）对 $\varphi = 0$ 条件下 ESTAR 模型位置参数 c 非 0 时的平稳性检验问题进行了研究，提出了 τ 统计量检验法。其仿真结果表明，该方法可以改善 c 非 0 时的检验功效。

除了位置参数 c 非 0 外，实际应用过程中 φ 也可能非 0，数据生成过程除了可能是 ESTAR 模型外，也可能为 LSTAR 模型，甚至其他 STAR 模型形式，当然 STAR 模型在转换速度极快或极慢时变为 TAR 模型或普通的线性 DF 模型。本章研究在不知道真实数据生成情况下，就一般的线性与非线性模型，如何进行有效的平稳性检验。

15.2 序列与逆序列最小 Wald 统计量及其渐近分布

对 (15.2) 式，如果不限定 $\varphi = 0$、$c = 0$，同样用一阶泰勒展开近似转换函数，可得到 ESTAR 模型一般形式的检验辅助回归式：

$$\Delta y_t = \beta_1 y_{t-1} + \beta_2 y_{t-1}^2 + \beta_3 y_{t-1}^3 + u_t \tag{15.11}$$

对一阶 LSTAR 模型 $\Delta y_t = \varphi y_{t-1} + \gamma y_{t-1} \left[\dfrac{2}{1 + e^{-\theta y_{t-1}}} - 1 \right] + \varepsilon_t$，如果对转换函数做二阶泰勒近似，同样得到检验辅助回归式 (15.11)；而对二阶 LSTAR 模

型的转换函数做一阶泰勒近似,也得到辅助回归式(15.11)。显然式(15.11)也包容了线性 DF 情形。对其他可能的平滑转移函数,如果其一阶或二阶泰勒展开不超过 2 次,都可以使用(15.11)式作检验辅助回归式。为了能够对上述各种情形进行单位根检验,我们考虑使用(15.11)作为一般形式下的检验辅助回归式。

检验原假设为 $H_0: \beta_1 = \beta_2 = \beta_3 = 0$。原假设下 $\{y_t\}$ 为线性单位根过程,假设 $\Delta y_t = \varepsilon_t$。如果 ε_t 存在相关性,则在(15.11)式回归元中增加 $\sum_{j=1}^{p} \rho_j \Delta y_{t-j}$,大量研究表明这不会改变平稳性检验统计量的极限分布(Hamilton, 1994; Kapetanios, et al, 2003; 刘雪燕,张晓峒,2008; Kruse, 2011),故后面的推导中均假设 ε_t 为独立同分布的。

定义矩阵 $R = \begin{pmatrix} 1 & 0 & 0 \\ 0 & 1 & 0 \\ 0 & 0 & 1 \end{pmatrix}$,向量 $\beta = \begin{pmatrix} \beta_1 \\ \beta_2 \\ \beta_3 \end{pmatrix}$,$q = \begin{pmatrix} 0 \\ 0 \\ 0 \end{pmatrix}$,对检验辅助回归式(15.11),单位根原假设下的参数约束条件为 $R\beta = q$。构建 Wald 统计量:

$$\begin{aligned}
W &= (R\hat{\beta} - q)'[\text{var}(R\hat{\beta} - q)] - 1(R\hat{\beta} - q) \\
&= (R\hat{\beta} - q)'[R(X'X) - 1R'] - 1(R\hat{\beta} - q) \\
&= \frac{1}{s_T^2}(\hat{\beta})'(X'X)(\hat{\beta}) \\
&= \frac{1}{s_T^2}(X'Y)'(X'X) - 1(X'Y)
\end{aligned} \quad (15.12)$$

其中 s_T^2 为 ε_t 方差 σ^2 的最小二乘估计,为一致估计量,X 为回归中解释变量构成的矩阵,Y 为被解释变量构成的向量。

平稳条件下 Wald 统计量为卡方分布,但单位根原假设下为维纳过程的复杂泛函,其推导过程如下:

首先,根据(15.11)式,有 $X'X = \begin{pmatrix} \sum y_{t-1}^2 & \sum y_{t-1}^3 & \sum y_{t-1}^4 \\ \sum y_{t-1}^3 & \sum y_{t-1}^4 & \sum y_{t-1}^5 \\ \sum y_{t-1}^4 & \sum y_{t-1}^5 & \sum y_{t-1}^6 \end{pmatrix}$,$X'Y = \begin{pmatrix} \sum y_{t-1} \Delta y_t \\ \sum y_{t-1}^2 \Delta y_t \\ \sum y_{t-1}^3 \Delta y_t \end{pmatrix}$。

定义规模系数矩阵:$\gamma = \begin{pmatrix} T\sigma^2 & 0 & 0 \\ 0 & T^{3/2}\sigma^3 & 0 \\ 0 & 0 & T^2\sigma^4 \end{pmatrix}$,则 Wald 统计量:

$$W = \frac{1}{s_T^2}(X'Y)'(X'X)^{-1}(X'Y)$$

$$= \frac{1}{s_T^2}\begin{pmatrix} \sum y_{t-1}\varepsilon_t \\ \sum y_{t-1}^2\varepsilon_t \\ \sum y_{t-1}^3\varepsilon_t \end{pmatrix}' \begin{pmatrix} \sum y_{t-1}^2 & \sum y_{t-1}^3 & \sum y_{t-1}^4 \\ \sum y_{t-1}^3 & \sum y_{t-1}^4 & \sum y_{t-1}^5 \\ \sum y_{t-1}^4 & \sum y_{t-1}^5 & \sum y_{t-1}^6 \end{pmatrix}^{-1} \begin{pmatrix} \sum y_{t-1}\varepsilon_t \\ \sum y_{t-1}^2\varepsilon_t \\ \sum y_{t-1}^3\varepsilon_t \end{pmatrix}$$

$$= \frac{1}{s_T^2}\begin{pmatrix} \sum y_{t-1}\varepsilon_t \\ \sum y_{t-1}^2\varepsilon_t \\ \sum y_{t-1}^3\varepsilon_t \end{pmatrix}' \gamma^{-1}\gamma \begin{pmatrix} \sum y_{t-1}^2 & \sum y_{t-1}^3 & \sum y_{t-1}^4 \\ \sum y_{t-1}^3 & \sum y_{t-1}^4 & \sum y_{t-1}^5 \\ \sum y_{t-1}^4 & \sum y_{t-1}^5 & \sum y_{t-1}^6 \end{pmatrix}^{-1} \gamma^{-1}\gamma \begin{pmatrix} \sum y_{t-1}\varepsilon_t \\ \sum y_{t-1}^2\varepsilon_t \\ \sum y_{t-1}^3\varepsilon_t \end{pmatrix}$$

$$W = \frac{1}{s_T^2}\begin{pmatrix} T^{-1}\sigma^{-2}\sum y_{t-1}\varepsilon_t \\ T^{-3/2}\sigma^{-3}\sum y_{t-1}^2\varepsilon_t \\ T^{-2}\sigma^{-4}\sum y_{t-1}^3\varepsilon_t \end{pmatrix}'$$

$$\times \begin{pmatrix} T^{-2}\sigma^{-4}\sum y_{t-1}^2 & T^{-5/2}\sigma^{-5}\sum y_{t-1}^3 & T^{-3}\sigma^{-6}\sum y_{t-1}^4 \\ T^{-5/2}\sigma^{-5}\sum y_{t-1}^3 & T^{-3}\sigma^{-6}\sum y_{t-1}^4 & T^{-7/2}\sigma^{-7}\sum y_{t-1}^5 \\ T^{-3}\sigma^{-6}\sum y_{t-1}^4 & T^{-7/2}\sigma^{-7}\sum y_{t-1}^5 & T^{-4}\sigma^{-8}\sum y_{t-1}^6 \end{pmatrix}^{-1}$$

$$\times \begin{pmatrix} T^{-1}\sigma^{-2}\sum y_{t-1}\varepsilon_t \\ T^{-3/2}\sigma^{-3}\sum y_{t-1}^2\varepsilon_t \\ T^{-2}\sigma^{-4}\sum y_{t-1}^3\varepsilon_t \end{pmatrix}$$

利用如下结果[汉森(Hansen, 1992); Hamilton, 1994; Kapetanios, et al, 2003; Kruse, 2011]:

$$T^{-1}\sum y_{t-1}\varepsilon_t \Rightarrow \sigma^2 \frac{1}{2}[W(1)^2 - 1]$$

$$T^{-3/2}\sum y_{t-1}^2\varepsilon_t \Rightarrow \sigma^3 \left[\frac{1}{3}W(1)^3 - \int_0^1 W(r)dr\right]$$

$$T^{-2}\sum y_{t-1}^3\varepsilon_t \Rightarrow \sigma^4 \left[\frac{1}{4}W(1)^4 - \frac{3}{2}\int_0^1 W(r)^2 dr\right]$$

$$T^{-(i+2)/2}\sum y_{t-1}^i \Rightarrow \sigma^i \int_0^1 W(r)^i dr, \quad i = 1, 2, 3, \cdots$$

$$s_T^2 \Rightarrow \sigma^2$$

可以得到 Wald 统计量的极限分布:

$$W \Rightarrow \begin{pmatrix} \frac{1}{2}(W(1)^2 - 1) \\ \frac{1}{3}W(1)^3 - \int_0^1 W(r)dr \\ \frac{1}{4}W(1)^4 - \frac{3}{2}\int_0^1 W(r)^2 dr \end{pmatrix}' \times \begin{pmatrix} \int_0^1 W(r)^2 dr & \int_0^1 W(r)^3 dr & \int_0^1 W(r)^4 dr \\ \int_0^1 W(r)^3 dr & \int_0^1 W(r)^4 dr & \int_0^1 W(r)^5 dr \\ \int_0^1 W(r)^4 dr & \int_0^1 W(r)^5 dr & \int_0^1 W(r)^6 dr \end{pmatrix}^{-1}$$

$$\times \begin{pmatrix} \frac{1}{2}(W(1)^2 - 1) \\ \frac{1}{3}W(1)^3 - \int_0^1 W(r)dr \\ \frac{1}{4}W(1)^4 - \frac{3}{2}\int_0^1 W(r)^2 dr \end{pmatrix} \tag{15.13}$$

W 统计量中没有冗余参数，为维纳过程的复杂泛函。为了改进小样本时的检验功效，受利伯恩（Leybourne, 1995）思路的启发，我们定义序列 $y_t(t=1,2,\cdots,T)$ 的镜像逆序序列 $x_t(t=1,2,\cdots,T)$：$x_t = y_{T+1-t}$，即由 $\{y_T, y_{T-1}, \cdots, y_1\}$ 构成的序列。当 y_t 为单位根过程，满足 $y_t = y_{t-1} + \varepsilon_t$ 时，不难验证其逆序序列 x_t 也为单位根过程，满足 $x_t = x_{t-1} + \eta_t$，其中 $\eta_t = -\varepsilon_{T+2-t}$。

对逆序序列 x_t 做（15.11）式的回归检验：$\Delta x_t = \alpha_1 x_{t-1} + \alpha_2 x_{t-1}^2 + \alpha_3 x_{t-1}^3 + v_t$，在 y_t 为单位根过程的原假设下，x_t 也为单位根过程，有 $H_0: \alpha_1 = \alpha_2 = \alpha_3 = 0$，同样可构建 Wald 统计量：

$$W_r = \frac{1}{s_T^2} \begin{pmatrix} \sum x_{t-1}\eta_t \\ \sum x_{t-1}^2 \eta_t \\ \sum x_{t-1}^3 \eta_t \end{pmatrix}' \begin{pmatrix} \sum x_{t-1}^2 & \sum x_{t-1}^3 & \sum x_{t-1}^4 \\ \sum x_{t-1}^3 & \sum x_{t-1}^4 & \sum x_{t-1}^5 \\ \sum x_{t-1}^4 & \sum x_{t-1}^5 & \sum x_{t-1}^6 \end{pmatrix}^{-1} \begin{pmatrix} \sum x_{t-1}\eta_t \\ \sum x_{t-1}^2 \eta_t \\ \sum x_{t-1}^3 \eta_t \end{pmatrix}$$

$$W_r = \frac{1}{s_T^2} \begin{pmatrix} T^{-1}\sigma^{-2} \sum x_{t-1}\eta_t \\ T^{-3/2}\sigma^{-3} \sum x_{t-1}^2 \eta_t \\ T^{-2}\sigma^{-4} \sum x_{t-1}^3 \eta_t \end{pmatrix}'$$

$$\times \begin{pmatrix} T^{-2}\sigma^{-4} \sum x_{t-1}^2 & T^{-5/2}\sigma^{-5} \sum x_{t-1}^3 & T^{-3}\sigma^{-6} \sum x_{t-1}^4 \\ T^{-5/2}\sigma^{-5} \sum x_{t-1}^3 & T^{-3}\sigma^{-6} \sum x_{t-1}^4 & T^{-7/2}\sigma^{-7} \sum x_{t-1}^5 \\ T^{-3}\sigma^{-6} \sum x_{t-1}^4 & T^{-7/2}\sigma^{-7} \sum x_{t-1}^5 & T^{-4}\sigma^{-8} \sum x_{t-1}^6 \end{pmatrix}^{-1}$$

$$\times \begin{pmatrix} T^{-1}\sigma^{-2} \sum x_{t-1}\eta_t \\ T^{-3/2}\sigma^{-3} \sum x_{t-1}^2 \eta_t \\ T^{-2}\sigma^{-4} \sum x_{t-1}^3 \eta_t \end{pmatrix}$$

不难证明如下极限结果：

(a) $\quad T^{-(i+2)/2}\sum x_{t-1}^{i} \Rightarrow \sigma^{i}\int_{0}^{1}W(r)^{i}dr,\ i=1,2,3,\cdots$

(b) $\quad T^{-1}\sum x_{t-1}\eta_{t} \Rightarrow -\sigma^{2}\dfrac{1}{2}[W(1)^{2}+1]$

(c) $\quad T^{-3/2}\sum x_{t-1}^{2}\eta_{t} \Rightarrow -\sigma^{3}\left[\dfrac{1}{3}W(1)^{3}+\int_{0}^{1}W(r)dr\right]$

(d) $\quad T^{-2}\sum x_{t-1}^{3}\eta_{t} \Rightarrow -\sigma^{4}\left[\dfrac{1}{4}W(1)^{4}+\dfrac{3}{2}\int_{0}^{1}W(r)^{2}dr\right]$

对（a），因为：$\sum x_{t-1}^{i} = \sum_{t=1}^{T} x_{t-1}^{i} = \sum_{t=1}^{T} y_{T+1-(t-1)}^{i} = \sum_{t=1}^{T} y_{T+2-t}^{i} = \sum_{t'=T+1}^{2} y_{t'-1}^{i} = \sum_{t=1}^{T} y_{t-1}^{i} + y_{T} + y_{T+1} - y_{0} - y_{1}$，当 T 趋于无穷大时，有（a）式成立。

对（b），有：

$T^{-1}\sum x_{t-1}\eta_{t} = -T^{-1}\sum y_{T+2-t}\varepsilon_{T+2-t} = -T^{-1}\sum y_{t}\varepsilon_{t} = -T^{-1}\sum(y_{t-1}+\varepsilon_{t})\varepsilon_{t}$

$\qquad = -T^{-1}\sum y_{t-1}\varepsilon_{t} - T^{-1}\sum \varepsilon_{t}^{2}$

$\qquad \Rightarrow -\sigma^{2}\dfrac{1}{2}[W(1)^{2}-1] - \sigma^{2}$

$\qquad \Rightarrow -\sigma^{2}\dfrac{1}{2}[W(1)^{2}+1]$

对（c），有：

$T^{-3/2}\sum x_{t-1}^{2}\eta_{t} = -T^{-3/2}\sum y_{t}^{2}\varepsilon_{t} = -T^{-3/2}\sum(y_{t-1}+\varepsilon_{t})^{2}\varepsilon_{t}$

$\qquad = -T^{-3/2}\sum y_{t-1}^{2}\varepsilon_{t} - 2T^{-3/2}\sum y_{t-1}\varepsilon_{t}^{2} - T^{-3/2}\sum \varepsilon_{t}^{3}$

由 $y_{t} = y_{t-1} + \varepsilon_{t}$，得 $y_{t}^{3} = y_{t-1}^{3} + 3y_{t-1}^{2}\varepsilon_{t} + 3y_{t-1}\varepsilon_{t}^{2} + \varepsilon_{t}^{3}$，从 1 到 T 累加，得：

$T^{-3/2}y_{T}^{3} = 3T^{-3/2}\sum y_{t-1}^{2}\varepsilon_{t} + 3T^{-3/2}\sum y_{t-1}\varepsilon_{t}^{2} + T^{-3/2}\sum \varepsilon_{t}^{3}$，因 $T^{-3/2}\sum \varepsilon_{t}^{3} \Rightarrow 0$，可得到 $T^{-3/2}\sum y_{t-1}\varepsilon_{t}^{2} \Rightarrow \sigma^{3}\int_{0}^{1}W(r)dr$，于是有：

$T^{-3/2}\sum x_{t-1}^{2}\eta_{t} \Rightarrow -\sigma^{3}\left[\dfrac{1}{3}W(1)^{3} - \int_{0}^{1}W(r)dr\right] - 2\sigma^{3}\int_{0}^{1}W(r)dr$

$\qquad \Rightarrow -\sigma^{3}\left[\dfrac{1}{3}W(1)^{3} + \int_{0}^{1}W(r)dr\right]$

对（d），有：

$T^{-2}\sum x_{t-1}^{3}\eta_{t} = -T^{-2}\sum y_{t}^{3}\varepsilon_{t} = -T^{-2}\sum(y_{t-1}+\varepsilon_{t})^{3}\varepsilon_{t}$

$\qquad = -T^{-2}\sum y_{t-1}^{3}\varepsilon_{t} - 3T^{-2}\sum y_{t-1}^{2}\varepsilon_{t}^{2} - 3T^{-2}\sum y_{t-1}\varepsilon_{t}^{3} - T^{-2}\sum \varepsilon_{t}^{4}$

由 $y_t = y_{t-1} + \varepsilon_t$，得 $y_t^4 = y_{t-1}^4 + 4y_{t-1}^3\varepsilon_t + 6y_{t-1}^2\varepsilon_t^2 + 4y_{t-1}\varepsilon_t^3 + \varepsilon_t^4$，从 1 到 T 累加，得：

$$T^{-2}y_T^4 = 4T^{-2}\sum y_{t-1}^3\varepsilon_t + 6T^{-2}\sum y_{t-1}^2\varepsilon_t^2 + 4T^{-2}\sum y_{t-1}\varepsilon_t^3 + T^{-2}\sum \varepsilon_t^4$$

因为 $T^{-2}\sum y_{t-1}\varepsilon_t^3 \Rightarrow 0$，$T^{-2}\sum \varepsilon_t^4 \Rightarrow 0$，可得到 $T^{-2}\sum y_{t-1}^2\varepsilon_t^2 \Rightarrow \sigma^4 \int_0^1 W(r)^2 dr$，于是得到：

$$T^{-2}\sum x_{t-1}^3\eta_t = -T^{-2}\sum y_t^3\varepsilon_t = -T^{-2}\sum (y_{t-1}+\varepsilon_t)^3\varepsilon_t$$

$$\Rightarrow -\sigma^4\left[\frac{1}{4}W(1)^4 - \frac{3}{2}\int_0^1 W(r)^2 dr\right] - 3\sigma^4\int_0^1 W(r)^2 dr$$

$$\Rightarrow -\sigma^4\left[\frac{1}{4}W(1)^4 + \frac{3}{2}\int_0^1 W(r)^2 dr\right]$$

利用 (a)、(b)、(c)、(d) 的结果，可得到：

$$W_r \Rightarrow \begin{pmatrix} -\frac{1}{2}[W(1)^2+1] \\ -[\frac{1}{3}W(1)^3 + \int_0^1 W(r)dr] \\ -[\frac{1}{4}W(1)^4 + \frac{3}{2}\int_0^1 W(r)^2 dr] \end{pmatrix}'$$

$$\times \begin{pmatrix} \int_0^1 W(r)^2 dr & \int_0^1 W(r)^3 dr & \int_0^1 W(r)^4 dr \\ \int_0^1 W(r)^3 dr & \int_0^1 W(r)^4 dr & \int_0^1 W(r)^5 dr \\ \int_0^1 W(r)^4 dr & \int_0^1 W(r)^5 dr & \int_0^1 W(r)^6 dr \end{pmatrix}^{-1}$$

$$\times \begin{pmatrix} -\frac{1}{2}[W(1)^2+1] \\ -[\frac{1}{3}W(1)^3 + \int_0^1 W(r)dr] \\ -[\frac{1}{4}W(1)^4 + \frac{3}{2}\int_0^1 W(r)^2 dr] \end{pmatrix} \quad (15.14)$$

利用序列 y_t 的 Wald 统计量 W 及其逆序序列 x_t 的 Wald 统计量 W_r，可以构建新的统计量：

$$W_{\min} = \min(W, W_r) \quad (15.15)$$

利用连续映射定理，$W_{\min}$ 的极限分布为 $\min(W, W_r)$。仿真研究表明，$W_{\min}$ 的检验功效明显好于 W 或 W_r。

检验中统计量的计算不一定根据（15.12）式直接进行，事实上有：

$$W = \frac{1}{s_T^2}(X'Y)'(X'X)^{-1}(X'Y) = \frac{1}{s_T^2}Y'X(X'X)^{-1}X'Y$$

$$= \frac{1}{s_T^2}Y'(I-M)Y = \frac{1}{s_T^2}(Y'Y - Y'MY) = \frac{1}{s_T^2}(Y'Y - (X\hat{\beta}+e)'e)$$

$$= \frac{1}{s_T^2}(Y'Y - e'e) = \frac{TSS - RSS}{RSS/(T-3)}$$

可以看出，$W/3$ 即为辅助回归式（15.11）中通常统计软件计算的无截距 F 统计量。故也可利用序列 y_t 及其逆序列 x_t 做（15.11）式回归，直接利用统计软件计算的 F 统计量（分别记为 F 及 F_r），构建检验统计量 $F_{\min} = \min(F, F_r)$ 进行平稳性检验。其极限分布为：

$$F_{\min} = \min(W/3, W_r/3) \tag{15.16}$$

15.3 临界值仿真

单位根原假设下，根据数据生成过程 $y_t = y_{t-1} + \varepsilon_t$，设 ε_t 为独立同分布的标准正态分布，$y_0 = 0$，生成不同样本长度 T 的仿真数据 y_t（$t = 1,2,\cdots,T$），利用 y_t 及其逆序序列做（15.11）式的回归，分别得到回归分析的统计量 F 及 F_r，然后求两者的最小值，可得到平稳性检验统计量 $F_{\min} = \min(F, F_r)$。这样的过程重复 20 000 次，可得到情形 1 不同显著水平下的临界值，结果见表 15.1。

表 15.1 不同显著水平与不同样本长度 T 下的 $F_{\min}$ 临界值（情形 1）

	25	50	100	250	500	1 000
0.01	4.07	4.29	4.44	4.45	4.46	4.46
0.02	3.45	3.75	3.90	3.98	4.00	4.00
0.03	3.15	3.47	3.58	3.70	3.71	3.71
0.04	2.93	3.24	3.36	3.50	3.50	3.51
0.05	2.77	3.06	3.18	3.32	3.33	3.33
0.06	2.64	2.92	3.05	3.17	3.18	3.19
0.07	2.54	2.80	2.93	3.05	3.06	3.07
0.08	2.46	2.71	2.81	2.93	2.97	2.98
0.09	2.38	2.63	2.73	2.85	2.89	2.89
0.1	2.29	2.56	2.65	2.77	2.82	2.82

得到仿真数据 y_t 后，先去除其样本均值，再求检验统计量，同样重复 20 000 次，可得到情形 2 的临界值，结果见表 15.2。

表 15.2　不同显著水平与不同样本长度 T 下的 $F_{\min}$ 临界值（情形 2）

	25	50	100	250	500	1 000
0.01	4.22	4.16	4.24	4.40	4.52	4.53
0.02	3.55	3.65	3.71	3.94	4.00	4.03
0.03	3.25	3.38	3.46	3.66	3.68	3.72
0.04	2.99	3.19	3.28	3.43	3.46	3.50
0.05	2.85	3.04	3.12	3.24	3.28	3.30
0.06	2.69	2.89	3.00	3.12	3.14	3.16
0.07	2.59	2.77	2.90	3.00	3.02	3.04
0.08	2.49	2.67	2.78	2.88	2.93	2.94
0.09	2.40	2.58	2.69	2.79	2.84	2.85
0.1	2.33	2.50	2.62	2.72	2.76	2.78

得到仿真数据 y_t 后，先去除时间趋势，再根据残差求检验统计量，同样重复 20 000 次，可得到情形 3 的临界值，结果见表 15.3。

表 15.3　不同显著水平与不同样本长度 T 下的 $F_{\min}$ 临界值（情形 3）

	25	50	100	250	500	1 000
0.01	6.44	5.61	5.50	5.58	5.64	5.69
0.02	5.38	4.93	4.93	5.01	5.10	5.11
0.03	4.84	4.54	4.60	4.62	4.68	4.72
0.04	4.47	4.28	4.34	4.40	4.46	4.47
0.05	4.16	4.05	4.11	4.22	4.25	4.25
0.06	3.97	3.87	3.95	4.03	4.06	4.07
0.07	3.77	3.72	3.82	3.90	3.95	3.96
0.08	3.62	3.60	3.71	3.79	3.82	3.83
0.09	3.49	3.51	3.61	3.68	3.74	3.74
0.1	3.37	3.40	3.52	3.59	3.64	3.64

15.4 检验功效仿真

15.4.1 STAR 数据生成过程的仿真

Kruse（2011）仿真研究了 ESTAR 与二阶 LSTAR 模型的检验功效，为了跟其检验方法进行效果对比，本章在仿真过程中选取相同的样本长度和数据生成过程进行了检验功效研究。我们选择的样本长度为 300，对很多宏观经济研究和金融时间序列分析来讲，这是一个合适的长度。

仿真数据首先按照如下 ESTAR 模型生成：$\Delta y_t = \varphi y_{t-1}[1 - e^{(-\gamma(y_{t-1}-c)^2)}] + \varepsilon_t$，Kruse 选择了固定 $\varphi = -1$。数据生成过程中，$y_0 = 0$，ε_t 取独立同分布的标准正态分布，$t = 1,2,\cdots,300$。位置参数 c 设置为 0 或从均匀分布中进行随机抽取，抽取的区间分双边区间 $[-5,5]$、$[-10,10]$，单边区间 $[-5,0]$、$[-10,0]$，考虑到左右的对称性没有提供右侧单边区间的仿真数据；平滑参数 γ 也从均匀分布中随机抽取，分慢变区域 $[0.001,0.01]$ 与快变区域 $[0.01,0.1]$。

我们分别按照情形 1、2、3 进行仿真（即分别以原始数据、去均值数据、去趋势后的残差做回归），选定显著水平 5%，每个点重复 2 000 次，分别得到的检验功效如表 15.4、表 15.5、表 15.6 所示。作为对比，除了 $F_{\min}$ 检验功效结果外，还做了使用 ESTAR、LSTAR 及传统的 DF 方法的检验功效结果，表 15.4、表 15.5、表 15.6 中也列出了 Kruse（2011）文中提出的 τ 方法的检验功效结果与其进行对比。

表 15.4　ESTAR 模型的检验功效（情形 1，显著水平为 5%）

c	γ	Fmin	ESTAR	LSTAR	DF	τ
0	0	0.052	0.053	0.051	0.047	
0	U[0.001,0.01]	0.931	0.997	0.159	0.991	0.953
U[-5,5]	U[0.001,0.01]	0.935	0.904	0.294	0.920	0.881
U[-10,10]	U[0.001,0.01]	0.992	0.884	0.044	0.966	0.726
U[-5,0]	U[0.001,0.01]	0.932	0.908	0.035	0.915	0.885
U[-10,0]	U[0.001,0.01]	0.944	0.752	0.029	0.871	0.745
U[-5,0]	U[0.01,0.1]	1.000	0.966	0.020	1.000	0.982
U[-10,0]	U[0.01,0.1]	1.000	0.970	0.071	0.999	0.979

表 15.4 中，$\gamma = 0$ 时对应线性单位根过程，此时的检验功效实质为检验水平，可以看出，各种检验方法得到的实际水平与选定的显著水平 5% 大致一致，没有明显的扭曲或过估。位置参数 c 与转换速度 γ 变化的各种情形，LSTAR 检

验法的功效都非常低，检验完全失败，表明 LSTAR 检验法不能用于 ESTAR 数据生成过程。当位置参数为 0 且 γ 处于慢变区域时，使用 ESTAR 方法可获得最好的检验功效，F_{min} 也可获得很好的检验结果，但功效比 ESTAR 及 DF 方法略低。但当位置参数非 0 时，F_{min} 的检验功效一致地好于其他方法（包括考虑了位置参数非 0 影响的 Kruse 方法）。当位置参数为 [-10,0] 且转换速度较慢时，F_{min} 的检验功效为 0.944，显著高于不考虑位置参数非 0 效应的 ESTAR 方法的 0.752。当 γ 处于快变区域时，各种检验方法（不能使用的 LSTAR 法除外）的功效都比较高，但 F_{min} 依然属于最好的。

表 15.5　ESTAR 模型的检验功效（情形 2，显著水平为 5%）

c	γ	Fmin	ESTAR	LSTAR	DF	τ
0	0	0.053	0.050	0.039	0.045	
0	U[0.001,0.01]	0.950	0.900	0.002	0.852	0.929
U[-5,5]	U[0.001,0.01]	0.961	0.872	0.001	0.829	0.923
U[-10,10]	U[0.001,0.01]	0.952	0.797	0.017	0.793	0.933
U[-5,0]	U[0.001,0.01]	0.949	0.878	0.004	0.825	0.918
U[-10,0]	U[0.001,0.01]	0.946	0.772	0.036	0.807	0.939
U[-5,0]	U[0.01,0.1]	1.000	0.989	0.134	1.000	1.000
U[-10,0]	U[0.01,0.1]	1.000	0.972	0.201	1.000	1.000

表 15.5 是对应于 ESTAR 模型情形 2 的结果。$\gamma=0$ 对应的线性单位根检验结果依然表明各种检验方法没有明显的扭曲或过估。LSTAR 检验法依然完全失败。与情形 1 不同之处在于 F_{min} 法与其他方法相比优势更为明显。同时我们可以看出，当位置参数 c 发生变化时，F_{min} 的检验功效比较稳定，表明这很好地解决了位置参数变化的影响。

表 15.6　ESTAR 模型的检验功效（情形 3，显著水平为 5%）

c	γ	Fmin	ESTAR	LSTAR	DF	τ
0	0	0.063	0.050	0.047	0.052	
0	U[0.001,0.01]	0.882	0.799	0.035	0.758	0.816
U[-5,5]	U[0.001,0.01]	0.850	0.717	0.019	0.622	0.789
U[-10,10]	U[0.001,0.01]	0.832	0.656	0.078	0.651	0.784
U[-5,0]	U[0.001,0.01]	0.839	0.744	0.024	0.642	0.796
U[-10,0]	U[0.001,0.01]	0.862	0.666	0.128	0.688	0.787
U[-5,0]	U[0.01,0.1]	0.999	0.975	0.264	0.999	1.000
U[-10,0]	U[0.01,0.1]	1.000	0.973	0.348	0.998	1.000

表 15.6 是对应于 ESTAR 模型情形 3 的结果。$\gamma = 0$ 对应的线性单位根检验结果依然显示各种检验方法没有明显的扭曲或过估。LSTAR 检验法依然完全失败。$F_{\min}$ 法依然明显好于其他方法。

Kruse（2011）还仿真研究了二阶 Logistic STAR 模型的情形，同样选择样本长度为 300，数据生成过程为：$\Delta y_t = y_{t-1}\left[1 - \dfrac{2}{1 + e^{-\gamma(y_{t-1}-c_1)(y_{t-1}-c_2)}}\right] + \varepsilon_t$，包含 2 个位置参数。不失一般性，让 $c_1 = 0$，c_2 从均匀分布中进行抽取。分别按照情形 1、2、3 进行仿真检验，在 5% 显著水平下，每个点重复 2 000 次，分别得到的检验功效如表 15.7、表 15.8、表 15.9 所示。其中 τ 方法的检验结果直接引用 Kruse（2011）文中的数据。

表 15.7　二阶 LSTAR 模型的检验功效（情形 1，显著水平为 5%）

c	γ	Fmin	ESTAR	LSTAR	DF	τ
0	0	0.055	0.045	0.063	0.052	
0	U[0.001,0.01]	0.815	0.970	0.161	0.931	0.832
U[-5,5]	U[0.001,0.01]	0.805	0.933	0.206	0.867	0.825
U[-10,10]	U[0.001,0.01]	0.823	0.861	0.299	0.539	0.827
U[-5,0]	U[0.001,0.01]	0.816	0.958	0.100	0.895	0.803
U[-10,0]	U[0.001,0.01]	0.833	0.826	0.052	0.555	0.833
U[-5,0]	U[0.01,0.1]	1.000	0.999	0.032	0.994	0.999
U[-10,0]	U[0.01,0.1]	1.000	0.999	0.018	0.832	1.000

从表 15.7 可以看出，各种检验方法依然没有明显的扭曲；LSTAR 检验法依然失败；在转换速度较低且位置参数偏离 0 不大时，ESTAR 检验法可获得最好的检验功效；位置参数偏离 0 较大时，$F_{\min}$ 检验法的功效具有比较优势。

表 15.8　二阶 LSTAR 模型的检验功效（情形 2，显著水平为 5%）

c	γ	Fmin	ESTAR	LSTAR	DF	τ
0	0	0.051	0.042	0.057	0.039	
0	U[0.001,0.01]	0.841	0.739	0.002	0.645	0.790
U[-5,5]	U[0.001,0.01]	0.853	0.733	0.000	0.599	0.775
U[-10,10]	U[0.001,0.01]	0.837	0.549	0.003	0.486	0.783
U[-5,0]	U[0.001,0.01]	0.822	0.698	0.002	0.556	0.779
U[-10,0]	U[0.001,0.01]	0.850	0.566	0.002	0.496	0.800
U[-5,0]	U[0.01,0.1]	1.000	0.992	0.013	0.996	1.000
U[-10,0]	U[0.01,0.1]	1.000	0.794	0.010	0.993	1.000

表 15.8 对应于二阶 LSTAR 模型在情形 2 下的结果。可以看出,各种检验方法依然没有明显的扭曲;LSTAR 检验法依然失败;各种参数变化情形下 $F_{\min}$ 检验法的功效具有明显的优势,比如在位置参数在 [-10,10] 中均匀抽取,转换速度参数在 [0.001,0.01] 中均匀抽取时,$F_{\min}$ 的检验功效为 0.837,而 ESTAR 方法只有 0.549,DF 方法只有 0.486。

表 15.9 二阶 LSTAR 模型的检验功效(情形 3,显著水平为 5%)

c	γ	Fmin	ESTAR	LSTAR	DF	τ
0	0	0.043	0.041	0.061	0.044	
0	U[0.001,0.01]	0.675	0.545	0.009	0.428	0.586
U[-5,5]	U[0.001,0.01]	0.623	0.504	0.028	0.384	0.549
U[-10,10]	U[0.001,0.01]	0.589	0.417	0.018	0.375	0.577
U[-5,0]	U[0.001,0.01]	0.627	0.509	0.019	0.390	0.554
U[-10,0]	U[0.001,0.01]	0.623	0.408	0.031	0.371	0.594
U[-5,0]	U[0.01,0.1]	0.999	0.983	0.066	0.980	0.995
U[-10,0]	U[0.01,0.1]	0.999	0.803	0.035	0.979	0.998

表 15.9 对应于二阶 LSTAR 模型情形 3 的检验结果。可以看出,各种检验方法中 $F_{\min}$ 的检验功效依然是最佳的,具有明显优势。

如果数据生成过程使用一阶 Logistic STAR 模型 $\Delta y_t = y_{t-1}\left[1 - \dfrac{2}{1+e^{-\gamma(y_{t-1}-c)}}\right] + \varepsilon_t$,在样本长度同样为 300 的情况下,每个点重复 2 000 次,按照情形 1、2、3,分别得到的检验功效如表 15.10、表 15.11、表 15.12 所示。

表 15.10 一阶 LSTAR 模型的检验功效(情形 1,显著水平为 5%)

c	γ	Fmin	ESTAR	LSTAR	DF
0	0	0.054	0.055	0.051	0.056
0	U[0.001,0.01]	0.776	0.068	0.857	0.061
U[-5,5]	U[0.001,0.01]	0.762	0.077	0.818	0.068
U[-10,10]	U[0.001,0.01]	0.727	0.104	0.763	0.108
U[-5,0]	U[0.001,0.01]	0.733	0.096	0.804	0.114
U[-10,0]	U[0.001,0.01]	0.683	0.156	0.702	0.182
U[-5,0]	U[0.01,0.1]	0.999	0.024	0.980	0.025
U[-10,0]	U[0.01,0.1]	0.995	0.315	0.674	0.346

对于情形 1 的一阶 LSTAR 模型,表 15.10 的结果表明,ESTAR 与 DF 检验法失效,$F_{\min}$ 与 LSTAR 法可获得较高的检验功效。当位置参数偏离 0 较小且变

换速度较慢时，LSTAR 的检验结果较 $F_{\min}$ 好，但当位置参数偏离 0 较大时，LSTAR 法的检验功效明显下降，而 $F_{\min}$ 法的功效相对比较稳定。

表 15.11　一阶 LSTAR 模型的检验功效（情形 2，显著水平为 5%）

center	gamma	Fmin	ESTAR	LSTAR	DF
0	0	0.047	0.048	0.046	0.045
0	U[0.001,0.01]	0.801	0.031	0.774	0.037
U[-5,5]	U[0.001,0.01]	0.779	0.043	0.729	0.045
U[-10,10]	U[0.001,0.01]	0.735	0.062	0.674	0.070
U[-5,0]	U[0.001,0.01]	0.755	0.055	0.710	0.058
U[-10,0]	U[0.001,0.01]	0.721	0.072	0.633	0.088
U[-5,0]	U[0.01,0.1]	0.998	0.021	0.972	0.027
U[-10,0]	U[0.01,0.1]	0.993	0.298	0.673	0.338

对于情形 2 的一阶 LSTAR 模型，表 15.11 的结果表明，ESTAR 与 DF 检验法同样失效，$F_{\min}$ 与 LSTAR 法可获得较高的检验功效，但 $F_{\min}$ 法的检验结果明显好于 LSTAR 法的结果。

表 15.12　一阶 LSTAR 模型的检验功效（情形 3，显著水平为 5%）

center	gamma	Fmin	ESTAR	LSTAR	DF
0	0	0.052	0.051	0.057	0.054
0	U[0.001,0.01]	0.783	0.027	0.779	0.025
U[-5,5]	U[0.001,0.01]	0.736	0.033	0.727	0.037
U[-10,10]	U[0.001,0.01]	0.720	0.045	0.697	0.040
U[-5,0]	U[0.001,0.01]	0.727	0.029	0.712	0.026
U[-10,0]	U[0.001,0.01]	0.653	0.045	0.622	0.049
U[-5,0]	U[0.01,0.1]	0.996	0.020	0.978	0.020
U[-10,0]	U[0.01,0.1]	0.974	0.287	0.682	0.334

对于情形 3 的一阶 LSTAR 模型，表 15.12 的结果表明，ESTAR 与 DF 检验法同样失效，$F_{\min}$ 法的检验结果同样好于 LSTAR 法的结果。

15.4.2　TAR 数据生成过程的仿真

假如数据生成过程为门限自回归（TAR）模型：

$$\Delta y_t = I_t \rho_1 y_{t-1} + (1 - I_t) \rho_2 y_{t-1} + \varepsilon_t$$

其中 $I_t = \begin{cases} 1, & \text{若 } y_{t-1} \geq 0 \\ 0, & \text{若 } y_{t-1} < 0 \end{cases}$

当 $-2 < (\rho_1, \rho_2) < 0$ 时，y_t 是平稳的。仿真试验中，样本长度取为250，让 $y_0 = 0$，ε_t 取独立同分布的标准正态分布。当 (ρ_1, ρ_2) 取不同值时，生成 y_t 数据，我们分别按照情形1、2、3进行回归分析计算检验统计量，重复2 000次，在5%的显著水平下，得到结果如表15.13所示。

表15.13　　　　TAR 模型的检验功效（显著水平为5%）

	ρ_1	ρ_2	Fmin	ESTAR	LSTAR	DF
	−0.1	−0.1	0.943	0.936	0.126	1.000
	−0.1	−0.2	0.993	0.926	0.376	1.000
情形1	−0.1	−0.5	0.998	0.894	0.839	1.000
	−0.1	−0.75	1.000	0.900	0.943	1.000
	−0.1	−1.5	1.000	0.874	0.990	1.000
	−0.1	−0.1	0.958	0.712	0.000	0.969
	−0.1	−0.2	1.000	0.864	0.000	0.999
情形2	−0.1	−0.5	1.000	0.935	0.002	1.000
	−0.1	−0.75	1.000	0.912	0.000	1.000
	−0.1	−1.5	1.000	0.969	0.000	1.000
	−0.1	−0.1	0.864	0.523	0.011	0.835
	−0.1	−0.2	0.991	0.726	0.016	0.985
情形3	−0.1	−0.5	1.000	0.881	0.003	0.999
	−0.1	−0.75	1.000	0.896	0.000	1.000
	−0.1	−1.5	1.000	0.962	0.000	1.000

可以看出，$F_{\min}$、ESTAR 与 DF 检验法在3种情形下大致都能得出不错的检验结果，但 LSTAR 法大都会失败，特别是在情形3时更是如此。$F_{\min}$ 与 DF 方法一致地好于 ESTAR 法；对情形1，DF 法略好于 $F_{\min}$ 法的结果，情形2两者方法的结果大致相仿，但对情形3，$F_{\min}$ 好于 DF 法的结果。

15.4.3　AR 线性数据生成过程的仿真

如果数据生成过程为线性 AR 模型：$\Delta y_t = \rho y_{t-1} + \varepsilon_t$，当 $-2 < \rho < 0$ 时 y_t 是平稳的。仿真试验中，样本长度取为250，让 $y_0 = 0$，ε_t 取独立同分布的标准正态分布。当 ρ 取不同值时，仿真生成 y_t 数据，分别按照情形1、2、3进行回归分析计算检验统计量，重复2 000次，在5%的显著水平下，得到检验功效如表15.14所示。

表 15.14　AR 线性模型的检验功效（显著水平为 5%）

	ρ	Fmin	ESTAR	LSTAR	DF
情形 1	-0.06	0.550	0.750	0.108	0.960
	-0.08	0.806	0.876	0.115	1.000
	-0.1	0.938	0.939	0.127	1.000
	-0.15	1.000	0.988	0.125	1.000
	-0.2	1.000	1.000	0.126	1.000
	-0.5	1.000	1.000	0.160	1.000
情形 2	-0.06	0.593	0.407	0.000	0.552
	-0.08	0.832	0.566	0.000	0.839
	-0.1	0.956	0.702	0.000	0.971
	-0.15	1.000	0.911	0.003	1.000
	-0.2	1.000	0.977	0.004	1.000
	-0.5	1.000	1.000	0.035	1.000
情形 3	-0.06	0.440	0.270	0.007	0.390
	-0.08	0.663	0.388	0.009	0.621
	-0.1	0.816	0.500	0.020	0.801
	-0.15	0.995	0.810	0.046	0.998
	-0.2	1.000	0.926	0.050	1.000
	-0.5	1.000	1.000	0.136	1.000

可以看出，$F_{\min}$、ESTAR 与 DF 检验法在 3 种回归情形下大致都能得出不错的检验结果，但 LSTAR 法总是失败的。对情形 1 的近单位根过程，DF 法的辨别能力明显好于 $F_{\min}$ 法，对情形 2，两种方法检验功效大致相当，但对情形 3，$F_{\min}$ 略好于 DF 法的结果。对情形 2 与情形 3，ESTAR 法的检验功效明显劣于 $F_{\min}$ 与 DF 法的结果。

15.5　结论

本章提出了一种新的通用非线性单位根检验方法，使用待检序列及其逆序列的 Wald 统计量（或 F 统计量）的最小值作为检验统计量，不仅将 Kapetanios（2003）等人提出的 ESTAR 非线性单位根检验法推广到非 0 位置参数的情形，也可应用于一阶或二阶 Logistic 平滑转移自回归模型（LSTAR），或其他可能的平滑转移模型，还可应用于门限自回归（TAR）模型或传统的线性 AR 模型的平稳性检验。同时，本章推导了提出的检验统计量的极限分布，为维纳过程的复杂泛函。本章还通过蒙特卡罗仿真，比较了该方法与传统 ESTAR、LSTAR、DF 等方法的检验功效。仿真结果表明，其他方法通常都对特定的数据生成过程有比较好的检验功效，而本章提出的检验方法对数据生成过程有广泛的适应性，并且在大多数时候都能获得较其他方法更佳的检验功效，特别是对存在确定性趋势的情形 2（非 0 均值）或情形 3（线性确定性趋势），这种优势更为明显。

16 非线性单位根检验的实证应用

本章综合利用本书提出的各种非线性趋势单位根检验方法，对购买力平价理论、证券市场随机漫步理论与跨代政府预算约束理论进行了实证检验。各种非线性趋势单位根检验方法得到的检验结果是一致的。实证检验结果不支持购买力平价理论，但支持随机漫步理论与跨代政府预算约束理论。

检验同时表明，本书用到的澳大利亚真实汇率数据可以看作无趋势的，可以用传统 ADF、PP 单位根检验法进行检验，此时使用本书提出的检验方法也可以得到同样的检验结果。但很多时间序列确实存在非线性趋势，如美国政府的财政赤字数据，此时是不能使用传统单位根检验方法得到正确结论的，而本书提出的检验方法得到了符合理论预期的检验结果。

16.1 汇率购买力平价（PPP）理论的实证检验

16.1.1 PPP 理论及其检验方法

购买力平价（Purchasing Power Parity，简称 PPP）理论是瑞典经济学家卡塞尔在 1916 年首先提出来的，核心观点认为两国间货币的汇率主要由两国货币的购买力决定。购买力平价又分为绝对购买力平价和相对购买力平价。

绝对购买力平价认为两国货币间的汇率可以表示为两国货币的购买力之比，或者说价格之比：$R = P_A/P_B$，其中 R 为绝对购买力平价下的汇率，P_A、P_B 为 A、B 两国的物价水平。如果将价格调整后的汇率称为真实汇率 RER（Real Exchange Rate），则绝对购买力平价理论下有：$RER = RP_B/P_A = 1$。

相对购买力平价认为两国货币的汇率水平将根据两国通胀率的差异而进行相应的调整，两国间的相对通货膨胀率决定两种货币间的均衡汇率，于是有：$\frac{R_1}{R_0} = \frac{P_A}{P_B}$。$R_0$ 表示当期的汇率，R_1 表示下期的汇率。

购买力平价被认为是汇率的决定基础，具有一定的合理性，这使它成为最重要的汇率理论之一。自提出以来，购买力平价理论无论在理论上还是实践上都具有广泛的国际影响，至今仍受到经济学者的重视，广泛应用于预测汇率走势的数学模型中，是国际金融中的最重要问题之一。

PPP 理论认为，购买力平价决定了汇率的长期演化趋势，从长期来看，汇率的走势与购买力平价的趋势应该基本上是一致的，两种应该趋同。但短期而言，汇率确实受到各种冲击的影响而剧烈波动，但是，各种冲击对汇率的影响只是暂时的，是不能持续的，一段时间后，冲击对汇率的影响将会消失，不改变汇率演化的路径。长期而言，汇率是不受冲击影响的。这表明如果 PPP 理论成立，RER 将是平稳过程，检验 PPP 的有效性相当于检验 RER 是否存在单位根。

但也有人对购买力平价理论提出批评，认为假定所有国家的商品估价相同是错误的，由于文化、风俗、习惯等多方面的差异，不同国家的人对于同一种商品的估价是不同的。在一国是价格昂贵的奢侈品，到另一个国家可能只是非常普通的商品。并且价格黏性、交易成本、国际资本流动等众多其他因素都会对汇率产生影响。

购买力平价在理论上受到支持与质疑，在实证研究的结果中也是如此。最近十多年来，购买力平价理论的实际验证无疑是国际金融中争论最大的话题之一。利用不同国家、不同时期的数据和不同的计量方法，人们得出了各种各样相互矛盾的结论。一些实证研究不支持 PPP 理论，另外一些研究则认为可能存在长期的购买力平价关系。最新的研究结果如同样利用澳大利亚储备银行提供的实际汇率数据，达尔内和瓦罗（Darne, Hoarau, 2008）认为 RER 存在单位根，不支持购买力平价理论；奎斯塔斯和雷吉斯（Cuestas, Regis, 2008）则认为不存在单位根。本节也利用澳大利亚储备银行提供的 RER 数据，用本书前面几章介绍的非线性趋势单位根检验方法，对购买力平价理论进行实证检验。

16.1.2 数据来源说明

数据来源于澳大利亚储备银行（Reserve Bank of Australia）按季度计算并公布的实际汇率数据（RER）。RER 数据为澳元对主要贸易国家按照物价指数调整后再按贸易量加权计算出来的实际真实汇率。时间跨度从 1970 年 6 月到 2008 年 9 月，样本长度为 154。实际汇率的计算方法及说明见其网站，有详细解释说明。RER 数据可在网址：http://www.rba.gov.au/Statistics/real exchange rate indices.xls 下载。

16.1.3 趋势线性与非线性的检验

我们对 RER 进行差分，然后进行正交多项式回归，$\Delta y_t = \sum_{i=0}^{p} c_i P_i(t) + e_t$，用 t 检验法检验回归系数 c_i 的显著性，得到如表 16.1 所示的检验结果：

表 16.1　　　　　RER 的线性与非线性趋势检验

	估计值	标准方差	T 值	Pr (>|t|)
常数项	-0.090 85	0.363 20	-0.250	0.802 8
1 次项	0.393 77	0.363 20	1.084	0.280 1
2 次项	0.617 04	0.363 20	1.699	0.091 4
3 次项	-0.225 21	0.363 20	-0.620	0.536 2
4 次项	0.125 71	0.363 20	0.346	0.729 7
5 次项	-0.065 20	0.363 20	-0.180	0.857 8

可以看出，在 5% 显著水平下，所有系数皆不显著，说明原序列可看作无时间趋势项，可以用传统的 ADF、PP 检验直接进行单位根检验。在 10% 显著水平下，2 次项系数是显著的，说明原序列可看作带 3 次时间趋势项的随机序列。

16.1.4 各种单位根检验法的检验结果

用传统的线性趋势假设下的单位根检验法 PP 检验与 ADF 检验结果如下：

PP 检验结果：$T(\rho - 1)$ 统计量为 -4.990 1，截断长度取为 4，有单位根的概率为 0.828 4。

ADF 检验结果：DF t 统计量为 -1.583 4，差分延迟项为 5，有单位根的概率为 0.75。

PP、ADF 检验结果均表明存在单位根。

用正交多项式去趋势的方法：

如果 m=2，去除相关性的差分延迟项为 k=5，差分后 RMA 检验的统计量为 -2.75；k=0 时统计量为 -1.91；k=10 时统计量为 -2.90。而样本长度为 154 时 1%、5%、10% 显著水平下的临界值分别为 -3.88、-3.28，-2.97。可见，就算在 10% 的显著水平，都是存在单位根的。

如果 m=1，差分后用 RMA 进行检验。k=5 时统计量为 -1.19；k=0 时统计量为 -0.67；k=10 时统计量为 -1.12。而此时 1%、5%、10% 显著水平下的临界值为 -3.30、-2.75、-2.45，同样存在单位根。

SVD-RMA 的检验结果如下：

用 SVD-RMA 单位根检验法进行检验，k=5 时的统计量为 -2.66；k=0 时

统计量为 -1.79；k = 10 时统计量为 -2.90。而样本长度为 154 时 1%、5%、10% 显著水平下的临界值分别为 -4.84，-4.15，-3.86。可见，就算在 10% 的显著水平，都是存在单位根的。

局部多项式回归去趋势后 VR 单位根检验法的检验结果如下：

窗宽 h = 24.64，差分后局部线性回归去趋势后的 VR 统计量为 0.215。该值远大于 1%、5%、10% 显著水平下的临界值分别为 0.065，0.084，0.098。这同样说明 RER 为单位根过程。

图 16.1 为 RER 实际汇率变化曲线及三种趋势估计方法估计的确定性趋势。其中黑色线为原始 RER 时间序列，红色曲线为 SVD 法估计的确定性趋势，蓝色曲线为正交多项式逼近估计的确定性趋势，绿色曲线为局部线性加权回归法估计的确定性趋势。

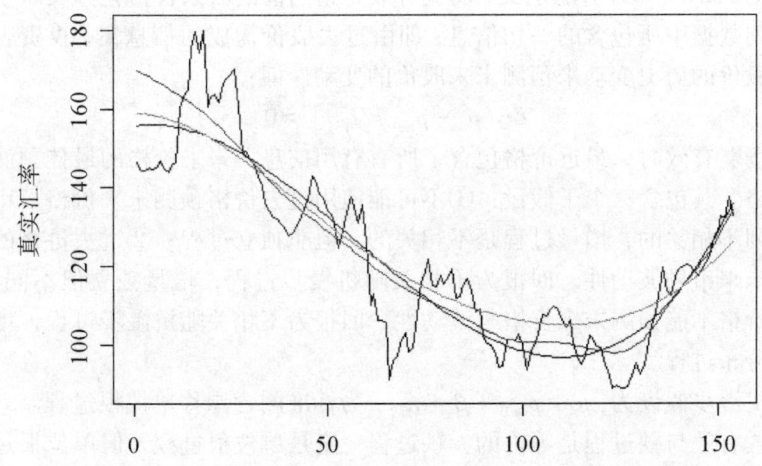

图 16.1 RER 实际汇率变化曲线及三种方法估计的确定性趋势
注：图形最左端从上到下依次为红色线、绿色线、蓝色线、黑色线。

16.1.5 PPP 检验结论

趋势检验表明，澳大利亚澳元的真实汇率历史数据可看作无趋势的，可以使用传统的 DF、ADF、PP 等检验方法进行单位根检验，当然使用本书提出的各种任意趋势下的单位根检验方法也可以得到同样的检验结论。各种检验结果均表明，RER 为单位根过程，是非平稳的，不支持 PPP 理论结果。

16.2　中国证券市场随机漫步假设的实证检验

16.2.1　随机漫步理论及检验方法

费马（Fama，1970）最早对资本市场的有效性进行深入研究，并将资本市场有效性划分为三个层次：一为弱式有效市场，股票当前价格已经充分反映了所有过去的价格信息；二为半强式有效市场，股票价格反映了所有公开可用的信息；三为强式有效市场，股票价格反映了所有信息，包括公开信息与非公开私人信息。

根据Fama（1970）的定义，弱式有效是指当前的股票价格充分反映了价格历史序列数据中所包含的一切信息，即由过去股价构成的信息集，投资者不可能通过股价的历史变动来预测未来股价的变动。即：

$$E[(p_t - p_{t-1})/I_{t-1}] = 0$$

市场弱有效时，最近价格包含了所有有用信息，未来价格的最佳预测就是当前价格。其包含三个子假设：①不可能使用过去价格预测未来价格，市场回报是序列不相关的，增量过程是不相关的，但非独立过程；②过去价格的方差可预测未来市场波动性，回报为不相关随机漫步过程，增量独立但不同分布；③过去价格不能预测未来价格与波动性，回报为不相关随机漫步过程，增量为独立同分布过程。

随机漫步假设为：$p_t = p_{t-1} + \beta + \varepsilon_t$，为标准的含漂移单位根过程。

弱式有效与鞅过程是等价的。鞅过程一定是单位根过程，但单位根过程不一定是鞅过程。随机漫步过程与鞅过程并不等价，前者只是后者的一个特例。因此，用随机漫步模型来检验市场的有效性还不是完备的，满足随机漫步模型只能看作是市场弱式有效的必要条件。

本节的目标是检验中国证券市场是否满足随机漫步过程，以有代表性的上证综合指数与深圳综合指数来进行检验。

16.2.2　数据来源说明

本节数据来源于雅虎财经网站（finance.yahoo.com.cn），包括2000年1月4日到2009年2月2日的上证综指、深圳综指数据，本书按周取收盘价进行单位根检验，共473个数据点。

16.2.3　趋势线性与非线性的检验

我们对上证综指、深圳综指的收盘价数据序列进行差分，然后进行正交多项式回归，$\Delta y_t = \sum_{i=0}^{p} c_i P_i(t) + e_t$，用t检验法检验回归系数$c_i$的显著性，得到如表16.2、表16.3所示的检验结果：

表16.2　　　　　　　　上证综指非线性检验结果

	估计值	标准方差	T值	Pr（>|t|）
常数项	1.252	4.262	0.294	0.769 012
1次项	−1.697	4.262	−0.398	0.690 767
2次项	−5.005	4.262	−1.174	0.240 934
3次项	−14.301	4.262	−3.355	0.000 858
4次项	−4.881	4.262	−1.145	0.252 715
5次项	2.558	4.262	0.600	0.548 772
6次项	14.883	4.262	3.492	0.000 526
7次项	18.915	4.262	4.438	1.14e−05
8次项	9.161	4.262	2.149	0.032 133
9次项	1.198	4.262	0.281	0.778 733
10次项	−5.450	4.262	−1.279	0.201 667

表16.3　　　　　　　　深圳综指非线性检验结果

	估计值	标准方差	T值	Pr（>|t|）
常数项	0.431 8	1.335 3	0.323	0.746 544
1次项	−0.125 1	1.335 3	−0.094	0.925 405
2次项	−0.909 8	1.335 3	−0.681	0.496 033
3次项	−4.149 9	1.335 3	−3.108	0.002 002
4次项	−1.207 0	1.335 3	−0.904	0.366 520
5次项	0.542 6	1.335 3	0.406	0.684 679
6次项	4.500 8	1.335 3	3.370	0.000 813
7次项	5.547 8	1.335 3	4.155	3.89e−05
8次项	3.248 4	1.335 3	2.433	0.015 370
9次项	1.008 6	1.335 3	0.755	0.450 447
10次项	−1.110 0	1.335 3	−0.831	0.406 287

可以看出，在5%显著水平下，上证综指与深圳综指的6、7、8次项系数都是显著的，说明原序列不能看作线性趋势序列，因而不能使用传统的ADF、PP检验直接进行单位根检验。

16.2.4　各种单位根检验法的检验结果

用正交多项式逼近去趋势的方法：

如果 m=8，差分后 RMA 检验，去除相关性的差分延迟项分别为 k=0、5、10 时，上证综指的统计量为 -4.01、-4.29、-3.96；深圳综指的统计量为 -4.37、-4.58、-3.49。而样本长度为 473，m=8 时 1%、5%、10% 显著水平下的临界值分别为 -5.76、-5.15、-4.86。可见，就算在 10% 的显著水平，上证综指与深圳综指都是存在单位根的。

SVD-RMA 的检验结果如下：

用 SVD-RMA 单位根检验法进行检验，k=0、5、10 时，上证综指的统计量分别为 -0.57、-1.28、-1.89；深圳综指的统计量分别为 -1.00、-1.48、-1.70。而样本长度为 473 时 1%、5%、10% 显著水平下的临界值分别为 -4.69、-4.10、-3.80。可见，就算在 10% 的显著水平，都是存在单位根的。

差分后局部多项式回归去趋势后 VR 单位根检验法的检验结果如下：

窗宽 h=75.68，差分后局部线性回归去趋势后进行 VR 单位根检验，上证综指统计量为 0.784，深圳综指统计量为 0.640。这远大于 1%、5%、10% 显著水平下的临界值分别为 0.063，0.081，0.096。这同样说明沪深综合指数为单位根过程。

图 16.2、图 16.3 分别为沪深综合指数变化曲线及三种趋势估计方法估计的确定性趋势。

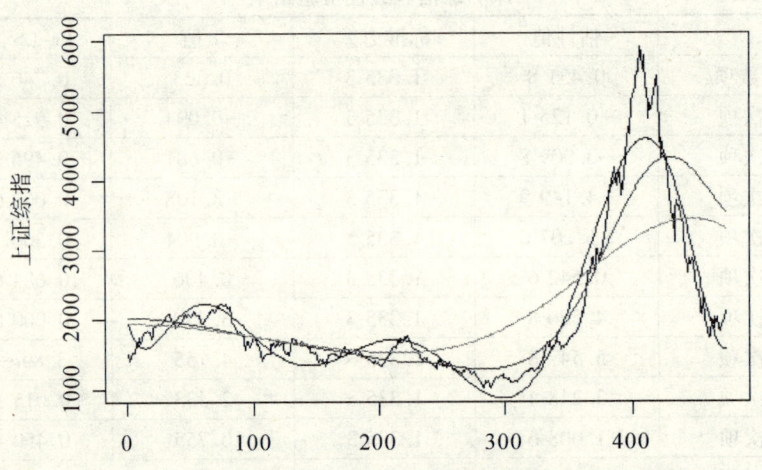

图 16.2　上证综指变化曲线及三种方法估计的确定性趋势

注：图形最左端从上到下依次为红色线、绿色线、蓝色线、黑色线。

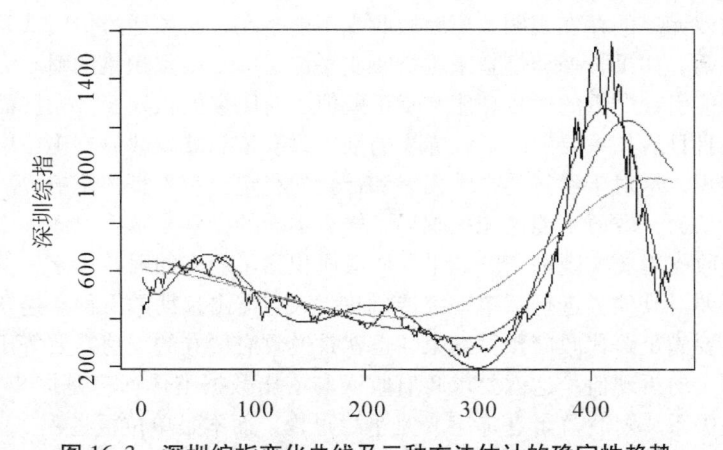

图 16.3　深圳综指变化曲线及三种方法估计的确定性趋势

注：图形最左端从上到下依次为红色线、绿色线、蓝色线、黑色线。

其中黑色线为原始沪深指数变化序列，红色为 SVD 法估计的趋势，蓝色为正交多项式逼近估计的趋势，绿色为局部多项式回归法估计的趋势。

16.2.5　沪深综合指数随机漫步检验结论

趋势检验表明，沪、深综合指数序列都包含高阶趋势，不可看作无趋势或线性趋势过程，因而不能使用传统的 DF、ADF、PP 等检验方法进行单位根检验。使用本书提出的各种任意趋势下的单位根检验方法进行检验，各种检验方法的结果均表明，沪、深综合指数序列都是单位根过程，满足随机漫步假设，不违背资本市场弱有效假设。

16.3　美国政府财政收支可持续性的实证检验

16.3.1　政府财政收支可持续性的检验方法

政府也与个人或企业一样，存在收入与支出。如果一国政府的财政支出大于财政收入，将存在一个差额。这个差额在会计核算中用红字表示，故称为财政赤字。相反，如果财政收入大于财政支出，将出现财政盈余。

如今很多国家都信奉凯恩斯国家干预主义，常常选择相机抉择方法，企图利用财政税收政策及货币政策来烫平经济波动，在经济萧条时期，通过一定的财政赤字来平衡社会总需求和总供给，刺激经济发展，实现经济增长，保持社会稳定。特别是在当前金融风暴影响下，各个国家的经济增长都受到很大影响，这种倾向和选择在我国及世界主要发达国家都表现得十分突出。

但财政赤字的存在表明政府财政收支不能平衡，必须通过借贷或发行债券来实现平衡。如果长期靠借贷来维持收支平衡，一个国家积累的财政赤字将会过高，可能引起严重的通货膨胀和货币贬值，对国家的长期经济发展而言并非好事。并且日后如果要解决财政赤字的话，只有依靠减少政府支出或增加税收收入来实现，这对于经济的持续发展和社会的稳定也有不良的影响。

一般认为，政府不能像庞氏骗局一样靠不断的借贷来解决财政赤字，长期而言财政收支需要实现平衡。如果一届政府积累了较多的财政赤字，下面几届政府就需要对其债务进行买单，维持财政收入与支出长期的平衡。这就要求财政收支需要满足跨代政府预算约束，也就是说政府债券的现值需要等于政府未来财政盈余的折现值。这就要求政府收入与支出数据整体而言是同步变化的，满足协整关系，财政盈余（赤字）是平稳过程，而不是单位根过程。

美国政府长期以来以财政赤字闻名，但在克林顿时代财政赤字转为财政盈余，不过小布什政府上台后，连连对外用兵，又适逢经济衰退，导致财政赤字再次高企。那么美国政府的财政收支是否可持续呢？本书利用美国财政收支数据，来检验美国政府的财政赤字是否满足跨代政府预算约束的要求。

16.3.2 数据来源说明

数据来源于美联储经济数据库 http://www.stls.frb.org/fred，包括1947年1月1日到2008年7月1日政府经常性收入与支出共247对季度数据。而财政盈余为收入与支出之差，如果小于0，则为财政赤字。

政府经常性收入包括税收、政府社会保险收入、资产收益、企业及个人的转移收入与政府企业的盈余。政府经常性支出包括政府消费支出、转移支付、债券利息支付与补贴。

16.3.3 趋势线性与非线性的检验

我们对美国政府财政盈余序列进行差分，然后进行正交多项式回归，$\Delta y_t = \sum_{i=0}^{p} c_i P_i(t) + e_t$，用 t 检验法检验回归系数 c_i 的显著性，得到如表16.4所示的检验结果：

表 16.4　　美国政府财政盈余序列非线性检验结果

	估计值	标准方差	T值	Pr (>|t|)
常数项	-2.663	2.492	-1.069	0.286 2
1次项	-3.540	2.492	-1.421	0.156 7
2次项	-3.696	2.492	-1.483	0.139 4
3次项	-4.499	2.492	-1.806	0.072 3

表16.4(续)

	估计值	标准方差	T值	Pr（>|t|）
4次项	-4.929	2.492	-1.978	0.049 1
5次项	-3.491	2.492	-1.401	0.162 6
6次项	-1.830	2.492	-0.734	0.463 4
7次项	-1.500	2.492	-0.602	0.547 8
8次项	-3.371	2.492	-1.353	0.177 5

可以看出，在5%显著水平下，4次项系数是显著的；在10%显著水平下，3、4次项系数都是显著的。这说明原序列不能看作线性趋势序列，因而不能直接使用传统的ADF、PP检验方法进行单位根检验来得到正确的结果。

16.3.4 各种单位根检验法的检验结果

如果用传统的线性趋势假设下的单位根检验法PP检验与ADF检验来做单位根检验，结果如下：

PP检验结果：$T(\rho-1)$统计量为-16.14，截断长度取为5，有单位根的概率为0.203 9；ADF检验结果：DF t统计量为-2.88，差分延迟项为6，有单位根的概率为0.203 6。

可见，就算在10%的显著水平下，PP、ADF检验结果均表明存在单位根。

用正交多项式逼近去趋势的方法：

取m=4，差分后逼近，求残差的和序列，然后用RMA检验，去除相关性的差分延迟项分别为k=4、5、6时，美国财政盈余序列单位根检验的统计量为-5.03、-5.77、-5.09。而样本长度为247，m=4时1%、5%、10%显著水平下的临界值分别为-4.63、-4.03、-3.76。可见，就算在1%的显著水平下，都是不存在单位根的。

SVD-RMA的检验结果如下：

用SVD-RMA单位根检验法进行检验，去除相关性的差分延迟项分别为k=4、5、6时，美国财政盈余序列单位根检验的统计量为-5.15、-5.99、-5.37。而样本长度为247时1%、5%、10%显著水平下的临界值分别为-4.73、-4.15、-3.85。可见，就算在1%的显著水平下，都是不存在单位根的。

差分后局部多项式回归去趋势后，求残差序列的和序列，然后用RMA进行单位根检验。检验结果如下：

窗宽h=39.52，差分后局部线性回归去趋势后进行RMA单位根检验，去除相关性的差分延迟项分别为k=4、5、6时，美国财政盈余序列单位根检验的统计量为-3.80、-4.30、-3.66。而样本长度为247时1%、5%、10%显著水平下的临界值分别为-3.84，-3.25，-2.97。如果显著水平取为5%或10%，均不存在单位根过程。

图16.4为1947—2008年美国政府财政盈余的季度值变化曲线及三种趋势估计方法估计的确定性趋势。

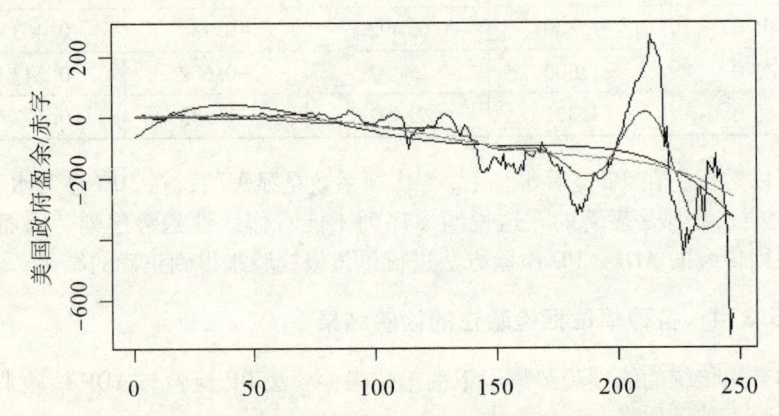

图16.4 美国政府财政盈余与赤字变化曲线及三种方法估计的确定性趋势
注：图形最右端从上到下依次为绿色线、蓝色线、红色线、黑色线。

其中黑色线为原始的1947年到2008年的美国政府财政盈余季度数据，红色为SVD法估计的趋势，蓝色为正交多项式逼近估计的趋势，绿色为局部多项式回归法估计的趋势。

16.3.5 美国政府财政收支可持续性的检验结论

美国政府财政盈余历史序列的趋势检验结果表明，美国政府财政盈余数据存在非线性趋势，不能看作无趋势或线性趋势序列而使用传统的ADF、PP等方法进行单位根检验。事实上，用ADF与PP单位根检验法来检验美国政府财政盈余，发现其存在单位根，表明不满足跨代预算约束的限制。但如果使用本书提出的正交多项式逼近、SVD或局部线性拟合等方法来去除非线性趋势然后进行单位根检验，可以得到美国政府的财政收支序列是没有单位根的，满足平稳性要求，也就意味着其财政收支是满足跨代预算约束的。

16.4 实证检验结果

本章利用澳大利亚澳元的实际汇率数据、中国沪深综合指数数据及美国财政收支盈余数据，对本书提出的各种非线性趋势单位根检验方法进行了实证检验和验证。

按照 PPP 理论，购买力平价决定了汇率的长期演化趋势，从长期来看，汇率的走势与购买力平价的趋势应该是一致的，如果 PPP 理论成立的话，RER 将是平稳过程，实际汇率数据将不存在单位根。但实证检验表明 RER 历史数据是明显的单位根过程，实证结果不支持购买力平价理论。

按照资本市场弱式有效假设，资产价格变化需要满足随机游走过程，因而必是一单位根过程。实证检验结果表明资产价格确实是非常明显的单位根过程，实证数据不违背随机漫步理论的要求。

跨代政府预算约束认为政府不能像庞氏骗局一样靠不断的借贷来解决财政赤字，长期而言财政收支必须实现平衡。这就要求政府收支整体而言需要满足协整关系，财政盈余是平稳过程，而不能是单位根过程。实证检验结果与跨代政府预算约束理论的要求是一致的。

实证检验同时表明，澳元的实际汇率历史数据可以看作无趋势的，此时可用常规 ADF、PP 等单位根检验法进行检验，而用本书提出的包含任意趋势的单位根检验方法也可以得到同样的检验结果。但很多实际经济序列确实存在非线性趋势，如美国政府的财政赤字数据，此时是不能使用传统单位根检验方法得到正确的检验结论的，而本书提出的检验方法得到了符合理论预期的检验结果。

检验结果表明，在传统单位根检验方法可用的时候，本书提出的各种检验方法得到了与传统方法相同的检验结论；但很多时候实际经济数据并不能满足传统单位根检验方法需要满足的限制条件，因而不能使用传统方法得到正确的检验结果，此时可利用本书提出的检验方法来进行存在非线性趋势情况下的单位根检验。

参考文献

[1] ALTMAN N S. Estimating error correlation in nonparametric regression [J]. Statistics & Probability Letters, 1993 (18).

[2] ASSAF A. Nonlinear trend stationarity in real exchange rates: Evidence from nonlinear adf tests [J]. Annals of Economics and Finance, 2006 (2).

[3] BALKE N S, FOMBY T B. Threshold Cointegration [J]. International Economic Review, 1997 (38).

[4] BARLETT M S. On the theoretical specification and sampling properties of auto-correlated time series [J]. Journal of the Royal Statistical Society, 1946 (8).

[5] BARRY C, RODRIGUEZ M. Risk, return and performance of Latin America's equity markets, 1975-1995 [J]. Latin American Business Review, 1997 (1).

[6] BIERENS H J. Testing the unit root with drift hypothesis against nonlinear trend stationarity, with an application to the U. S. price level and interest rate [J]. Journal of Econometrics, 1997 (81).

[7] BRAVO A B S, SILVESTRE A L. Intertemporal sustainability of fiscal policies: some tests for European countries [J]. European Journal of Political Economy, 2002 (18).

[8] CAMPBELL J Y, LO A W, MACKINLAY A C. The Econometrics of Financial Markets [M]. Princeton: Princeton University Press, 1997.

[9] CANER M, HANSEN B E. Threshold Autoregression with a Unit Root [J]. Econometrica, 2001 (69).

[10] CHAN K S, TONG H. On Estimating Thresholds in Autoregressive Models [J]. Journal of Time Series Analysis, 1986 (7).

[11] CHAUDHURI K, WU Y. Random Walk Versus Breaking Trend in Stock Prices: Evidence from Emerging Markets [J]. Journal of Banking and Finance, 2003 (27).

[12] CHOW K V, DENNING K. A simple multiple variance ratio test [J].

Journal of Econometrics, 1993 (58).

[13] CHRISTOPOULOS D K, LEON-LEDESMA M. Current-account sustainability in the US: what do we really know about it? [J]. Journal of International Money and Finance, 2010.

[14] CUESTAS J C, REGIS P J. Testing for PPP in Australia: Evidence from unit root test against nonlinear trend stationarity alternatives [J]. Economics Bulletin, 2008.

[15] CURCI R, GRIEB T, REYES M G. Mean and volatility transmission for Latin American equity markets [J]. Studies in Economics and Finance, 2002 (20).

[16] CUSHMAN D. Real exchange rates may have nonlinear trends [J]. International Journal of Finance and Economics, 2008 (13).

[17] DARNE O, HOARAU J F. The purchasing power parity in Australia: Evidence from unit root test with structural break [J]. Applied Economics Letters, 2008 (15).

[18] DICKEY D A, FULLER W A. Likelihood ratio statistics for auto regression time series with a unit root [J]. Econometrica, 1981 (49).

[19] DICKEY D, FULLER W. Distribution of the estimators for autoregressive time series with a unit root [J]. Journal of the American Statistical Association, 1979 (74).

[20] ELLIOTT G. Efficient tests for a unit root when the initial observation is drawn from its unconditional distribution [J]. International Economic Review, 1999 (140).

[21] ELLIOTT G, ROTHENBERG T J, STOCK J H. Efficient tests for an autoregressive unit root [J]. Econometrica, 1996 (64).

[22] FAMA E F. Efficient Capital Markets: A Review of Theory and Empirical Work [J]. Journal of Finance, 1970 (25).

[23] FAMA E F, FRENCH K R. Permanent and Temporary Components of Stock Prices [J]. Journal of Political Economy, 1988 (96).

[24] FAN J, GIJBELS I. Data-driven bandwidth selection in local polynomial fitting: Variable bandwidth and spatial adaptation [J]. Journal of the Royal Statistical Society, Series B, 1995, 57 (2).

[25] FAN J, GIJBELS I, HU T, et al. A study of variable bandwidth selection for local polynomial regression [J]. Statistical Sinica, 1996 (6).

[26] FRANCISCO-FERN ANDEZ M, VILAR-FERN ANDEZ J M. Local polynomial regression estimation with correlated errors [J]. Communications in Statistics: Theory and Methods, 2001, 30 (7).

[27] FRANCISCO-FERNANDEZ M, OPSOMER J, VILAR-FERNANDEZ J M. Plug-In Bandwidth Selection for Local Polynomial Regression Estimator with Correlated Errors [J]. Nonparametric Statistics, 2004 (16).

[28] FRANCISCO-FERNANDEZ M, VILAR-FERNANDEZ J M. Local Polynomial Regression Estimator with Correlated Errors [J]. Commun Statist Theory Meth, 2001 (30).

[29] FRENKEL J A. The collapse of purchasing power parity during the 1970s [J]. European Economic Review, 1981 (16).

[30] FULLER W A. Introduction to Statistical Time Series [M]. New York: Wiley, 1976.

[31] GASSER T, MULLER H G, MAMMITZSCH V. Kernels for nonparametric curve estimation [J]. Journal of the Royal Statistical Society, Series B, 1985 (47).

[32] GREGORY C CHOW, KUI-WAI LI. China's Economic Growth: 1952-2010 [J]. Economics Development and Cultural Change, 2002 (51).

[33] GRIEB T, REYES M G. Random walk tests for Latin American equity indexes and individual firms [J]. Journal of Financial Research, 1999 (22).

[34] HALDRUP N, SANS6 A. A Note on the Vogelsang Test for Additive Outliers [J]. Working paper, 2006.

[35] HALDRUP N, MONTANES A, SANSO A. Measurement errors and outliers in seasonal unit root testing [J]. Journal of Econometrics, 2005 (127).

[36] HALL P, VAN KEILEGOM I. Using difference-based methods for inference in nonparametric regression with time-series errors [J]. Journal of the Royal Statistical Society, Series B, 2003 (65).

[37] HALL P, LAHIRI S N, POLZEHL J. On bandwidth choice in nonparametric regression with both short and long-range dependent errors [J]. The Annals of Statistics, 1995, 23 (6).

[38] HAMILTON J D. Time Series Analysis [M]. London: Princeton University Press, 1994.

[39] HAMILTON J, FLAVIN A. On the limitations of government borrowing: a framework for empirical testing [J]. American Economic Review, 1986 (76).

[40] HANSEN B E. Convergence to Stochastic Integrals for Dependent Heterogeneous Processes [J]. Econometric Theory, 1992 (8).

[41] HAQUE M, HASSAN M K, VARELA O. Stability, volatility, risk premiums and predictability in Latin American emerging stock markets [J]. Quarterly Journal of Business and Economics, 2001 (40).

[42] HART J. Automated kernel smoothing of dependent data by using time series cross-validation [J]. Journal of the Royal Statistical Society, Series B, 1994, 56 (3).

[43] HART J. Some automated methods of smoothing time-dependent data [J]. Journal of Nonparametric Statistics, 1996 (6).

[44] HAUG A. Cointegration and Government Borrowing Constraints: Evidence for the U.S. [J]. Journal of Business & Economic Statistics, 1991, 9 (1).

[45] HEGWOOD N D, PAPELL D. Quasi purchasing power parity [J]. International Journal of Finance and Economics, 1998 (3).

[46] HERCE M A. Asymptotic theory of LAD estimation in a unit root process with finite variance errors [J]. Econometric Theory, 1996 (112).

[47] HORN R A, JOHNSON C R. Matrix Analysis [M]. London: Cambridge University Press, 1985.

[48] HUIZINGA J. An empirical investigation of the long-run behavior of real exchange rates [J]. Carnegie-Rochester Conference Series on Public Policy, 1987 (27).

[49] KAPETANIOS G, SHIN Y, SNELL A. Testing for a Unit Root in the Nonlinear STAR Framework [J]. Journal of Econometrics, 2003 (112).

[50] KAREMERA D, OJAH K, COLE J A. Random walks and market efficiency tests: Evidence from emerging equity markets [J]. Review of Quantitative Finance and Accounting, 1999 (13).

[51] KRUSE R. A new unit root test against ESTAR based on a class of modified statistics [J]. Statistical Papers, 2011 (52).

[52] KWIATOWSKI, DENIS, et al. Testing the Null Hypothesis of Stationarity Against the Alternative of a Unit Root [J]. Journal of Econometrics, 1992 (54).

[53] LEYBOURNE S, KIM T H, NEWBOLD P. Examination of Some More Powerful Modifications of the Dickey-Fuller Test [J]. Journal Applied Econometrics, 2005 (26).

[54] LOTHIAN J R, TAYLOR M P. Purchasing power parity over two centuries: Strengthening the case for real exchange rate stability [J]. Journal of International Money and Finance, 2000 (19).

[55] Lucas A. Unit root tests based on M estimators [J]. Econometric Theory, 1995 (111).

[56] MARK N. Real and nominal exchange rates in the long run: An empirical investigation [J]. Journal of International Economics, 1990 (28).

[57] MOSKVINA V, ZHIGLJAVSKY A. An Algorithm Based on Singular

Spectrum Analysis for Change – Point Detection [J]. Simulation and Computation, 2003 (32).

[58] NELSON C R, PLOSSER C. Trends and random walks in macroeconomic time series: some evidence and implications [J]. Journal of Monetary Economics, 1982 (10).

[59] NG S, PERRON P. Lag Length Selection and the Construction of Unit Root Tests with Good Size and Power [J]. Econometrics, 2001 (69).

[60] OPSOMER J D, WANG Y, YANG Y. Nonparametric regression with correlated errors [J]. Statistical Science, 2001 (16).

[61] OULIARIS S, PARK J Y, PHILLIPS P C B. Testing for a unit root in the presence of a maintained trend [M]. Advances in Econometrics and Modelling, 1989.

[62] OSCAR B R, CARMEN D R, VICENTE E. On the sustainability of government deficits: some long-term evidence for Spain, 1850–2000 [J]. Journal of Applied Economics, 2010, 8 (2).

[63] PAGáN J A, SOYDEMIR G A. Response asymmetries in the Latin American equity markets [J]. International Review of Financial Analysis, 2001 (10).

[64] PAGáN J A, SOYDEMIR G A. On the linkages between equity markets in Latin America [J]. Applied Economics Letters, 2000 (7).

[65] PANTULA S G, FARIAS G G, FULLER W A. A comparison of unit root test criteria [J]. Journal of Business economics Statistics, 1994 (112).

[66] PERRON P, NG S. Useful Modifications to Some Unit Root Tests with Dependent Errors and Their Local Asymptotic Properties [J]. Review of Economic Studies, 1996 (63).

[67] Perron P. Trends and Random Walks in Macroeconomic Time Series [J]. Journal of Economic Dynamics and Control, 1988 (12).

[68] Perron P. The great crash, the oil price shock, and the unit root hypothesis [J]. Econometrica, 1989 (57).

[69] Perron P. Further evidence on breaking trend functions in macroeconomic variables [J]. Journal of Econometrics, 1997 (80).

[70] PHILLIPS P C B. Towards a unified asymptotic theory for autoregression [J]. Biometrika, 1987 (74).

[71] PHILLIPS P C B, PERRON P. Testing for a unit root in time series regression [J]. Biometrika, 1988 (175).

[72] PHILLIPS P C B, ZHIJIE X. An ADF Coefficient Test for A Unit Root in ARMA Models of Unknown Order with Empirical Applications of the US Economy

[J]. Cowles Foundation Discussion Paper, 1997.

[73] PHILLIPS P C B, ZHIJIE X. A Primer on Unit Root Testing [J]. Journal of Economic Surverys, 1998 (12).

[74] PHILLIPS P B C. Testing for a unit root in time series regression [J]. Biometrika, 1988 (75).

[75] PHILLIPS P C B, OULIANS S. Asymptotic Properties of Residual Based Tests for Cointegration, working paper, 1987.

[76] PHILLIPS P C B. Time Series Regression with a Unit Root [J]. Econometirca, 1987 (55).

[77] PHILLIPS P C B. New unit root asymptotics in the presence of deterministic trends [J]. Journal of Econometrics, 2002 (111).

[78] PHILLIPS P C B, OULIANS S. Testing for Cointegration using Principal Components Methods [J]. Journal of Economic Dynamics and Control, 1988 (12).

[79] RAPACH D E, WOHAR M E. The out-of-sample forecasting performance of nonlinear models of real exchange rate behavior [J]. International Journal of Forecasting, 2006 (2).

[80] Ruppert D. Empirical-bias bandwidths for local polynomial nonparametric regression and density estimation [J]. Journal of the American Statistical Association, 1997 (92).

[81] RUPPERT D, SHEATHER S J, WAND M P. An effective bandwidth selector for local least squares regression [J]. Journal of the American Statistical Association, 1995 (90).

[82] SAID S E, DICKEY D A. Testing for Unit Roots in Autoregressive -Moving Average Models of Unknown Order [J]. Biometrika, 1984 (71).

[83] SARGAN J D, BHARGAVA A. Testing residuals from least squares regression for being generated by the Gaussian random walk [J]. Econometrica, 1983 (151).

[84] Sarno L. The behavior of US public debt: a nonlinear perspective [J]. Economics Letters, 2001 (74).

[85] SCHMIDT P, PHILLIPS P C B. Testing for a unit root in the presence of deterministic trends [J]. Oxford Bulletin of Econometrics and Statistics, 1992 (154).

[86] Schwert G W. Tests for Unit Roots: A Monte Carlo Investigation [J]. Journal of Business and Economic Statistics, 1989 (7).

[87] Shaman P, Stine R A. The bias of autoregressive coefficient estimators [J]. Journal of the American Statistical Association, 1988 (83).

[88] Shin D W, So B S. Recursive Mean Adjustment for Unit Root Tests [J]. Journal of Time Series Analysis, 2001 (22).

[89] SHIN D W, FULLER W A. Unit root tests based on unconditional maximum likelihood estimation for the autoregressive moving average [J]. Journal of Time Series Analysis, 1998 (119).

[90] SOLLIS R. Evidence on purchasing power parity from univariate models: the case of smooth transition trend-stationarity [J]. Journal of Applied Econometrics, 2005 (20).

[91] TANAKA K. An asymptotic expansion associated with the maximum likelihood estimators in ARMA models [J]. Journal of the Royal Statistical Society Series B, 1984 (146).

[92] TAYLOR A M R. Regression Based Unit Root Tests with Recursive Mean Adjustment for Seasonal and Non-seasonal Time Series [J]. Journal of Business and Economic Statistics, 2002 (120).

[93] TAYLOR M P, PEEL D A, SARNO L. Nonlinear Mean-Reversion in Real Exchange Rates: Toward a Solution to the Purchasing Power Parity Puzzles [J]. International Economic Review, 2001 (42).

[94] TAYLOR M P. Real exchange rates and Purchasing Power Parity: Mean-reversion in economic thought [J]. Applied Financial Economics, 2006 (16).

[95] Tong H. Threshold models in non-linear time series analysis [M]. Lecture notes in statistics, No. 21. Springer-Verlag, New York, USA, 1983.

[96] TREHAN B, WALSH C. Common trends, the government budget constraint, and revenue smoothing [J]. Journal of Economic Dynamics and Control, 1988 (12).

[97] TREHAN B, WALSH C. Testing intertemporal budget constraints: theory and application to US Federal Budget deficits and current account deficits [J]. Journal of Money, Credit and Banking, 1991 (23).

[98] TWEEDIE R L. Sufficient conditions for ergodicity and recurrence of Markov on a general state space [J]. Stochastic Processes and their Applications, 1975 (3).

[99] VOGELSANG T J. Two simple procedures for testing for a unit root when there are additive outliers [J]. Journal of Time Series Analysis, 1999 (20).

[100] WHITE H. Asymptotic Theory for Econometricans [M]. New York Academic Press, 1984.

[101] WILCOX DAVID W. The Sustainability of Government Deficits: Implications of the Present-Value Borrowing Constraint [J]. Journal of Money, Credit,

and Banking, 1989 (21).

[102] ZIVOT E, ANDREWS D. Further evidence on the great crash, the oil-price shock, and the unit root hypothesis [J]. Journal of Business and Economic Statistics, 1992 (10).

[103] 巴曙松. 股权分置改革后 A+H 股价差的实证研究 [J]. 顶点财经, 2007.

[104] 白仲林. 退势单位根检验的小样本性质 [J]. 统计研究, 2007 (4).

[105] 陈龙. 结构性突变的单位根过程——基于中国广义货币的实证 [J]. 统计与决策, 2004 (11).

[106] 陈小悦, 陈晓, 顾斌. 中国股市弱型效率的实证研究 [J]. 会计研究, 1997 (9).

[107] 戴国强, 陆蓉. 中国股票市场的周末效应检验 [J]. 金融研究, 1999 (4).

[108] 汉密尔顿. 时间序列分析 [M]. 北京: 中国社会科学出版社, 2000.

[109] 洪永淼, 陈灯塔. 中国股市有效吗? [J]. 经济学季刊, 2003 (3).

[110] 靳庭良. DF 单位根检验的势及检验式的选择 [J]. 统计与决策, 2005 (5).

[111] 李志辉. 结构突变理论对外商直接投资的实证分析 [J]. 经济管理, 2005 (12).

[112] 李子奈, 叶阿忠. 高等计量经济学 [M]. 北京: 清华大学出版社, 2000.

[113] 梁琪, 滕建州. 中国宏观经济和金融总量结构变化及因果关系研究 [J]. 经济研究, 2006 (1).

[114] 刘田. ADF 与 PP 单位根检验法对非线性趋势平稳序列的伪检验 [J]. 数量经济技术经济研究, 2008 (6).

[115] 刘田, 谈进. 正交多项式逼近下非线性趋势序列单位根检验 [J]. 统计研究, 2011 (4).

[116] 刘田, 谈进. 基于局部多项式回归去势的非线性趋势序列的单位根检验 [J]. 数量经济技术经济研究, 2012 (8).

[117] 刘雪燕, 张晓峒. 非线性 LSTAR 模型中的单位根检验 [J]. 南开经济研究, 2009 (1).

[118] 陆懋祖. 高等时间序列经济计量学 [M]. 上海: 上海人民出版社, 1999.

[119] 栾惠德. 带有结构突变的单位根检验 [J]. 数量经济技术经济研

究，2007（3）.

[120] 沈艺峰，吴世农. 我国证券市场过度反应了吗？[J]. 经济研究，1999（2）.

[121] 宋颂兴，金伟根. 上海股市市场有效实证研究 [J]. 经济学家，1995（4）.

[122] 吴世农. 上海股票市场效率的分析与评价 [J]. 投资研究，1994（8）.

[123] 吴世农. 我国证券市场效率的分析 [J]. 经济研究，1996（4）.

[124] 吴雄伟，程伟平. 基于奇异值分解算法的大坝检测数据回归模型 [J]. 水电自动化与大坝检测，2007（3）.

[125] 伍德里奇. 计量经济学导论：现代观点 [M]. 北京：中国人民大学出版社，2003.

[126] 谢识予. 高级计量经济学 [M]. 上海：复旦大学出版社，2005.

[127] 姚耀军，和丕禅. 农村资金外流的实证分析：基于结构突变理论 [J]. 数量经济技术经济研究，2004（8）.

[128] 俞乔. 市场有效、周期异常与股价波动 [J]. 经济研究，1994（9）.

[129] 张兵，李晓明. 中国股票市场的渐进有效性研究 [J]. 经济研究，2003（1）.

[130] 张建华，涂涛涛. 结构突变时间序列单位根的"伪检验" [J]. 数量经济技术经济研究，2007（3）.

[131] 张贤达. 现代信号处理 [M]. 北京：清华大学出版社，1995.

[132] 张晓峒，白仲林. 退势单位根检验小样本性质的比较 [J]. 数量经济技术经济研究，2005（5）.

[133] 张晓峒，攸频. DF 检验式中漂移项和趋势项的 t 统计量研究 [J]. 数量经济技术经济研究，2006（2）.

[134] 张亦春，周颖刚. 中国股市弱式有效吗？[J]. 金融研究，2001（3）.